Der Einstellungstest zur Ausbildung im öffentlichen Dienst

Kurt Guth
Marcus Mery
Andreas Mohr

Der Einstellungstest zur Ausbildung im öffentlichen Dienst

Eignungstests im nichttechnischen Dienst

AUSBILDUNGS Park

Kurt Guth / Marcus Mery / Andreas Mohr
Der Einstellungstest zur
Ausbildung im öffentlichen Dienst
Eignungstests im nichttechnischen Dienst

Ausgabe 2011

1. Auflage

Herausgeber: Ausbildungspark Verlag,
Gültekin & Mery GbR, Offenbach, 2011.

Umschlaggestaltung: SB Design, bitpublishing

Bildnachweis: Archiv des Verlages
Illustrationen: bitpublishing
Grafiken: bitpublishing, SB Design
Lektorat: Virginia Kretzer

Bibliografische Information der Deutschen Nationalbibliothek –
Die Deutsche Nationalbibliothek verzeichnet diese Publikation in der Deutschen Nationalbibliografie; detaillierte bibliografische Daten sind im Internet über http://dnb.d-nb.de abrufbar.

Gedruckt auf chlorfrei gebleichtem Papier

Lübecker Straße 4, 63073 Offenbach
Printed in Germany

Satz: bitpublishing, Schwalbach
Druck: Druckerei Sulzmann, Obertshausen

ISBN 978-3-941356-10-8

1151 – AP NTD – 1g08

Inhaltsverzeichnis

Vorwort

Dieses Buch richtet sich an alle Bewerber, die sich auf den Einstellungstest im nichttechnischen öffentlichen Dienst vorbereiten wollen.

Hier finden Sie das relevante Wissen für die Auswahlverfahren der unterschiedlichen Behörden, Laufbahnen und Verwaltungsgebiete.

Die Auswahltests im öffentlichen Dienst sind transparent und fair. Aber die Bewerberzahlen sind hoch. Das Durcharbeiten der Prüfungen der letzten Jahre ist daher ein absolutes Muss für jeden, der sich auf einen Einstellungstest im öffentlichen Dienst vorbereitet. So erkennen Sie, ob Ihr Kenntnisstand den Prüfungsanforderungen entspricht. Außerdem lassen sich böse Überraschungen vermeiden, da fast alle aktuellen Prüfungsfragen so oder in ähnlicher Form schon einmal gestellt wurden.

Diese Prüfungsmappe ...

- bereitet Sie zielgerichtet auf Ihren Eignungstest im öffentlichen Dienst vor.
- enthält fünf Prüfungen als Muster-Prüfungsbögen.
- bietet Ihnen die bestmögliche Prüfungssimulation.
- bekämpft die Prüfungsangst – denn das beste Mittel gegen Prüfungsstress und Unsicherheit ist ein fundiertes Wissen durch gezielte Vorbereitung.
- vermittelt das notwendige Wissen.
- bringt Ihre Allgemeinbildung auf den neuesten Stand und frischt Ihr prüfungsrelevantes Schulwissen auf.
- steht für eine Prüfung ohne böse Überraschungen.

Viele zusätzliche Prüfungsfragen und Informationen finden Sie auf unserer Homepage www.ausbildungspark.com. Im Büchershop stehen außerdem weitere Publikationen zu Bewerbungs- und Auswahlverfahren bereit.

Eine gute Vorbereitung und viel Erfolg in der Prüfung wünscht

Ihr Ausbildungspark-Team

Kontakt

Ausbildungspark Verlag
Kundenbetreuung
Lübecker Straße 4
63073 Offenbach

Telefon 069-40 56 49 73
Telefax 069-43 05 86 02
E-Mail: kontakt@ausbildungspark.com
Internet: www.ausbildungspark.com

Einführung

E

Beliebt und breit gefächert: der öffentliche Dienst

Öffentlicher Dienst – so heißt nicht nur der größte Arbeitgeber in Deutschland, sondern auch der vielfältigste. Tag für Tag ziehen seine über 4,5 Millionen Mitarbeiter Steuern ein und verwarnen Falschparker, räumen den Müll weg und verfolgen Verbrecher, fällen Gerichtsurteile, pflegen Kranke, zahlen Sozialgelder aus, löschen Brände, beraten Bürger und vieles mehr. Kurz und bündig: Der öffentliche Dienst sorgt dafür, dass der Staat funktioniert, und zwar in allen seiner zahlreichen Aufgabenfelder.

Einsteigern steht ein ungeheures Angebot an beruflichen Möglichkeiten offen. Für nahezu jedes Interesse und jede Fähigkeit findet sich das passende Berufsbild. Noch dazu hat die Tätigkeit im Staatsdienst einen unschätzbaren Vorteil: nämlich den eines weitgehend krisenfesten Arbeitsplatzes. Beamte müssen sich weder über Stellenkürzungen noch über die Höhe ihrer Renten Gedanken machen. Denn der Staat sorgt für seine Beschäftigten, er sichert sie rechtlich und materiell ab.

Kein Wunder also, dass der öffentliche Dienst zu den beliebtesten Arbeitgebern Deutschlands gehört. Das Klischee von muffigen Büros, in denen behäbige Sachbearbeiter verstaubte Akten aus Regalen ziehen, hat längst ausgedient. Der öffentliche Dienst versteht sich als moderner Dienstleister, der sich Bürgerorientierung, Qualität und Wirtschaftlichkeit auf die Fahnen geschrieben hat. In der „reinen" Verwaltung genauso wie im Justiz- und Polizeivollzugsdienst oder bei der Kriminalpolizei.

Hart, aber gerecht: das Einstellungsverfahren

Die hohe Attraktivität der Branche führt zu einer großen Zahl an Bewerbern. Um daraus die geeigneten Kandidaten herauszufiltern, setzen die Behörden auf Eignungstests. Sie überprüfen dabei Allgemeinwissen, Belastbarkeit, Leistungsfähigkeit und stellenbezogene Qualifikationen. Grundsätzlich gilt: Die Arbeit im nichttechnischen Dienst bei Bund, Ländern und Gemeinden erfordert analytische Fähigkeiten, zusammen mit einer gewissen Dienstleistungsorientierung. Nicht zu vergessen die grundlegenden Rechen- und Sprachkompetenzen.

Natürlich geht es nur selten so drastisch zu wie bei manchen Auswahlverfahren der Berufsfeuerwehr im technischen Dienst, in denen nur die besten drei bis fünf Prozent der Bewerber die ersehnte Stelle bekommen. Dennoch sind die Auswahlprozeduren des öffentlichen Dienstes selten einfach – aber immer fair. Die öffentliche Hand ist verpflichtet, transparente und gerechte Verfahren durchzuführen.

Ein willkürliches Zuschanzen von Stellen nach Lust und Laune darf es beim Staat nicht geben; für ihn zählen allein Eignung, Befähigung und fachliche Leistung. So will es das Grundgesetz. Für Bewerber heißt das: prinzipiell gleiche Chancen für alle. Auf die richtige Vorbereitung kommt es an.

Der Umgang mit diesem Buch

Wissen Sie genau, was die Aufgaben des öffentlichen Dienstes sind? Dann schlagen Sie nach im Kapitel „Was macht der öffentliche Dienst?". Was erwartet Sie in den Einstellungstests der verschiedenen Dienststellen und Laufbahnen, und wie bereiten Sie sich auf die unterschiedlichen Aufgabentypen optimal vor? Die Antworten finden Sie im Kapitel „Die Testinhalte der Behörden im Überblick". Diese Prüfungsmappe bietet Ihnen nicht nur zahlreiche originale Prüfungsfragen aus den Einstellungstests des öffentlichen Dienstes, sondern auch kommentierte Lösungen und ausführliche Bearbeitungshinweise.

Nehmen Sie sich die Zeit, das Buch und die Prüfungsbögen konzentriert durchzuarbeiten. Damit haben Sie alles zur Hand, was Sie brauchen, um Ihren Einstellungstest sicher zu meistern.

Was macht der öffentliche Dienst?

Was ist überhaupt der öffentliche Dienst? Grob gesagt, umfasst er alles, was der Staat braucht, um seine Aufgaben zu übernehmen: vom Finanzamt bis zum Ordnungsamt, von der Schulverwaltung bis zur Polizei, von den Bundesministerien bis zur Müllabfuhr. Die Beschäftigten des öffentlichen Dienstes sind ein verlängerter Arm der Obrigkeit. Der Staat braucht Staatsdiener und verleiht ihnen bestimmte Rechte – legt ihnen aber auch Pflichten auf. So entstand das Berufsbeamtentum.

Die Grundlagen des Beamtentums

Schon vor knapp 5.000 Jahren zogen Beamte im alten Ägypten Steuern ein, fällten Gerichtsurteile und überwachten Bauvorhaben. Sie setzten die Anweisungen ihres Pharaos um, dem sie Gehorsam versprachen. Dafür wurden sie vom Staat entlohnt und erhielten nach dem Ende ihrer Dienstzeit oft eine gut bezahlte Priesterstelle als „Rente“. Im antiken Griechenland galt die Loyalität der Beamten nicht mehr einem Herrscher, sondern den Gesetzen. Dieses Prinzip geriet im Mittelalter vorübergehend wieder in Vergessenheit, als Beamte vor allem Diener ihrer Fürsten waren.

Erst im Preußen des 18. Jahrhunderts erinnerte man sich an die Vorzüge einer am Staatswohl orientierten Verwaltung. Aus Fürstendienern wurden Staatsdiener, verpflichtet der öffentlichen Ordnung und Sicherheit. Zudem etablierte Preußen zu Beginn des 19. Jahrhunderts ein effizientes, mehrgliedriges Verwaltungssystem mit regionalen Provinzverwaltungen. Höhere Beamte erhielten die heute üblichen gesetzlichen Sicherheiten: etwa die Garantie zur Beschäftigung auf Lebenszeit, den Schutz vor willkürlicher Entlassung und den Anspruch auf Altersversorgung. Diese Absicherung sollte (und soll) Beamte sowohl von politischem Druck unabhängig machen, als auch von der gelegentlichen Annahme kleiner „Geschenke“ abhalten. Damit waren die Grundlagen des deutschen Berufsbeamtentums geschaffen.

Der öffentliche Dienst heute

Viele andere deutsche Staaten folgten dem preußischen Vorbild, doch der endgültige Durchbruch des modernen Beamtenwesens ließ auf sich warten. Die Beamten des deutschen Kaiserreichs (1871–1918) wurden immer noch auf den Kaiser eingeschworen; mit der Weimarer Demokratie konnten sie sich nie wirklich anfreunden. Im Dritten Reich erwiesen sich viele als zuverlässige Stützen des Regimes und legten ihren Eid auf Adolf Hitler ab – die wenigen, die sich nicht anpassen wollten, wurden entlassen. Nach dem Ende des Zweiten Weltkriegs war es zunächst umstritten, ob es überhaupt wieder ein Berufsbeamtentum geben sollte. Die Befürworter setzten sich schließlich durch.

Seitdem hat nicht nur die Zahl der Beamten, sondern auch die der tarifbeschäftigten Arbeiter und Angestellten im öffentlichen Dienst stark zugenommen. Viele fordern, diese unterschiedlichen Arbeitsverhältnisse zu vereinheitlichen. Oft damit verbunden sind Klagen über eine anscheinend ausgeuferte und ineffiziente Bürokratie. Doch bei aller berechtigten Kritik: schon allein der Föderalismus, also die Eigenständigkeit der 16 Bundesländer, macht einen großen Verwaltungsapparat nötig. Daher nämlich gibt es in jedem Bundesland eigene Verwaltungssysteme, zusätzlich zu den kommunalen und den Bundeseinrichtungen. Orientierung im Behördenwirrwarr liefert die folgende Grafik:

Bundesverwaltung

mittelbar
(Körperschaften, Anstalten, Stiftungen)

z.B. Bundesagentur für Arbeit, Träger der Sozialversicherung, Deutsche Bundesbank

unmittelbar
(Bundesbehörden)

- **oberste Verwaltungsebene:** u.a. Bundesministerien, z.B. Bundesministerium der Finanzen
  - **mittlere Verwaltungsebene:** z.B. Bundesfinanzdirektion Köln
    - **untere Verwaltungsebene:** z.B. Hauptzollamt Düsseldorf

Landesverwaltung

mittelbar
(Körperschaften, Anstalten, Stiftungen)

z.B. Landesmedienanstalten, Universitäten, Handwerkskammern

unmittelbar
(Landesbehörden)

- **oberste Verwaltungsebene:** u.a. Landesministerien, z.B. Ministerium für Schule und Weiterbildung in NRW
  - mittlere Verwaltungsebene (***nicht in allen Bundesländern***): Bezirksregierungen, z.B. Bezirksregierung Düsseldorf (Schulabteilung)
  - **untere Verwaltungsebene:** z.B. Schulamt Duisburg (der Bezirksregierung nachgeordnet), Kreispolizeien (direkt dem Innenministerium unterstellt)

Kommunalverwaltung

mittelbar
(Körperschaften, Anstalten, Stiftungen)

z.B. Sparkassen, Museumsstiftungen, Anstalten für Müllentsorgung

unmittelbar
(Kommunalbehörden)

- In *Bayern*: Bezirksverwaltungen, in *NRW* und *Niedersachsen*: Landschaftsverbände
- **Kreis- und Gemeindeverwaltungen:** z.B. Stadt Köln, Kreisverwaltung Mettmann

Bundes-, Landes- und Kommunalverwaltung

Die Bundesrepublik Deutschland ist – so steht es im Grundgesetz – ein föderales Staatswesen: Das heißt, der Staat wird nicht zentral von der Hauptstadt aus regiert und verwaltet, sondern die 16 Bundesländer handeln in bestimmten Bereichen eigenständig. Daher braucht jedes Bundesland ein eigenes Landesministerium, stellt eine eigene Polizei auf, zieht eigenständig verschiedene Steuern ein (Kfz-Steuer, Lotteriesteuer...) und vieles mehr. Wie die Aufgabenverteilung zwischen dem Bund (der Bundesverwaltung) und den Ländern im Einzelnen aussieht, ist gesetzlich genau geregelt.

Obwohl die Kommunen (Landkreise, Städte und andere Gemeinden) generell abhängiger vom Land sind als das Land vom Bund, dürfen auch sie festgelegte Funktionen in Eigenregie übernehmen: Verordnungen erlassen, bestimmte Steuern erheben usw. Manche Steuern (darunter Lohn- und Einkommensteuer) wiederum erheben Bund, Länder und Gemeinden gemeinsam, andere – wie die Energiesteuer – sind reine Bundessteuern.

Die Verwaltungsebenen

Jedes der Verwaltungssysteme – Bundes-, Landes- und Kommunalverwaltung – ist jeweils in mehrere Ebenen unterteilt. Keine einzelne Instanz kann sich schließlich um alles kümmern, von der Gesetzgebung bis hin zum Brief an den Bürger. Wie kommt beispielsweise die Bundesverwaltung nun an ihre Energiesteuer? Diese Aufgabe wird vom Finanzministerium an die mittlere und von da aus an die untere Ebene weiterdelegiert. Je weiter man die Hierarchieleiter hinabsteigt, desto kleiner wird der jeweilige Zuständigkeits- und Verantwortungsbereich. Die „oben" ausgearbeiteten allgemeinen Grundsätze werden „unten" ganz konkret an die Bürger weitergegeben – sehen Sie sich das Schaubild an. Für unser Beispiel heißt das, die Energiesteuer wird vom zuständigen Hauptzollamt eingetrieben und nach „oben" abgeführt. Dort freut sich der Finanzminister: Das Energiesteuer-Gesetz, ausgearbeitet von einem seiner Vorgänger, zahlt sich aus.

Mittelbare und unmittelbare Verwaltung

Alle grau unterlegten Bereiche zählen zur unmittelbaren Verwaltung, d.h. die zugehörigen Behörden sind direkter Bestandteil einer staatlichen Verwaltung. Es gibt aber auch mittelbare Verwaltungsbereiche (in der Grafik weiß), die vom Staat mehr oder weniger unabhängig sind. Dazu zählen Körperschaften, Anstalten und Stiftungen; im Falle der mittelbaren Bundesverwaltung beispielsweise die Bundesagentur für Arbeit, die Träger der gesetzlichen Renten- oder Krankenversicherung und die Stiftung Preußischer Kulturbesitz. Wer hier arbeitet, ist meist kein Beamter, sondern über einen Tarifvertrag im öffentlichen Dienst beschäftigt.

Die Einstellungstests im öffentlichen Dienst

Stellensuche und Bewerbung

Die Einladung zum Auswahlverfahren setzt auch im öffentlichen Dienst erst einmal Stellensuche und Bewerbung voraus. Welche Behörden aktuell Ausbildungs- und Studiumsplätze ausschreiben, das können Sie auf vielen Wegen erfahren: in Zeitungen, im Internet oder bei der Bundesagentur für Arbeit. Im Regelfall sollte Ihre Bewerbung schon ein gutes Jahr vor Ausbildungsbeginn bei der zuständigen Behörde eintreffen.

Das Bewerbungsschreiben ist – abgesehen von eventuellen Telefonaten vorab – normalerweise das erste Lebenszeichen, das Ihr möglicher zukünftiger Arbeitgeber von Ihnen erhält. Ihre Unterlagen (Anschreiben, Lebenslauf, Zeugnisse, Zertifikate) sollten einen dementsprechend seriösen Eindruck machen. Verknickte Loseblattsammlungen mit Kaffeeflecken, in denen das Abschlusszeugnis fehlt, lassen den Personalverantwortlichen erschaudern und führen meist zur direkten Absage. Vor allem im Beamtenverhältnis bedeutet der Eintritt in den öffentlichen Dienst eine langjährige Bindung von Arbeitgeber und -nehmer. Eine sorgfältige Personalauswahl ist da selbstverständlich. Für den Aufbau der Bewerbungsmappe und die Gliederung von Anschreiben, Lebenslauf & Co. gibt es bestimmte Richtlinien – übrigens auch bei Online-Bewerbungen, die mittlerweile von vielen Behörden akzeptiert werden.

Genaue Informationen zur Stellensuche und Bewerbung im öffentlichen Dienst finden Sie ab Februar 2011 im Buch „Die Bewerbung zur Ausbildung beim öffentlichen Dienst" (ISBN-13: 978-3-941356-11-5) des Ausbildungspark Verlags.

Die Ausbildungsgänge im öffentlichen Dienst bauen auf den Fähigkeiten und Kenntnissen auf, die Sie während Ihrer Schulzeit erworben haben. Daher sind Zeugnisnoten ein wichtiges Auswahlkriterium. Aber nicht das einzige: Denn die Zensuren verraten nicht alles über den tatsächlichen Leistungsstand eines Bewerbers, sie sagen nichts aus über die genauen Anforderungen der besuchten Schule oder den Anspruch der Lehrer. Das heißt: Die Noten sind nicht ohne weiteres vergleichbar. Daher setzt auch die öffentliche Hand auf standardisierte Einstellungstests, in denen die Qualifikationen ihrer zahlreichen Bewerber einheitlich, fair und vergleichbar überprüft werden. Wer dabei gut abschneidet, kann dadurch sogar schlechtere Schulnoten ausgleichen.

Wer veranstaltet Auswahltests?

Die Bundesverwaltung

In den Behörden der Bundesverwaltung arbeiten insgesamt rund 460.000 Beschäftigte. Die meisten davon – etwa 75.000 – sind in der Bundeswehrverwaltung tätig, gefolgt von der Bundesfinanzverwaltung mit 48.000 Mitarbeitern (inklusive 34.000 Zollbediensteten) und der Bundespolizei mit 38.000 Angehörigen. Darüber hinaus zählen auch Institutionen wie die Bundesbank oder die Deutsche Rentenversicherung zum öffentlichen Dienst auf Bundesebene, aber nicht als unmittelbarer

Teil der staatlichen Verwaltung. Werfen Sie einen Blick auf das Schaubild in diesem Kapitel, um die aufgeführten Dienststellen in die Verwaltungshierarchie einordnen zu können.

Nicht alle Behörden, Körperschaften, Anstalten und Stiftungen bilden selbst aus und organisieren eigene Einstellungsverfahren. Der größte zentrale Ausbilder auf Bundesebene ist das Bundesverwaltungsamt, das den Personalnachwuchs vieler Bundeseinrichtungen auswählt und qualifiziert (siehe *Allgemeine Innere Verwaltung*).

Landes- und Kommunalverwaltungen

Die Landesverwaltungen stellen mit 1,9 Millionen Beschäftigten den Löwenanteil des Personals im öffentlichen Dienst, weit vor den kommunalen Behörden mit insgesamt 1,2 Millionen Mitarbeitern. Die Einstellungsverfahren unterscheiden sich nicht nur von Bundesstaat zu Bundesstaat, sondern oft auch von Kommune zu Kommune und von Dienststelle zu Dienststelle. Eine vollständige Wiedergabe aller Testinhalte ist bei 16 Bundesländern und bundesweit rund 12.500 Gemeinden verständlicherweise nicht möglich.

Eine erste Orientierung für die Anforderungen auf Länder- und Gemeindeebene bieten die Bestimmungen in Bayern. Das zweitgrößte deutsche Bundesland organisiert die Auswahlprozeduren nämlich zentral, hier führen (fast) alle Einstellungswege im mittleren und höheren Dienst über den bayrischen Landespersonalausschuss. Dieser organisiert die Einstellungsverfahren sowohl für den Freistaat Bayern als auch für die kommunalen Behörden, also für Landesministerien und Bezirksverwaltungen genauso wie für Landschaftsverbände und die Dezernate der Stadtverwaltungen.

Prüfungsinhalte des schriftlichen Tests im mittleren nichttechnischen Dienst in Bayern sind:

- Sprachbeherrschung (Rechtschreibung, Grammatik, Textanalyse)
- Fähigkeit zur Textgestaltung: formal und sprachlich korrekte Darstellung eines Sachverhalts
- logisch-schlussfolgerndes Denken
- Allgemeinbildung: Erdkunde, Geschichte (Schwerpunkte 20. und 21. Jahrhundert), Wirtschaft und Recht (Grundlagen), staatsbürgerliche Kenntnisse

Im gehobenen nichttechnischen Dienst stehen auf dem Plan:

- Sprachbeherrschung (Rechtschreibung, Grammatik, Textanalyse)
- Verfassen einer Abhandlung
- Allgemeinbildung: Erdkunde, Geschichte, Wirtschaft und Recht, staatliche und politische Grundlagen Bayerns, der Bundesrepublik Deutschland und der Europäischen Union, zeitgeschichtliche Ereignisse in Kultur und Politik

Die Testinhalte der Behörden im Überblick

Im Folgenden finden Sie typische Prüfungsinhalte aus den schriftlichen Tests aller Verwaltungsbereiche. Die Zusammenstellung umfasst vor allem die mittlere und gehobene Beamtenlaufbahn, bezieht aber auch den höheren Dienst und viele Ausbildungsberufe in der öffentlichen Verwaltung mit ein. Der einfache Dienst – mögliche Einsatzfelder: Botendienst, Hausverwaltung, Post- und

Kurierstelle, Hausordnungsdienst – setzt in der Regel keine spezielle betriebsinterne Ausbildung voraus. Ein Einstieg in diese Laufbahn wird vergleichsweise selten angeboten.

Schleswig-Holstein, Niedersachsen, Hamburg, Bremen und Sachsen-Anhalt haben inzwischen neue Laufbahnen eingerichtet. Hier gibt es nun zwei Laufbahngruppen mit jeweils zwei Einstiegsämtern: Einstiegsamt 1 der ersten Laufbahngruppe ähnelt dem einfachen Dienst, Einstiegsamt 2 dem mittleren Dienst; in der zweiten Laufbahngruppe entspricht Einstiegsamt 1 dem gehobenen Dienst, Einstiegsamt 2 dem höheren Dienst. Mecklenburg-Vorpommern will sich dieser Struktur bald anschließen.

Die Auswahl ist nicht vollständig; Details zu den Testverfahren erfahren Sie bei Ihrem Einstellungsberater. Weitere Informationen zu den nicht-schriftlichen Teilen der Auswahlprüfung – z.B. zum Vorstellungsgespräch, zur amtsärztlichen Untersuchung oder zum Assessment-Center mit Postkorbübungen und Präsentationen – finden Sie ab Februar 2011 im Buch „Die Bewerbung zur Ausbildung beim öffentlichen Dienst".

Allgemeine Innere Verwaltung

Die Allgemeine Innere Verwaltung gibt es in Bund, Ländern und Gemeinden. Sie umfasst allgemeine Tätigkeitsfelder wie Personalverwaltung, Haushalts- und Rechnungswesen, Controlling und Organisation. Diese Aufgaben übernehmen Sachbearbeiter in den verschiedensten Behörden. Auf Landes- und speziell auf Kommunalebene arbeiten „Innere Verwalter" generell etwas bürgernäher in den Landes- und Bezirksministerien, Landratsämtern, Statistik-, Standes- und Bauämtern, der Gewerbeaufsicht sowie in vielen anderen Dienststellen.

Zentrale Ausbildungsstelle für die Allgemeine Innere Verwaltung des Bundes ist das Bundesverwaltungsamt, das auch die Auswahlverfahren veranstaltet. Im mittleren Dienst sind Inhalte des schriftlichen Tests:

- Rechtschreibung
- Rechenfähigkeit
- Allgemeinwissen
- eine zweistündige schriftliche Ausarbeitung

Das Studium für den gehobenen Dienst findet an der Fachhochschule des Bundes für öffentliche Verwaltung statt. Der schriftliche Auswahltest prüft:

- Sprachbeherrschung
- Englischkenntnisse
- Rechenfähigkeit
- Konzentrations- und Leistungsfähigkeit (auch unter Zeitdruck)
- berufsbezogenes Wissen, z. B. in den Bereichen Politik, Gesellschaft, Wirtschaft und Geschichte

Stellen Sie sich bei den Prüfungen des Landes- und Kommunalbereichs auf ähnliche Anforderungen ein. Besondere Inhalte des schriftlichen Tests bei Ländern und Gemeinden können darüber hinaus regionalbezogene Fragestellungen sein: Was wissen Sie über den Verwaltungsbereich – die Stadt, die Gemeinde, den Landkreis oder das Bundesland –, in dem Sie sich bewerben?

Eine Ausbildung in der Allgemeinen Inneren Verwaltung ebnet generell auch den Zugang zur **Hochschul-**, **Polizei-**, **Forst-** und **Sozialverwaltung**. Für die beiden Letztgenannten bieten Bayern und Sachsen gesonderte Ausbildungsgänge an.

Archive

In staatlichen Archiven wird aufbewahrt, was heute und morgen die Neugier von Forschern, Journalisten und der Öffentlichkeit wecken könnte: beispielsweise Urkunden, Akten, Bildmaterial und digitale Daten. Die Arbeit im Archivdienst ist sowohl beim Bund (Bundesarchiv, Geheimes Staatsarchiv Preußischer Kulturbesitz), als auch in den Landesarchiven oder zahlreichen kommunalen Archiven möglich.

Archivare sichten den Bestand an Archivgütern, bewerten und klassifizieren ihn und machen ihn interessierten Personen zugänglich. Dabei nutzen sie moderne Informations- und Datenverarbeitungstechnologien. Trainieren Sie zur Vorbereitung auf den Test besonders logisch-systematisches Denken, kulturelles Wissen und Sprachverständnis.

Auswärtiges Amt

Das deutsche Außenministerium beschäftigt über 10.000 Menschen, darunter das Botschaftspersonal rund um den Globus. Das Amt gestaltet die deutsche Außenpolitik und pflegt die Beziehungen Deutschlands zu anderen Ländern. Der schriftliche Test für den mittleren Auswärtigen Dienst beinhaltet:

- einen 30-minütigen Englischtest (Grammatik, Satzbau, Wortschatz, Sprachbeherrschung)
- einen 4-stündigen Test mit Aufgaben zu Konzentrations- und Merkfähigkeit, logischem und visuellem Denken, Rechtschreibung, Allgemeinwissen, Geografie- und EDV-Kenntnissen

Im gehobenen Auswärtigen Dienst umfasst der Test:

- einen Englischtest und einen Sprachtest in Französisch oder einer anderen Amtssprache der Vereinten Nationen (jeweils 45-minütig). Geprüft werden Grammatik, Satzbau, Wortschatz und Sprachbeherrschung
- einen 4-stündigen Test mit Aufgaben zu Konzentrations- und Merkfähigkeit, logischem und visuellem Denken, Rechtschreibung, Allgemeinwissen, Geografie- und EDV-Kenntnissen

Im höheren Auswärtigen Dienst umfasst der Test:

- einen Englischtest und einen Sprachtest in Französisch oder einer anderen Amtssprache der Vereinten Nationen
- Kenntnisse des Völker-, Europa- und Staatsrechts, der Wirtschaftswissenschaften, der Geschichte sowie der Politik

- Aufgaben zu Konzentrations- und Merkfähigkeit, logischem und visuellem Denken, Rechtschreibung, Allgemeinwissen, Geografie- und EDV-Kenntnissen
- die Analyse eines außen- oder außenwirtschaftspolitischen Themas; Zeitansatz ca. 60 Minuten

Bibliotheken

Bibliothekare erwerben Bücher, Zeitschriften oder Online-Texte, katalogisieren die Werke in verschiedenen Sprachen und machen sie der Öffentlichkeit zugänglich. Sie arbeiten beispielsweise an Bibliotheken des Landes oder auch an kommunalen Stadtbibliotheken. Im Mittelpunkt steht die Dienstleistung für den Kunden, sei es durch intensive Datenbankrecherchen oder informative Bibliotheksführungen.

Der Umgang mit PC-Anwendungen und Datenbanksystemen ist im Bibliotheksdienst – der auf Bundesebene seit 2009 zum „sprach- und kulturwissenschaftlichen Dienst" zählt – selbstverständlich. Wir empfehlen: Schulen Sie Sprachfertigkeiten und kulturelles Verständnis, im gehobenen Dienst werden außerdem eventuell Fremdsprachenkenntnisse vorausgesetzt und im Auswahlverfahren überprüft.

Bundesagentur für Arbeit

Die Bundesagentur für Arbeit – oder einfach auch Arbeitsagentur – zählt mit mehr als 100.000 Mitarbeitern zu den größten deutschen Behörden. Sie vermittelt Arbeitssuchende im ganzen Bundesgebiet und zahlt Erwerbslosen das Arbeitslosengeld aus. Doch sie bringt nicht nur Arbeitnehmer und private Arbeitgeber zusammen, sondern bildet auch selbst aus, nämlich Fachangestellte für Arbeitsmarktförderung und Fachinformatiker. Zusätzlich bietet die Arbeitsagentur die Bachelor-Studiengänge „Arbeitsmarktmanagement" und „Beschäftigungsorientierte Beratung und Fallmanagement" an. Der schriftliche Auswahltest beinhaltet:

- Sprachbeherrschung, Ausdrucksvermögen
- Rechenfähigkeit
- Allgemeinwissen (Wirtschaft, Politik und Gesellschaft, Kunst und Kultur)
- logisches und visuelles Denkvermögen

Bundesfinanzverwaltung/Zoll

Die Finanzverwaltung des Bundes erhebt Bundessteuern und zieht sie ein. Ihr werden unter anderem das Finanzministerium und das Bundeszentralamt für Steuern zugerechnet, doch die größte und personalstärkste Teilbehörde der Bundesfinanzverwaltung ist die Bundeszollverwaltung. Das 3-stündige schriftliche Auswahlverfahren für den mittleren Zolldienst beinhaltet:

- Sprachbeherrschung (Grundfähigkeiten, Textverständnis, Rechtsvorschriften anwenden)
- Rechenfähigkeit (mathematische Grundregeln, Dreisatz-/Vergleichsrechnung, Prozent- und Zinsrechnung)
- Allgemeinwissen
- eine Erörterung

Der 4-stündige Test im gehobenen Zolldienst beinhaltet:

- Sprachbeherrschung (Grundfähigkeiten, Textverständnis, Rechtsvorschriften anwenden)
- Rechenfähigkeit (mathematische Grundregeln, Dreisatz-/Vergleichsrechnung, Prozent- und Zinsrechnung, lineare Funktionen)
- Allgemeinwissen
- eine Erörterung

Bundeskriminalamt

Das Bundeskriminalamt unterstützt die Polizeien der Bundesstaaten, vor allem bei der länderübergreifenden Verbrechensbekämpfung. Es koordiniert die Arbeit der einzelnen Länderbehörden, bietet ihnen zentrale Informations- und Ermittlungsnetzwerke und steht im ständigen Austausch mit internationalen Polizeistellen. Das Bundeskriminalamt bildet Nachwuchskräfte im gehobenen und höheren Kriminaldienst aus. Testinhalte sind:

- Sprachbeherrschung (Rechtschreibung, Satzergänzung)
- Rechenfähigkeit (Rechenaufgaben, Rechenzeichen)
- logisches und visuelles Denkvermögen (Wortanalogien und sprachliche Gemeinsamkeiten, Zahlenreihen, Figurenauswahl, Würfelaufgaben, Matrizen)
- Konzentration

Bundesnachrichtendienst

Der Bundesnachrichtendienst (BND) ist der deutsche Auslands-Nachrichtendienst. Er beschafft und analysiert Informationen über den internationalen Terrorismus, über Drogen- und Waffenhandel, Geldwäsche, Schleuserei und andere kriminelle Vorgänge, die die Sicherheitsinteressen der Bundesrepublik bedrohen.

Der BND bildet Bewerber im mittleren und gehobenen Dienst aus, für den es einen eigenen Studiengang an der Fachhochschule des Bundes gibt. Die Mitarbeiter des BND sind im In- und Ausland tätig. Bereiten Sie sich also schwerpunktmäßig auf Fragen zu Politik, Kultur und Fremdsprachen vor. Arbeiten Sie zudem an Ihrem logischen Denken und Ihrem Ausdrucksvermögen – diese Fähigkeiten sind beim BND zum Verfassen von Analysen, Protokollen und Berichten gefragt.

Bundespolizei

Die Polizei des Bundes ging 2005 aus dem ehemaligen Bundesgrenzschutz hervor. Heute lautet ihr hauptsächlicher Auftrag, die Infrastruktur zu schützen und grenzüberschreitend organisierte Kriminalität zu bekämpfen. Der Einstellungstest im mittleren Polizeivollzugsdienst prüft:

- Sprachbeherrschung (Rechtschreibung, Grammatik, Wortflüssigkeit, Textanalyse)
- Konzentrationsfähigkeit
- Englischkenntnisse
- Allgemeinwissen

Im gehobenen Polizeivollzugsdienst umfasst der Test:

- Intelligenztest (Sprachbeherrschung, Konzentrations- und Leistungsfähigkeit)
- Englischkenntnisse
- schriftliche Ausdrucksfähigkeit (Kurzaufsatz)
- Allgemeinwissen

Bundeswehrverwaltung

Die Bundeswehrverwaltung besteht aus den nicht-militärischen Abteilungen der Bundeswehr: nämlich aus dem Rüstungsbereich (Amt für Wehrtechnik und Beschaffung, Amt für Informationsmanagement und Informationstechnik) und der territorialen Wehrverwaltung, die für den nichttechnischen Dienst besonders relevant ist.

Den Schriftverkehr zu bearbeiten, setzt gutes Deutsch voraus, buchhalterische Aufgaben erfordern Rechenfähigkeiten. Der Auswahltest besteht im mittleren und gehobenen Dienst aus einer psychologischen Eignungsfeststellung, außerdem aus einer Aufsatzbearbeitung (mittlerer Dienst) bzw. einer verwaltungsbezogenen Themenbearbeitung (gehobener Dienst). Die Wehrverwaltung bietet auch Ausbildungen im kaufmännischen Bereich sowie zum Verwaltungsfachangestellten an. Testinhalte sind, abgestimmt auf das jeweilige Berufsbild:

- Sprachbeherrschung (Rechtschreibung, Grammatik)
- Mathematik, Logik
- Konzentrations- und Leistungsvermögen
- berufsbezogenes Wissen
- ein Aufsatz
- EDV-Kenntnisse und fremdsprachliche Kompetenzen (Englisch und/oder Französisch) erwünscht

Deutsche Bundesbank

Die Bundesbank hütet die Währungsreserven der Bundesrepublik und ist Teil des europäischen Systems der Zentralbanken. Ziel ihres Handelns ist die wirtschaftliche Stabilität Deutschlands bzw. der Euro-Zone. Die Bundesbank bietet nicht nur Ausbildungs- und Studienmöglichkeiten an, sondern auch den Einstieg in die Beamtenlaufbahn des Bankbetriebsdienstes. Die schriftliche Prüfung im mittleren Bankbetriebsdienst beinhaltet:

- Aufgaben zu Rechen- und Sprachbeherrschung, Allgemeinwissen, Konzentrationsfähigkeit, visuellem und logischem Denkvermögen; Zeitvorgabe 3–5 Stunden
- eine Erörterung (Zeitvorgabe 30 Minuten): vollständige, adäquate und strukturierte Bearbeitung eines Themas unter Beachtung von Rechtschreibung und Grammatik

Die schriftliche Prüfung im gehobenen Bankbetriebsdienst beinhaltet:

- Aufgaben zu Rechen- und Sprachbeherrschung, Allgemeinwissen, Konzentrationsfähigkeit, visuellem und logischem Denkvermögen; Zeitvorgabe 3–5 Stunden
- eine Erörterung (Zeitvorgabe 30 Minuten): vollständige, adäquate und strukturierte Bearbeitung eines Themas unter Beachtung von Rechtschreibung und Grammatik
- einen einstündigen Englischtest

Die schriftliche Prüfung im höheren Bankbetriebsdienst beinhaltet:

- Aufgaben zu Rechen- und Sprachbeherrschung, Allgemeinwissen, Konzentrationsfähigkeit, visuellem und logischem Denkvermögen; Zeitvorgabe 1 bis 2,5 Stunden
- eine Erörterung (Zeitvorgabe 1 Stunde): vollständige, adäquate und strukturierte Bearbeitung eines Themas unter Beachtung von Rechtschreibung und Grammatik
- einen einstündigen Englischtest

Deutsche Rentenversicherung

Die Deutsche Rentenversicherung verwaltet die Rentenangelegenheiten der gesetzlich versicherten Arbeitnehmer in Deutschland und zahlt ihnen ihre Altersrenten aus. Hinter dem Namen Deutsche Rentenversicherung verbergen sich mehrere eigenständige so genannte Körperschaften. Die größte davon ist die Deutsche Rentenversicherung Bund, die zugleich als einzige bundesweit organisiert ist. Sie bietet die Ausbildung zum Fachinformatiker oder Sozialversicherungsangestellten an, mit Fach- oder allgemeiner Hochschulreife kann man außerdem das 3-jährige Bachelor-Studium „Sozialversicherung“ aufnehmen. Im schriftlichen Auswahltest geht es um:

- Sprachbeherrschung (Rechtschreibung, Grammatik, Textverständnis, Wortbedeutungen)
- Rechenfähigkeit
- Allgemeinwissen
- Konzentrations- und Leistungsfähigkeit (Sachbearbeitung, Bürofertigkeiten)
- logische Schlussfolgerungen

Finanzverwaltung der Länder

Die Finanzverwaltungen der 16 Bundesländer sind dafür zuständig, den Beamten und Tarifbeschäftigten des öffentlichen Dienstes pünktlich ihre Gehälter auszuzahlen, das ihnen zustehende Kindergeld zuzuteilen, Reisespesen abzurechnen und anderes mehr. Das setzt zum einen voraus, die einschlägigen Bestimmungen sicher zu verstehen – zum anderen aber auch, sie korrekt anwenden zu können.

Spezielle Ausbildungsgänge für die Finanzverwaltung gibt es nur in wenigen Bundesstaaten, darunter Baden-Württemberg, Bayern, Sachsen und Rheinland-Pfalz. Meist haben die Beamten der Finanzverwaltung eine Ausbildung in der Allgemeinen Inneren Verwaltung oder der Steuerverwaltung durchlaufen. Bereiten Sie sich für den Auswahltest im sprachlichen und mathematischen Bereich besonders gut vor, denn als Finanzverwalter sollten Sie mit Zahlen, Daten und Rechenvorgängen ebenso gut umgehen können wie mit Anträgen und juristischen Dokumenten.

Justizverwaltung

Angehörige der Justizverwaltung arbeiten an Gerichten und Staatsanwaltschaften, wo sie Richtern und Staatsanwälten unter die Arme greifen. In diesem Beruf zählen Aufgeschlossenheit, soziale Intelligenz und gutes Ausdrucksvermögen: Die Mitarbeiter stehen in direktem Kontakt zu den Bürgern, nicht selten in sehr sensiblen juristischen Angelegenheiten. Im höheren Dienst nehmen sie darüber hinaus eigenständig Rechtshandlungen vor, etwa Eintragungen ins Grundbuch.

Aufschluss über die Inhalte des schriftlichen Tests gibt das Anforderungsprofil der saarländischen Justizverwaltung, die für den mittleren Dienst unter anderem voraussetzt:

- Sprachbeherrschung (Rechtschreibung, Grammatik)
- mathematische Fertigkeiten
- grundlegende Allgemeinbildung (insbesondere Politik und Wirtschaft, Geschichte, Erdkunde, Recht und Staatsbürgerkunde)
- logisch-schlussfolgerndes Denken
- schreibtechnische Fähigkeiten (mindestens 150 Anschläge/Minute)

Für den gehobenen Justizdienst zählen:

- Sprachbeherrschung (Rechtschreibung, Grammatik, Ausdrucks- und Argumentationsvermögen)
- Rechenfähigkeit
- Verständnis von wirtschaftlichen, sozialen und rechtspolitischen Zusammenhängen
- logisch-systematisches Denken und Handeln
- Planungs- und Organisationsgeschick
- EDV-Kenntnisse

Justizvollzugsdienst

Die Beamten des Justizvollzugsdienstes arbeiten in den Justizvollzugsanstalten, d.h. in Haftanstalten, in denen Straftäter eine gerichtlich angeordnete Freiheitsstrafe verbüßen müssen. Im mittleren Justizvollzugsdienst führen Justizvollzugsbeamte die Personalakten und bearbeiten Formulare, beaufsichtigen die Gefangenen und bewerten ihr Verhalten. Im höheren Dienst planen und optimieren sie die organisatorischen Abläufe oder wirken im Personalmanagement mit.

Ein wesentlicher Teil des Berufsalltags besteht aus der Bearbeitung des anfallenden Schriftverkehrs – gute Sprachkenntnisse sind demnach unerlässlich. Wir raten, auch in Mathematik gut vorbereitet zu sein: Rechenfertigkeiten zählen, um Abrechnungen korrekt erstellen, prüfen und bezahlen zu können. Schulen Sie außerdem Ihr staatsbürgerliches Wissen.

Polizeien der Länder

Da Polizeiaufgaben – abgesehen von der Bundespolizei und dem Bundeskriminalamt – in Deutschland Ländersache sind, gibt es in Deutschland 16 unterschiedliche Auswahlverfahren und Ausbildungsordnungen. Die Bestandteile der (ca. 3–4-stündigen) schriftlichen Tests sind jedoch relativ ähnlich. In der Regel setzen sie sich zusammen aus Sprach- und Intelligenzprüfungen, die zum Teil oder vollständig am PC zu absolvieren sind. Übliche Inhalte sind:

- Sprachbeherrschung: Rechtschreibung, Grammatik, Wortverständnis, Sprachgefühl, ggf. Diktat
- Ausdrucks- und Argumentationsvermögen
- logisches Denken: Wortanalogien, Flussdiagramme, logische Schlüsse, Zahlen- und Symbolreihen, Datenanalyse, Tatsache vs. Meinung
- Allgemeinwissen: u.a. Politik und Gesellschaft, interkulturelles Wissen, Verständnis von wirtschaftlichen, sozialen und rechtspolitischen Zusammenhängen
- Konzentrations- und Leistungsfähigkeit: z.B. Gedächtnisübungen (Steckbriefe, Unfallberichte)

Steuerverwaltung

Die Mitarbeiter der Steuerverwaltung haben eine recht undankbare, aber für den Staat zwingend notwendige Aufgabe: Sie berechnen die Steuern für Unternehmen und Privatpersonen, stellen Steuerbescheide aus, kontrollieren die Zahlungsmoral der Steuerzahler und erinnern Steuersünder an ihre Zahlungspflicht. Außerdem helfen sie ratsuchenden Mitbürgern in Steuerfragen weiter.

Das alles setzt natürlich eine fundierte Ausbildung im komplexen deutschen Steuerwesen voraus. Das Steuerrecht ist ohne gute Sprach- und Rechenfähigkeiten, verbunden mit wirtschaftlichem und rechtlichem Vorverständnis, sicher nicht zu verstehen. Die eigenen Fachkenntnisse sollte man darüber hinaus dem Steuer-Laien auch verständlich machen können. Üben Sie daher zur Testvorbereitung insbesondere Mathe- und Sprachverständnis, logisch-systematisches Denken und den Umgang mit Gesetzestexten.

Verfassungsschutz

Das Bundesamt für Verfassungsschutz ist ein deutscher Inlands-Nachrichtendienst, der Personen und Vereinigungen überwacht, die die demokratische Grundordnung der Bundesrepublik gefährden. Die Bundesbehörde wird auch selbstständig tätig; hauptsächlich verwertet und koordiniert sie jedoch die Arbeit der 16 Landesbehörden für Verfassungsschutz, die dem Innenminister des jeweiligen Bundeslandes unterstehen. Die Landesbehörden bilden in der Regel nicht selbst aus, sondern übernehmen Beamte aus ihren Polizeien. Inhalte des schriftlichen Tests beim Verfassungsschutz des Bundes sind:

- Beantwortung eines Fragenkataloges
- Verfassen einer kurzen Ausarbeitung
- Sprachtests in Deutsch und Englisch

Die gezielte Vorbereitung

Welche Aufgabentypen gibt es?

Die Einstellungstests des öffentlichen Dienstes schöpfen aus einem großen Reservoir verschiedener Aufgabentypen. Im nichttechnischen Dienst lassen sie sich grob in sechs Kategorien einteilen: Sprachbeherrschung, Spezial- und Allgemeinwissen, Erinnerungs- und Konzentrationsvermögen, mathematisches Verständnis, logisches und visuelles Denkvermögen. Ein allgemeingültiges Muster für die Anordnung der Testaufgaben lässt sich daraus aber nicht ableiten. Diese werden – je nach Berufsbild – unterschiedlich ausgewählt und zusammengestellt.

Viele Fragen sind im Multiple-Choice-Verfahren durch Ankreuzen der richtigen Lösung zu beantworten, bei anderen – meist im sprachlichen Bereich – müssen Sie mehr oder weniger umfangreiche Antworten selbst formulieren.

Die „Sprachbeherrschung"

Insbesondere für die Verwaltungstätigkeiten des nichttechnischen Dienstes gehören Sprachkompetenzen zum A und O: Denn hier bekommen Sie es unter anderem mit komplexen Vorschriften zu tun, die Sie umsetzen sollen, Sie fassen schwierige Sachverhalte zusammen, führen Akten, verfassen Dokumente im Namen Ihres Amtes, bearbeiten Schreiben der Bürger und beraten sie. Sprachliche Fähigkeiten stehen in den Auswahltests an vorderster Stelle. Die entsprechenden Aufgabentypen kann man schematisch in die Gruppen Sprachkenntnis, Sprachverständnis und Ausdrucksfähigkeit einordnen.

Zur Überprüfung der Sprachkenntnis – d.h. der Kenntnis der orthografischen und grammatischen Regeln – werden unter anderem Diktate eingesetzt. Häufiger sind aber Auswahl- oder Einsetzübungen, bei denen die richtigen Satzzeichen, Schreibweisen, Präpositionen oder Konjunktionen zu bestimmen sind. Solche und ähnliche Fragestellungen begegnen Ihnen auch da, wo fremdsprachliche Grundkenntnisse geprüft werden.

Im textanalytischen Teil kann es darum gehen, Rechtsvorschriften auf eine vorgegebene Situation anzuwenden. Oder Sie erhalten den Auftrag, die Kernaussagen eines längeren Texts wiederzugeben. Außerdem können Sie aufgefordert werden, die korrekte Bedeutung von Redewendungen oder Fremdwörtern zu bestimmen. Unter „Textanalyse" ist hier also nicht die weitläufige Interpretation eines Schriftstücks zu verstehen, sondern die kurze Antwort auf präzise Fragen.

Die Königsdisziplin im Bereich der schriftlichen Ausdrucksfähigkeit schließlich ist das Verfassen von problembezogenen Kurzaufsätzen (Erörterungen und Abhandlungen). Hier geht es darum, eine vorgegebene Fragestellung logisch strukturiert, sprachlich flüssig und unter Beachtung möglichst aller relevanten Aspekte zu erläutern, die verschiedenen Pro- und Contra-Argumente

Der Sprachteil prüft ...

¬ Rechtschreibung (mit Zeichensetzung)

¬ Grammatik

¬ Text- und Sprachverständnis

¬ Ausdrucksfähigkeit, Wortschatz

¬ evtl. Fremdsprachenkenntnisse

sorgfältig gegeneinander abzuwägen und schließlich ein gut begründetes Fazit zu ziehen. Natürlich zählen auch hier Rechtschreibung und Grammatik.

Das „Allgemeinwissen" und das „berufsbezogene Wissen"

Allgemeinwissen und berufsspezifisches Wissen sind nicht immer scharf voneinander zu trennen. So ist etwa das Themengebiet „deutsche Politik" auch in den Einstellungstests der Privatwirtschaft häufig zu finden, aber für Bewerber im öffentlichen Dienst hängt es unmittelbar mit dem eigenen Wirkungsfeld zusammen.

Das Allgemeinwissen ist ein schier unerschöpfliches Wissensgebiet, das alles Mögliche umfasst: Politik, Wirtschaft, Gesellschaft, Geschichte (insbesondere deutsche Geschichte des 20. und 21. Jahrhunderts), Geografie, Kunst, Sport, Wissenschaft, kulturelles und interkulturelles Wissen. Besonders bei politischen, gesellschaftlichen, wirtschaftlichen und rechtlichen Zusammenhängen sollten Sie als künftiger Staatsdiener ein großes Interesse nachweisen können. Auf diese staatsbürgerlichen Kenntnisse nämlich legt der öffentliche Dienst großen Wert. Dazu gehören insbesondere die Grundlagen Deutschlands und Europas, auf Gemeinde und Landesebene zusätzlich Kenntnisse der jeweiligen Kommune und des Bundeslands.

Der Wissensteil testet …

- ¬ Allgemeinwissen: Politik, Wirtschaft, Gesellschaft, Geschichte, Kunst, Kultur, Wissenschaft, Geografie, Sport
- ¬ staatsbürgerliches Wissen: Grundlagen + Aufbau von Deutschland und Europa, ggf. Gemeinde und Land
- ¬ berufsbezogenes Wissen: Wofür ist Ihre Behörde zuständig, welche Rechte und Pflichten haben Sie?

Welche Schwerpunkte im Wissensbereich gesetzt werden, das hängt von der prüfenden Behörde und den von ihr gewünschten berufsbezogenen Kenntnissen ab. Klar, dass beispielsweise im Auswärtigen Amt besonders die deutsche Außenpolitik gefragt ist, aber in der Düsseldorfer Stadtverwaltung auch kommunale Angelegenheiten zählen. Machen Sie sich also schlau über den Zuständigkeitsbereich Ihrer Dienststelle, über Befugnisse und Tätigkeitsprofile. Ihr Allgemeinwissen halten Sie durch Zeitungslektüre, Nachrichtensendungen, Internetquellen auf dem Laufenden – bleiben Sie am Ball, abonnieren Sie zur Vorbereitung eventuell eine Tageszeitung. Mit den Übungen in diesem Buch verbreitern Sie Ihr Wissen und finden heraus, wie belastbar es ist.

Das „Erinnerungs- und Konzentrationsvermögen"

Konzentrationsvermögen meint die Fähigkeit, auch unter Zeitdruck sorgfältig arbeiten zu können: eine Grundanforderung an die Beschäftigten des öffentlichen Dienstes – von wegen behäbige Beamte.

Getestet wird vor allem Ihre Arbeitseffizienz, d.h. Bearbeitungsgeschwindigkeit und Gründlichkeit zugleich. Besonders anspruchsvoll sind die Aufgaben an sich bisweilen nicht. Der p/q-Test beispielsweise – auch in seinen Variationen als O/Q-Test oder b/d-Test bekannt – besteht aus nichts anderem als ziemlich eintönigen Buchstabenfolgen, in denen Sie die Anzahl aller „p"s bestimmen sollen. Andere Konzentrationsaufgaben bestehen darin, einem Produkt anhand einer Tabelle die entsprechende Preisgruppe zuzuweisen oder Akten in ein Ablagesystem einzuordnen. Aber unterschätzen Sie diese Aufgabenstellungen nicht: Das Zeitlimit sorgt für Stress.

Erinnerung / Konzentration schließen ein ...

- Sortieraufgaben: Aktenschrank, Preisgruppen
- Suchaufgaben: „p" und „q"-Test
- Erinnerungsaufgaben: Kundendatei, schriftlicher Bericht

Ein anderer Aspekt der Konzentration ist das Erinnerungsvermögen. Dazu werden Ihnen Inhalte vorgestellt – Auszüge aus einer Kundendatei mit biographischen Daten, ein Bericht oder ähnliches –, die Sie sich einprägen sollen, um anschließend auf entsprechende Fragen die richtige Auskunft zu geben. Auch dabei können Ihnen enge Zeitgrenzen das Leben zusätzlich schwer machen. Halten Sie die Bearbeitungszeiten ein, die in dieser Prüfungsmappe vorgegeben sind, um Ihre Arbeitsgeschwindigkeit realistisch einschätzen zu lernen.

Das „mathematische Verständnis"

Mathematik ist Teil der schulischen Grundbildung und wird in fast allen Berufen gebraucht. Ohne Mathe-Kenntnisse wären die Beamten und Angestellten des nichttechnischen Dienstes weder in der Lage, Abrechnungen zu prüfen, noch könnten sie die Höhe fälliger Renten bestimmen, ganz zu schweigen von der korrekten Steuerberechnung. Die öffentliche Hand stünde unter Umständen schnell mit leeren Taschen da – oder die Bürger.

Der mathematische Teil beinhaltet ...

- Grundrechenarten
- Schätzaufgaben
- Maßeinheiten und Umrechnung
- Textaufgaben
- Dreisatzrechnung
- Prozentrechnung
- evtl. lineare Funktionen

Die Anforderungen in den Einstellungstests sind so unterschiedlich wie die Berufsbilder im öffentlichen Dienst: In bestimmten Bereichen sind Rechenkompetenzen genau so wichtig wie Sprachkenntnisse und werden im Auswahltest besonders gründlich überprüft. Der Zoll beispielsweise konfrontiert Bewerber im mittleren Dienst mit Dreisatz-, Prozent- und Zinsrechnungen, im gehobenen Dienst kommen noch lineare Funktionen dazu. Mit derart kniffligen Aufgaben muss man aber nicht überall rechnen. Mancherorts reichen schon ein belastbares Basiswissen und die sichere Handhabung der Grundrechenarten, um einfache Rechenoperationen lösen und den Test bestehen zu können.

Im Idealfall brauchen Sie für den Rechenteil also nur Ihr Schulwissen aufzufrischen. Aber auch wer sich mit Mathe etwas schwerer tut, muss die Flinte nicht gleich ins Korn werfen: Die Mathe-Aufgaben der Tests sind im Allgemeinen ziemlich ähnlich, so dass sich die typischen Vorgehensweisen und Lösungswege mit den entsprechenden Übungen sehr gut trainieren lassen.

Das „logische Denken"

Logisches Denken ist überall da wichtig, wo komplexe Sachverhalte überblickt und systematisch durchdacht werden müssen: ein weites Feld, das von außenpolitischen Analysen im Auswärtigen Dienst über die Aktenorganisation im Allgemeinen Verwaltungsdienst bis hin zur Katalogerstellung im Bibliotheksdienst reicht. Um das logische Verständnis zu testen, gibt es unterschiedliche Aufgabentypen, in denen Buchstaben, Wörter, Sätze, Zahlen, Symbolreihen, Figuren oder Diagramme vorkommen können.

Der Logikteil besteht aus …

- Sprachaufgaben: Meinung vs. Tatsache, logische Schlussfolgerung, Oberbegriffe, Wortanalogien, Synonyme, Sprichwörter
- Ergänzungsaufgaben: Buchstaben-, Zahlen-, Figuren- und Symbolreihen fortsetzen
- Interpretationsaufgaben: Diagramme, Schaubilder, Texte verstehen

Sprachlogische Fragen fordern etwa dazu auf, bestimmte Analogien herzustellen: Ast verhält sich zu Baum wie Rad zu was? Eine mögliche Antwort wäre hier Auto, da das Rad ebenso ein Teil des Autos ist, wie der Ast zum Baum gehört. Ebenfalls zur Sprachlogik zählt die beliebte Aufgabe „Meinung vs. Tatsache", bei der Sie allgemeingültige (objektive) Fakten von rein persönlichen (subjektiven) Ansichten unterscheiden müssen. Oder Sie finden zu gegebenen Begriffen den passenden Oberbegriff, bestimmen gegensätzliche bzw. gleichbedeutende Wortpaare, setzen Buchstaben- oder Zahlenreihen richtig fort, finden heraus, nach welchen „Bauanleitungen" abstrakte Muster konstruiert sind, interpretieren Statistiken und Schaubilder oder ziehen sinnvolle Schlüsse aus gegebenen Aussagen. Im Mittelpunkt dieses Aufgabenbereichs stehen Kombinationsgabe, systematisches Vorgehen und analytisches Denkvermögen.

Das „visuelle Denkvermögen"

Aufgaben zum visuellen Denkvermögen überprüfen Ihre Vorstellungskraft und praktische Intelligenz. Sehr häufig werden Sie mit Faltvorlagen konfrontiert, die Sie (im Geiste) zu dreidimensionalen Körpern zusammenbasteln können – nur zu welchen? Sehr strapaziös für die Konzentration sind auch Würfelaufgaben, bei denen nach allerlei (imaginären) Drehungen diejenigen Oberflächen des Würfels skizziert werden sollen, die am Ende sichtbar sind.

Das visuelle Denkvermögen umfasst …

- räumliches Vorstellungsvermögen: Faltvorlagen, Würfelaufgaben, Figuren zusammensetzen
- technisch-physikalische Aufgabenstellungen: Konstruktionen, Apparate, Mechanismen

Um sich die einzelnen Schemata vor das geistige Auge rufen zu können, brauchen Sie Abstraktionsfähigkeit. Erst recht, wenn technische Konstruktionen zu überprüfen und naturwissenschaftliche Phänomene zu ergründen sind. Eine physikalische Neugier hilft Ihnen hier ebenso weiter wie ein solides handwerkliches Grundinteresse. In diesem Buch finden Sie ausführliche Kommentare, die Ihnen die verschiedenen Funktionsprinzipien systematisch nahebringen.

Der Testablauf

Mit der Einladung zum Einstellungstest sind Sie Ihrem Wunschberuf einen großen Schritt näher gekommen. Nun beginnt die Vorbereitungsphase. Nach der Lektüre der vorangegangenen Kapitel zu den verschiedenen Testinhalten und Aufgabentypen wissen Sie natürlich schon, was Sie im Auswahltest erwartet: die Abfrage des vorausgesetzten Wissens ebenso wie die Kontrolle allgemeiner logischer, organisatorischer und persönlicher Kompetenzen. Wie aber läuft das Procedere konkret ab?

Die Prüfungssituation

Der Tag der Wahrheit ist endlich gekommen und Sie versammeln sich mit Ihren Mitbewerbern vor dem Prüfungsraum. Aufgeregt wird der eine oder andere von fiesen Trickfragen und unlösbaren Kniffeleien berichten – das meiste davon sind Gerüchte, die auf nichts als Hörensagen beruhen. Zwar werden Sie mit Sicherheit auf unbekannte Fragen stoßen und wahrscheinlich in der vorgegebenen Zeit nicht alle korrekten Lösungen finden. Das müssen Sie aber auch nicht, da nur ein bestimmter Prozentsatz der Maximalpunktzahl nötig ist, um den Test zu bestehen. Außerdem sind auch die unbekannten Aufgaben nach bestimmten Methoden aufgebaut, die Ihnen nach der Bearbeitung der vorliegenden Prüfungsmappe nicht unbekannt vorkommen dürften.

Nachdem alle Bewerber zum Test erschienen sind, wird Sie der Prüfer begrüßen, sich kurz vorstellen und dann die Einzelheiten des Testablaufs klären: welche Hilfsmittel zugelassen sind – z.B. Taschenrechner und Lineal, Stift und Papier werden meist gestellt –, welche Zeitvorgaben es gibt usw. Fragen Sie schon vorher nach, was Sie von zu Hause mitbringen dürfen oder sollen.

Bei der Zeiteinteilung gibt es unterschiedliche Vorgehensweisen: Wenn der Prüfer Ihnen eine feste Bearbeitungsdauer zur Bearbeitung des gesamten Tests angibt, dürfen Sie normalerweise hin- und herblättern, besonders unangenehmen Aufgaben ausweichen und zum nächsten Teil übergehen, wenn Sie wollen. Es kommt aber auch vor, dass Sie der Prüfer durch den Test begleitet und Ihnen genau sagt, wann und wie lange Sie einen Aufgabenteil bearbeiten sollen. Blättern Sie in diesem Fall nicht einfach zu anderen Abschnitten um – im Extremfall könnte das zu Ihrer Disqualifikation führen. Die Gesamtdauer des Tests liegt je nach Laufbahn und Dienststelle in der Regel bei 3-5 Stunden.

Ihr Fahrplan für die schriftliche Prüfung

- Erkundigen Sie sich frühzeitig: Welche Hilfsmittel (z.B. Taschenrechner) dürfen Sie benutzen? Welche Materialien (Stift, Papier, Lineal,...) müssen Sie mitbringen, welche werden Ihnen gestellt?
- Verschieben Sie Ihren Prüfungstermin bei schwereren Erkrankungen.
- Erscheinen Sie ausgeschlafen und pünktlich, planen Sie genügend Zeitreserve für Staus oder andere Verzögerungen ein. Aber vergessen Sie das Frühstück nicht: Wer mit nüchternem Magen in die Prüfung geht, baut schnell ab und ist weniger leistungsfähig.
- Hören Sie den Erklärungen und Anweisungen der Prüfungsleiter aufmerksam zu. Nur so erfahren Sie, wie der Test abläuft und wie Sie dabei vorgehen müssen.
- Studieren Sie die allgemeinen Bearbeitungshinweise sorgfältig, klären Sie eventuelle Verständnisfragen nach Möglichkeit vor Testbeginn.
- Behalten Sie die Uhr im Auge und teilen Sie sich Ihre Zeit gut ein.
- Achten Sie jederzeit auf die Hinweise Ihrer Prüfungsleiter.
- Wenn ein „Blackout" droht: Durchatmen, einen Schluck Wasser trinken und erst einmal leichtere Aufgaben in Angriff nehmen.
- Lesen Sie jede Aufgabenstellung gründlich durch und halten Sie sich an eventuell vorgegebene Bearbeitungswege.
- In Multiple-Choice-Tests werden falsche Antworten in der Regel nicht bestraft. Setzen Sie auch dann ein Kreuz, wenn Sie nicht ganz sicher sind – einen Versuch ist es wert. (Achtung: Wenn mehrere richtige Lösungen anzugeben sind, gibt es für falsche Kreuze Abzüge!)
- Lassen Sie sich nicht aus der Ruhe bringen. Die Tests sind so konzipiert, dass kaum jemand im vorgegebenen Zeitrahmen alle Aufgaben korrekt lösen kann.
- Anstatt an einer Aufgabe zu verzweifeln, gehen Sie lieber zur nächsten über. Mit den übersprungenen Fragen können Sie sich – begonnen mit der leichtesten – im Idealfall noch am Schluss beschäftigen.
- Planen Sie etwas Zeit ein, um Ihre Lösungen auf Flüchtigkeits- und andere Fehler zu kontrollieren.
- Machen Sie etwaige Korrekturen stets eindeutig und nachvollziehbar.

Richtig lernen

Welche Fragen in Ihrem Auswahltest genau gestellt werden, das könnten Ihnen nur die Prüfer selbst beantworten – und die werden es nicht tun. Trotzdem können Sie sich auf alle Prüfungsinhalte gut vorbereiten: zum einen, indem Sie Ihre Wissensbasis verbreitern, verschiedene Aufgabentypen und Lösungswege kennen lernen; zum anderen, indem Sie sich an die Prüfungssituation und den Testablauf gewöhnen. Aber auch das Lernen selbst will gelernt sein. Mit den richtigen Methoden fällt eine gute Vorbereitung leichter.

Inhalte herausfinden: Bringen Sie mehr über Ihren künftigen Arbeitgeber und den angestrebten Beruf in Erfahrung, recherchieren Sie im Internet und sprechen Sie mit Ihrem Einstellungsberater. So bringen Sie Ihr berufsbezogenes Wissen auf Vordermann. Vielleicht erfahren Sie so auch einige zusätzliche Details über Ablauf und Inhalte – Fragen kostet nichts.

Bildung verbreitern: Eine gute Allgemeinbildung bringt in jedem Einstellungstest große Vorteile. Informieren Sie sich daher über das aktuelle Zeitgeschehen. Möglichkeiten dafür gibt es viele, ob via Internet, Radio, Fernsehen oder Zeitung. Wer sich kein Zeitungsabonnement leisten will, findet in Bibliotheken Exemplare aller großen Tageszeitungen zur Gratis-Lektüre.

Pausen einplanen: In der Vorbereitungsphase von früh bis spät zu büffeln und dann noch die Nacht zum Tag zu machen, ist nicht besonders effektiv. Gönnen Sie sich ausreichend Schlaf und regelmäßige Verschnaufpausen. Bewährt hat sich die Einteilung in Lernblöcke: nach 30 Arbeitsminuten 5 Minuten abschalten, alle 90 Minuten für eine Viertelstunde pausieren, nach jeweils vier Stunden 1-2 Stunden unterbrechen.

Die Testsimulation mit dieser Prüfungsmappe

Die vorliegende Prüfungsmappe ist so konzipiert, dass Sie den schriftlichen Einstellungstest möglichst realistisch simulieren und seinen Ablauf wirklichkeitsnah nachvollziehen können. Wir empfehlen Ihnen folgende Vorgehensweise für eine möglichst effektive Vorbereitung:

- Bearbeiten Sie den ersten Test, bevor Sie die Lösungshinweise und Antworten in diesem Buch lesen.
- Legen Sie sich Bleistift und Papier, einen Taschenrechner, einen Radiergummi und eine Stoppuhr griffbereit.
- Folgen Sie den Bearbeitungshinweisen.
- Überspringen Sie keine Kapitel.
- Halten Sie sich an die Zeitvorgaben – kontrollieren Sie dies mit der Stoppuhr.
- Bearbeiten Sie immer erst einen vollständigen Prüfungsbogen, bevor Sie die dazugehörigen Antworten im Lösungsbuch nachschlagen.
- Vergleichen Sie Ihre Testergebnisse in den Prüfungsbögen. Machen Sie sich Ihre Fortschritte bewusst, aber finden Sie auch heraus, in welchem Bereich noch Schwachstellen liegen.
- Nutzen Sie das Lösungsbuch, um Ihr Verständnis der Testaufgaben zu vertiefen und einzelne Themen intensiver aufzuarbeiten.

Dieses Lösungsbuch liefert Ihnen zu jeder Frage sowohl die korrekte Antwort als auch umfangreiche Bearbeitungshinweise und einen ausführlich kommentierten Lösungsweg. Nehmen Sie sich die Zeit, das Prinzip der Aufgaben vollständig zu verstehen, bevor Sie weiterarbeiten. So gehen Sie gut gerüstet in Ihre schriftliche Prüfung.

1

Prüfung · Teil 1

Sprachbeherrschung

Richtige Schreibweise

Im Folgenden geht es darum, für die angegebenen Wörter die richtigen Schreibweisen zu bestimmen.

Lösung

Wort	*Richtige Schreibweise*	*Wort*	*Richtige Schreibweise*
1. Sympatie	Sympathie	11. exklusif	exklusiv
2. Thymian	–	12. Emmotion	Emotion
3. Rhytmus	Rhythmus	13. Höhr-Nerv	Hörnerv
4. Operazion	Operation	14. efektiv	effektiv
5. Sekreteriat	Sekretariat	15. seid Stunden	seit Stunden
6. defeckt	defekt	16. Lokomotieve	Lokomotive
7. Atheist	–	17. Kulans	Kulanz
8. Democratie	Demokratie	18. ungläubig	–
9. Tip	Tipp	19. Sehharfen	Seehafen
10. Schiffahrt	Schifffahrt	20. Maschiene	Maschine

Sprachbeherrschung

Rechtschreibung

Bei diesen Aufgaben geht es darum, das Wort mit der richtigen Schreibweise zu erkennen.

21.

A. Pietet
B. Pietät
C. Piätät
D. Piätet
E. Keine Antwort ist richtig.

Antwort: **B**

22.

A. Atraktivität
B. Attraktivität
C. Atracktivität
D. Atraktiwität
E. Keine Antwort ist richtig.

Antwort: **B**

23.

A. Physiognomie
B. Physiegnomie
C. Fysiognomie
D. Physiogromie
E. Keine Antwort ist richtig.

Antwort: **A**

24.

A. Kolateralschaden
B. Kolaterallschaden
C. Kollateralschaden
D. Kolatteralschaden
E. Keine Antwort ist richtig.

Antwort: **C**

25.

A. Zeremonnie
B. Zerremonie
C. Zäremonie
D. Zeremonie
E. Keine Antwort ist richtig.

Antwort: **D**

26.

A. Stalakmitten
B. Stalagmiten
C. Stalakmiten
D. Stalakmieten
E. Keine Antwort ist richtig.

Antwort: **B**

27.

A. Grafik
B. Graffik
C. Grafig
D. Grafick
E. Keine Antwort ist richtig.

Antwort: **A**

28.

A. Hallogen
B. Halogeen
C. Halogen
D. Hallogeen
E. Keine Antwort ist richtig.

Antwort: **C**

29.

A. Manuskrippt
B. Manusskript
C. Mahnuskript
D. Manuskript
E. Keine Antwort ist richtig.

Antwort: **D**

30.

A. Spinnenphobie
B. Spinnenfobie
C. Spinnenpfobie
D. Spinnenfobbie
E. Keine Antwort ist richtig.

Antwort: **A**

Sprachbeherrschung

Rechtschreibung Lückentext

Bei diesen Aufgaben geht es darum, das Wort mit der richtigen Schreibweise zu erkennen, welches die Lücke sinnvoll ergänzt.

31. **Sie liebt alle Blumen, aber am liebsten mag sie ________________.**

    A. Karamell
    B. Kamelen
    C. Kamelien
    D. Kamele
    E. Keine Antwort ist richtig.

Antwort: **C**

Dieser Satz verlangt nach einem Wort im Akkusativ Plural. Inhaltlich passt aber nur Antwort C. Kamelien sind subtropische Pflanzen und sind in Europa als Zierpflanzen verbreitet.

---

32. **Dieser Massagesessel ist genial! Die ________________ der Massage lässt sich stufenlos regeln.**

    A. Intensivität
    B. Intenzität
    C. Intensität
    D. Indensität
    E. Keine Antwort ist richtig.

Antwort: **C**

Die richtige Antwort ist C „Intensität", alle anderen sind falsch geschrieben.

---

33. **Für den Erfolg eines Films ist es wichtig, dass sich die Zielgruppe mit der Hauptfigur ________________ kann.**

    A. ersetzen
    B. identifizieren
    C. kennenlernen
    D. verstehen
    E. Keine Antwort ist richtig.

Antwort: **B**

Die richtige Antwort lautet B, alle anderen passen grammatisch und inhaltlich nicht.

34. Für optimale Heilungschancen ist es notwendig, frühzeitig die richtige _______________ anzuwenden.

A. Therapie
B. Therapeuten
C. Therapien
D. Therapeut
E. Keine Antwort ist richtig.

Antwort: **A**

Gesucht wird hier ein feminines Wort im Singular. Die einzige Möglichkeit ist daher A „Therapie".

---

35. Ausreichend Tageslicht ist _______________ für körperliches und seelisches Wohlbefinden.

A. unergiebiger
B. unersetzliche
C. unersättliches
D. unerlässlich
E. Keine Antwort ist richtig.

Antwort: **D**

Inhaltlich sinnvoll und grammatisch passend ist hier nur Antwort D „unerlässlich".

---

36. An heißen Sommertagen ist der Schatten eines _______________ meist angenehmer als der eines Gebäudes.

A. Baum
B. Bäume
C. Baumes
D. Pflanzen
E. Keine Antwort ist richtig.

Antwort: **C**

Das gesuchte Substantiv muss ebenso wie der Artikel „eines" im Genitiv Singular stehen. Folglich passt nur Antwort C „Baumes".

---

37. Die Teilnehmer erklärten einstimmig ihren _______________ auf das Ergebnis.

A. stolz
B. Stolz
C. Zufriedenheit
D. Leistung
E. Keine Antwort ist richtig.

Antwort: **B**

Dem Pronomen „ihren" muss ein maskulines Substantiv folgen, somit ist die richtige Antwort B „Stolz".

38. Die Würde des ________________ ist unantastbar.

A. Kindes
B. Mannes
C. Menschen
D. Angestellten
E. Keine Antwort ist richtig.

Antwort: **C**

Rein grammatikalisch betrachtet wären alle vier Antworten möglich. Dass der Satz im Grundgesetz der Bundesrepublik Deutschland „Die Würde des Menschen ist unantastbar" lautet, sollte allerdings jeder wissen.

39. Im Laufe der ________________ entstanden die verschiedenen Tierarten.

A. Evolution
B. Evaluation
C. Evolutionen
D. Evollution
E. Keine Antwort ist richtig.

Antwort: **A**

Antwort B ergibt inhaltlich keinen Sinn, da Evaluation „Bewertung" bedeutet. Antwort D ist falsch geschrieben. Das gesuchte Wort „Evolution" gibt es nur im Singular, damit fällt auch Antwort C weg.

40. Die Techniken der ________________ sollen das Bewusstsein erweitern.

A. Medidation
B. Meditation
C. Mediation
D. Medikation
E. Keine Antwort ist richtig.

Antwort: **B**

Inhaltlich kommen nur die Antworten A oder B infrage, richtig geschrieben ist nur Antwort B „Meditation".

41. Die Wissenschaftler führten eine ________________ Studie durch.

A. empierische
B. empirischen
C. empierischer
D. empirische
E. Keine Antwort ist richtig.

Antwort: **D**

Die Antwort muss im Nominativ Singular stehen, Antwort A fällt wegen eines Rechtschreibfehlers weg. Die einzige mögliche Lösung ist also D „empirische".

---

42. Jede ________________ ist anders als die vorherige.

A. Generationen
B. Generations
C. Generation
D. Generelle
E. Keine Antwort ist richtig.

Antwort: **C**

Nach „jede" muss ein Wort im Singular stehen, das trifft nur auf Antwort C „Generation" zu.

---

43. Mit einer ________________ Umfrage wird versucht, die öffentliche Meinung zu ermitteln.

A. repressente
B. repräsenten
C. repräsentativen
D. repräsentative
E. Keine Antwort ist richtig.

Antwort: **C**

Das gesuchte Adjektiv muss im Dativ Singular stehen. Korrekt ist Antwort C.

---

44. Mit diesem ________________ hast du nirgendwo eine Chance!

A. Zeugniß
B. Zeugnisses
C. Zeugnissen
D. Zeugnis
E. Keine Antwort ist richtig.

Antwort: **D**

Hier kommt nur Antwort D infrage, da B und C im falschen Kasus stehen und A falsch geschrieben ist.

---

45. Es empfiehlt sich, dem Gastgeber ein kleines _______________ zu überreichen.

A. Präsent
B. Präsents
C. Präsente
D. Präsenten
E. Keine Antwort ist richtig.

Antwort: **A**

Der Satz erfordert ein Substantiv im Akkusativ Singular, dies trifft nur auf Antwort A „Präsent" zu.

---

46. Zum Glück war er _______________ genug, um die Chance sofort zu nutzen.

A. geistesgegenwertig
B. geistesgegenwärtig
C. geistesgegenwärtige
D. geistesgegenwärtiger
E. Keine Antwort ist richtig.

Antwort: **B**

Das Adjektiv darf hier nicht dekliniert sein. Antwort A ist falsch geschrieben, darum bleibt nur B als richtige Lösung.

---

47. Unser Nachbar ist wirklich ein sehr _______________ Mensch.

A. kolerisch
B. chollerischer
C. cholerischer
D. kolerische
E. Keine Antwort ist richtig.

Antwort: **C**

Die Antworten A und D passen aus grammatischen Gründen nicht, B ist falsch geschrieben. Die richtige Antwort lautet also C „cholerischer".

48. Würdest du mehr lernen, dann ________________ du mehr!

A. wusste
B. wusstest
C. wüsstest
D. wissest
E. Keine Antwort ist richtig.

Antwort: **C**

Das Verb muss im Konjunktiv II stehen, also ist Antwort C die richtige Lösung.

---

49. Gestern ________________ ich stundenlang vor dem Kino auf dich!

A. wartete
B. wartetest
C. warte
D. warteten
E. Keine Antwort ist richtig.

Antwort: **A**

Das Verb muss in der ersten Person Singular im Präteritum stehen. Somit ist A die richtige Antwort.

---

50. Der ________________ ist ein mittelgroßer Greifvogel.

A. Bussarde
B. Busards
C. Bussart
D. Bussard
E. Keine Antwort ist richtig.

Antwort: **D**

Das einzusetzende Substantiv muss im Nominativ Singular stehen. Daher scheiden die ersten beiden Möglichkeiten aus. Antwort C enthält einen Schreibfehler, so dass Antwort D die richtige Lösung ist.

Sprachbeherrschung

Diktat Lückentext

In dieser Aufgaben geht es darum, das Wort mit der richtigen Schreibweise zu erkennen, welches die Lücke sinnvoll ergänzt.

Lösung

51. Es ist schön, **dass** du kommen konntest!
52. Er hat der Versuchung **widerstanden**.
53. Können wir uns **morgen Abend** treffen?
54. Wir wollen nachher **eislaufen** gehen.
55. Hilf lieber mit, anstatt nur **zuzusehen**!
56. Das **Folgende** solltest du dir gut merken.
57. Endlich habe ich das Buch **zu Ende** gelesen.
58. Mein Lieblingssofa ist **dunkelrot**.
59. Sag mir **Bescheid**, wenn du fertig bist!
60. Der Hund ist seit Jahren ihr **Ein und Alles**.
61. Mit einem **Quäntchen** Glück wird es schon klappen.
62. Sie wird **anhand** der Statistiken entscheiden.
63. Ein Bekannter hat mir einen guten **Tipp** gegeben.
64. Für einen schönen Strauß braucht man Blumen mit langen **Stängeln**.
65. Treffen wir uns an der **Litfaßsäule**?
66. Wir sehen uns **außerstande / außer Stande**, da noch etwas zu retten.
67. Er hat das Geschenk mitten im Raum **platziert**.
68. Wir suchen noch nach **potenziellen / potentiellen** Geldgebern.
69. Ich hätte gern ein **paar** Brötchen.
70. Wir haben alle Teile **nummeriert**.
71. Sie waren sich einfach nicht **sympathisch**.
72. Du bist **schuld**, dass wir nicht fertig geworden sind!
73. Im Zoo gibt es ein kleines **Känguru** und weiße **Tiger**.
74. Der Opa ist **todkrank**.
75. Spinnen sind ihr ein **Gräuel**.

Sprachbeherrschung

Groß- und Kleinschreibung

Bei diesen Aufgaben geht es darum, die richtige Schreibweise in den Texten zu erkennen.

76.

A. Das muss jeder einzelne für sich am besten wissen.
B. Das muss jeder Einzelne für sich am besten wissen.
C. Das muss jeder einzelne für sich am Besten wissen.
D. Das muss jeder Einzelne für sich am Besten wissen.
E. Keine Antwort ist richtig.

Antwort: **B**

Substantivierte unbestimmte Zahladjektive (jeder Einzelne) werden großgeschrieben.

77.

A. Jeder Dritte wurde krank.
B. Jeder dritte wurde krank.
C. Jeder Dritte wurde Krank.
D. Jeder dritte wurde Krank.
E. Keine Antwort ist richtig.

Antwort: **A**

Substantivierte Grund- und Ordnungszahlen werden großgeschrieben.

78.

A. Alle Angeklagten Demonstranten wurden, wie vom Ankläger gefordert, verurteilt.
B. Alle angeklagten Demonstranten wurden, wie vom Ankläger gefordert, verurteilt.
C. Alle angeklagten Demonstranten wurden, wie vom ankläger gefordert, verurteilt.
D. Alle Angeklagten Demonstranten wurden, wie vom ankläger gefordert, verurteilt.
E. Keine Antwort ist richtig.

Antwort: **B**

Substantivierte Verben (Ankläger) werden großgeschrieben, in ihrer Form als Partizip aber klein (angeklagten Demonstranten).

79.

A. Sie war bei Jung und Alt gleichermaßen beliebt.
B. Sie war bei jung und alt gleichermaßen beliebt.
C. Sie war bei jung und Alt gleichermaßen beliebt.
D. Sie war bei Jung und alt gleichermaßen beliebt.
E. Keine Antwort ist richtig.

Antwort: **A**

Paarformeln (Jung und Alt), die zur näheren Bestimmung von Personen dienen, werden großgeschrieben.

80.

A. Es bleibt alles beim Alten.
B. Es bleibt alles beim alten.
C. Es bleibt Alles beim Alten.
D. Es bleibt Alles beim alten.
E. Keine Antwort ist richtig.

Antwort: **A**

Substantivierte Adjektive werden großgeschrieben.

81.

A. Das muss Jeder wissen.
B. Das muss jeder wissen.
C. das muss Jeder wissen.
D. das muss jeder wissen.
E. Keine Antwort ist richtig.

Antwort: **A**

Substantivierte unbestimmte Zahladjektive werden großgeschrieben.

82.

A. Er hatte noch etwas Anderes einstecken.
B. Er hatte noch etwas anderes einstecken.
C. Er hatte noch Etwas Anderes einstecken.
D. Er hatte noch Etwas anderes einstecken.
E. Keine Antwort ist richtig.

Antwort: **B**

Verbindungen von Zahladjektiven (etwas anderes) werden kleingeschrieben.

83.

- **A.** Das einzige, was richtig wäre, ist zu schweigen.
- **B.** Das Einzige, was richtig wäre, ist zu schweigen.
- **C.** Das einzige, was Richtig wäre, ist zu schweigen.
- **D.** Das Einzige, was Richtig wäre, ist zu schweigen.
- **E.** Keine Antwort ist richtig.

Antwort: **B**

Substantivierte (das Einzige) unbestimmte Zahladjektive (jeder Einzelne) werden großgeschrieben.

84.

- **A.** In der Besprechung wurde Verschiedenes behandelt.
- **B.** In der Besprechung wurde verschiedenes behandelt.
- **C.** In der besprechung wurde Verschiedenes behandelt.
- **D.** In der besprechung wurde verschiedenes behandelt.
- **E.** Keine Antwort ist richtig.

Antwort: **A**

Substantivierte Adjektive werden großgeschrieben.

85.

- **A.** Die Untersuchung ergab nichts Neues.
- **B.** Die Untersuchung ergab nichts neues.
- **C.** Die Untersuchung ergab Nichts Neues.
- **D.** Die Untersuchung ergab Nichts neues.
- **E.** Keine Antwort ist richtig.

Antwort: **A**

Substantivierte Adjektive werden großgeschrieben.

Sprachbeherrschung

Kommasetzung

Bei diesen Aufgaben geht es darum, die richtige Kommasetzung in den Texten zu erkennen.

86.

A. Herr Mayer fragt bei Kollegen Freunden und Verwandten nach Beispielen, die er in seinem Buch verwenden kann.
B. Herr Mayer fragt bei Kollegen, Freunden, und Verwandten nach Beispielen, die er in seinem Buch verwenden kann.
C. Herr Mayer fragt bei Kollegen, Freunden und Verwandten nach Beispielen die er in seinem Buch verwenden kann.
D. Herr Mayer fragt bei Kollegen, Freunden, und Verwandten nach Beispielen, die er in seinem Buch, verwenden kann.
E. Keine Antwort ist richtig.

Antwort: **E**

Das erste Komma ist durch eine Aufzählung bedingt. Das zweite Komma grenzt einen Relativnebensatz ab, der durch „die" eingeleitet wird, sich damit auf „Beispielen" bezieht und mit dem Verb „verwenden kann" endet.
Richtige Lösung: Herr Mayer fragt bei Kollegen, Freunden und Verwandten nach Beispielen, die er in seinem Buch verwenden kann.

87.

A. Soziale Kompetenz meint die Fähigkeit, auf andere Menschen zuzugehen, Kontakte herzustellen und mit anderen zusammenzuarbeiten.
B. Soziale Kompetenz meint die Fähigkeit auf andere Menschen zuzugehen, Kontakte herzustellen und mit anderen zusammenzuarbeiten.
C. Soziale Kompetenz meint die Fähigkeit, auf andere Menschen zuzugehen Kontakte herzustellen und mit anderen zusammenzuarbeiten.
D. Soziale Kompetenz meint die Fähigkeit, auf andere Menschen zuzugehen, Kontakte herzustellen, und mit anderen zusammenzuarbeiten.
E. Keine Antwort ist richtig.

Antwort: **A**

Das erste Komma kennzeichnet den folgenden Infinitivsatz. Das zweite Komma ist durch die Aufzählung begründet.

88.

- **A.** Ein wichtiger Aspekt, der die Konzentration eines Menschen beeinflussen kann, ist Übung.
- **B.** Ein wichtiger Aspekt der die Konzentration eines Menschen beeinflussen kann ist Übung.
- **C.** Ein wichtiger Aspekt der die Konzentration eines Menschen beeinflussen kann, ist Übung.
- **D.** Ein wichtiger Aspekt, der die Konzentration eines Menschen beeinflussen kann ist Übung.
- **E.** Keine Antwort ist richtig.

Antwort: **A**

Die beiden Kommata grenzen einen eingeschobenen Relativsatz vom Hauptsatz ab.

89.

- **A.** Sicherlich kann nicht immer alles berücksichtigt werden da das Leben sehr komplex ist.
- **B.** Sicherlich kann nicht immer alles berücksichtigt werden, da das Leben sehr komplex ist.
- **C.** Sicherlich, kann nicht immer alles berücksichtigt werden, da das Leben sehr komplex ist.
- **D.** Sicherlich, kann nicht immer alles berücksichtigt werden da das Leben sehr komplex ist.
- **E.** Keine Antwort ist richtig.

Antwort: **B**

Am Anfang steht der Hauptsatz, der durch das erste Komma vom Kausalnebensatz getrennt wird.

90.

- **A.** Man weiß, dass der Mensch in der Lage ist viele unerwartete Dinge zu tun.
- **B.** Man weiß, dass der Mensch in der Lage ist, viele unerwartete Dinge zu tun.
- **C.** Man weiß dass der Mensch in der Lage ist viele unerwartete Dinge zu tun.
- **D.** Man weiß dass der Mensch in der Lage ist, viele unerwartete Dinge zu tun.
- **E.** Keine Antwort ist richtig.

Antwort: **B**

Das erste Komma steht am Anfang eines Nebensatzes, der mit dem zweiten Komma beendet wird. Zudem beginnt mit dem zweiten Komma ein Infinitivsatz.

91.

- **A.** Wie Sie bereits wissen, muss Ihre Bewerbungsmappe ansprechend und vollständig sein, damit Sie Ihre Chancen auf eine Einstellung erhöhen können.
- **B.** Wie Sie bereits wissen muss Ihre Bewerbungsmappe ansprechend und vollständig sein, damit Sie Ihre Chancen auf eine Einstellung erhöhen können.
- **C.** Wie Sie bereits wissen muss Ihre Bewerbungsmappe ansprechend und vollständig sein damit Sie Ihre Chancen auf eine Einstellung erhöhen können.
- **D.** Wie Sie bereits wissen, muss Ihre Bewerbungsmappe ansprechend und vollständig sein damit Sie Ihre Chancen auf eine Einstellung erhöhen können.
- **E.** Keine Antwort ist richtig.

Antwort: **A**

Am Anfang steht ein Folgerungsnebensatz, der durch ein Komma vom Hauptsatz getrennt wird. Das zweite Komma trennt den Hauptsatz vom Finalnebensatz, der durch „damit" eingeleitet wird.

92.

- **A.** Man kann davon ausgehen, dass schlecht gebaute Häuser, das nächste Erdbeben nicht überstehen.
- **B.** Man kann davon ausgehen dass schlecht gebaute Häuser das nächste Erdbeben nicht überstehen.
- **C.** Man kann, davon ausgehen, dass schlecht gebaute Häuser, das nächste Erdbeben nicht überstehen.
- **D.** Man kann davon ausgehen, dass schlecht gebaute Häuser das nächste Erdbeben nicht überstehen.
- **E.** Keine Antwort ist richtig.

Antwort: **D**

Das Komma leitet einen Nebensatz ein.

93.

- **A.** Durch bewusst langsames Sprechen, durch das Senken und Erheben der Stimme, und durch die Veränderung der Lautstärke, wird die Aufmerksamkeit erhöht.
- **B.** Durch bewusst langsames Sprechen, durch das Senken und Erheben der Stimme, und durch die Veränderung der Lautstärke wird die Aufmerksamkeit erhöht.
- **C.** Durch bewusst langsames Sprechen, durch das Senken und Erheben der Stimme und durch die Veränderung der Lautstärke wird die Aufmerksamkeit erhöht.
- **D.** Durch bewusst langsames Sprechen durch das Senken und Erheben der Stimme und durch die Veränderung der Lautstärke wird die Aufmerksamkeit erhöht.
- **E.** Keine Antwort ist richtig.

Antwort: **C**

Das Komma ist durch die Aufzählung begründet. Der Satz enthält keine weiteren Kommata, da es sich um einen Hauptsatz ohne Nebensätze handelt.

94.

- **A.** Wir meinen, dass wir mit diesem Buch, einer Kombination zwischen theoretischem Wissen und umfassendem Praxisbezug eine neue Art von Übungsbuch entwickelt haben.
- **B.** Wir meinen, dass wir mit diesem Buch einer Kombination zwischen theoretischem Wissen und umfassendem Praxisbezug, eine neue Art von Übungsbuch entwickelt haben.
- **C.** Wir meinen dass wir mit diesem Buch, einer Kombination zwischen theoretischem Wissen und umfassendem Praxisbezug, eine neue Art von Übungsbuch entwickelt haben.
- **D.** Wir meinen, dass wir mit diesem Buch, einer Kombination zwischen theoretischem Wissen und umfassendem Praxisbezug, eine neue Art von Übungsbuch entwickelt haben.
- **E.** Keine Antwort ist richtig.

Antwort: **D**

Das erste Komma trennt den Hauptsatz vom folgenden Nebensatz. Das zweite und dritte Komma kennzeichnen eine Apposition, die sich auf das Wort „Buch" bezieht.

95.

- **A.** Sie ging zu ihrem Ausbildungsplatz und sie war, sich sicher, dass sie eine gute Wahl getroffen hatte.
- **B.** Sie ging zu ihrem Ausbildungsplatz und sie war sich sicher, dass sie eine gute Wahl getroffen hatte.
- **C.** Sie ging zu ihrem Ausbildungsplatz, und sie war sich sicher, dass sie eine gute Wahl getroffen hatte.
- **D.** Sie ging zu ihrem Ausbildungsplatz, und sie war sich sicher dass sie eine gute Wahl getroffen hatte.
- **E.** Keine Antwort ist richtig.

Antwort: **B**

Das Komma trennt einen Nebensatz vom Hauptsatz ab.

Sprachbeherrschung

Kommasetzung Lückentext

Bei dieser Aufgabe geht es darum, die richtige Kommasetzung zu erkennen.

Lösung

96. **Angesichts des unbeständigen Wetters _ empfehle ich dir dringend , einen Regenschirm mitzunehmen , damit du nicht nass wirst.**

Das erste Komma trennt den Hauptsatz vom Infinitivsatz (dieses Komma kann man setzen, muss man aber nicht!), das zweite Komma leitet den Finalnebensatz ein.

97. **Trotz der vielen Arbeit _ und der unzähligen Überstunden _ mag sie ihren Job gern , da sie mit den Kollegen sehr gut zurechtkommt.**

Das Komma trennt den Hauptsatz vom Kausalnebensatz.

98. **Die meisten Menschen , die ein Haustier haben , sind der Meinung , dass ihr Tier das allerbeste auf der ganzen Welt ist.**

Die ersten beiden Kommas trennen den eingeschlossenen Relativsatz vom Hauptsatz. Das zweite Komma leitet einen weiteren Nebensatz ein.

99. **Wenn sich Hunde und Katzen begegnen , gibt es meistens Ärger , da sie sich aufgrund ihrer unterschiedlichen Körpersprache _ nicht verstehen können.**

Das erste Komma trennt den Konditionalnebensatz vom Hauptsatz. Das zweite Komma leitet einen Kausalnebensatz ein.

100. **Wenn ein Aktenvernichter _ Akten vernichtet und ein Schornsteinfeger _ den Schornstein fegt , was macht dann ein Zitronenfalter?**

101. **Hättest du , als ich dich damals gefragt habe , die Wahrheit gesagt , so wäre uns viel Ärger erspart geblieben.**

Die ersten beiden Kommas trennen den eingeschobenen Temporalnebensatz ab. Das dritte Komma grenzt den vorangestellten Konditionalnebensatz vom folgenden Hauptsatz ab.

102. Kennst du die Serie , in der ein alter Kapitän , seinen drei Enkeln , und dem dummen Matrosen _ immer unglaubliche Geschichten erzählt?

Das Komma trennt den Hauptsatz vom Nebensatz ab.

103. Die Tatsache , dass sich die Erde um die Sonne dreht , galt vor wenigen Jahrhunderten noch als Irrglaube und Gotteslästerung.

Die beiden Kommas trennen den eingeschobenen Nebensatz vom Hauptsatz ab.

104. Nachdem ich gesehen hatte , was sie mir hatte zeigen wollen , war ich so überwältigt , dass ich zuerst gar nicht sprechen konnte.

Das erste Komma beendet den Temporalnebensatz. Das zweite Komma trennt den Relativnebensatz vom folgenden Hauptsatz. Das dritte Komma leitet einen weiteren Nebensatz ein.

105. Er konnte sich nicht erklären , wie es sein konnte , dass er auf einmal mitten in einem Park stand , obwohl es seines Wissens in seiner Stadt _ doch gar keine Grünflächen gab.

Das erste Komma trennt den Hauptsatz vom Nebensatz, die anderen beiden Kommas leiten auch jeweils einen Nebensatz ein.

Sprachbeherrschung

Infinitiv bilden

Ihnen werden konjugierte Verben vorgegeben. Ihre Aufgabe besteht darin, den Infinitiv Präsens (Grundform) zu bilden.

Lösung

Diverse Verbformen	*Infinitiv Präsens*	*Diverse Verbformen*	*Infinitiv Präsens*
106. will	wollen	116. darfst	dürfen
107. fuhr	fahren	117. hielt	halten
108. tranken	trinken	118. geklungen	klingen
109. geschwollen	schwellen	119. sähe	sehen
110. floh	fliehen	120. flöge	fliegen
111. schwamm	schwimmen	121. grübe	graben
112. gewusst	wissen	122. geflossen	fließen
113. ließ	lassen	123. riet	raten
114. magst	mögen	124. schlugt	schlagen
115. vorgeworfen	vorwerfen	125. röche	riechen

Sprachbeherrschung

Grammatik: Konjugation und Deklination

Bei dieser Aufgabe geht es darum, für jeden Satz die richtige Formulierung zu wählen.

Lösung

126. Der Hund sprang über *einen kleinen Bach*.

Lokale Präpositionen erfordern je nach Bedeutung ein Substantiv im Dativ oder Akkusativ. Bei einer Ortsangabe ist der Dativ zu wählen, bei einer Richtungsangabe der Akkusativ. Die Präposition über gibt hier die Richtung an, daher muss die Substantivgruppe im Akkusativ stehen.

127. Entgegen *dem Vertrag* erfüllte er seine Pflichten nicht.

Die Präposition entgegen steht vor einer Substantivgruppe im Dativ.

128. Sie stand auf *dem Stuhl* und versuchte, einen Karton auf *den Schrank* zu schieben.

Lokale Präpositionen erfordern je nach Bedeutung ein Substantiv im Dativ oder Akkusativ. Bei einer Ortsangabe ist der Dativ zu wählen, bei einer Richtungsangabe der Akkusativ. Im ersten Fall gibt die Präposition hier den Ort an, daher muss die Substantivgruppe auf dem Stuhl im Akkusativ stehen. Im zweiten Fall wird eine Richtung angegeben, darum steht auf den Schrank im Akkusativ.

129. Dank *deiner schnellen Hilfe* geht es mir schon wieder viel besser.

Nach der Präposition dank kann die Substantivgruppe im Dativ oder Genitiv stehen.

130. Ich möchte dich bitten, mich eine halbe Stunde lang nicht *zu stören*.

Die Konstruktion des Verbs ist jemanden bitten etwas zu tun, d. h. die erforderliche Ergänzung ist ein Infinitiv mit zu. (Daneben gibt es auch noch die Konstruktion jemanden um etwas bitten, die mit Substantiven verwendet wird.)

131. *Geh* in dein Zimmer und *lass* mich in Ruhe!

Hier handelt es sich offensichtlich um eine Aufforderung, also ist die gesuchte Verbform der Imperativ Singular.

132. Der Wagen *der Bürgermeisterin* wurde gestohlen.

Hier ist der Genitiv erforderlich, um das Besitzverhältnis auszudrücken.

133. *Dem alten Schulrat* wurde der Wagen gestohlen.

Die Konstruktion des Verbs lautet jemandem etwas stehlen. Der Bestohlene, hier der alte Schulrat, muss also im Dativ stehen. Das gilt übrigens auch, wenn der Bestohlene nicht mit einem Substantiv beschrieben, sondern mit seinem Namen genannt wird. Dann müsste es z. B. heißen: Herrn Müller wurde der Wagen gestohlen. Bei Namen ohne Anrede kann man den Kasus allerdings nicht erkennen.

134. Ich kann *meinen neuen Nachbarn* nicht leiden!

Die Konstruktion des Verbs lautet jemanden (nicht) leiden können. Das Objekt muss also immer im Akkusativ stehen.

135. Mein Bruder hat *mir* beim Aufräumen geholfen.

Die Konstruktion des Verbs lautet jemandem (bei etwas) helfen. Das Objekt muss hier also im Dativ stehen.

136. Ich freue mich, weil ich mich morgen mit meiner Schwester *treffen werde*.

Durch das Adverb morgen wird deutlich, dass der Satz sich auf die Zukunft bezieht. Folglich muss das Verb im Futur I stehen.

137. *Den meisten Menschen* fällt es schwer, auf Süßigkeiten zu verzichten.

Die Konstruktion lautet jemandem fällt etwas schwer, daher muss das Subjekt immer im Dativ stehen.

138. Infolge *des Schocks* war er nicht in der Lage, den Unfallhergang genau zu schildern.

Die Präposition infolge zieht immer einen Genitiv nach sich.

139. Wir haben *uns* schon gefragt, wo du steckst!

Die Konstruktion des Verbs lautet sich fragen. Das Wort uns ist hier die flektierte Form des Reflexivpronomens sich. Da es sich auf das Subjekt wir bezieht, muss es in der ersten Person Plural stehen.

140. Wenn du nicht so früh nach Hause *gegangen wärst*, hättest du das Feuerwerk auch gesehen.

Hier gilt wieder: Beide Teilsätze müssen die gleiche Zeitform aufweisen, nämlich Konjunktiv Perfekt.

141. Aufgrund *des schlechten Wetters* fällt heute die Schule aus.

Die Präposition aufgrund erfordert immer eine Substantivgruppe im Genitiv.

142. Ich verstehe nicht, wie *ein derartiger Fehler* so lange unbemerkt bleiben konnte.

Ein derartiger Fehler ist das Subjekt des Nebensatzes und muss daher im Nominativ stehen, bleibt also unverändert.

143. Nach *diesen ganzen Vorfällen* möchte er nicht länger in der Firma arbeiten.

Die Präposition nach erfordert, dass das folgende Substantiv im Dativ steht.

144. Karl hat mir wirklich sehr geholfen, dafür schulde ich *ihm* noch einen Gefallen.

Die Konstruktion lautet jemandem etwas schulden. Das Personalpronomen er muss daher in den Dativ gesetzt werden und wird so zu ihm.

145. Trotz *schlechter Planung* wurde die Veranstaltung letztlich ein Erfolg.

Die Präposition trotz zieht einen Genitiv nach sich.

Lösungshinweis: Bei dieser Aufgabe werden Grundkenntnisse der deutschen Grammatik sowie das Sprachgefühl geprüft. Dabei müssen die vorgegebenen Wörter in die grammatisch richtige Form gesetzt werden. Bei der Vorgehensweise ist es hilfreich, sich die einzelnen Sätze leise vorzulesen, um die richtige grammatische Form zu finden. Achten Sie dabei auf Person, Zahl und Zeitform.

Sprachbeherrschung

Satzgrammatik

146. Welches Wort steht im *Nominativ*?

A. der Schulleiter
B. den Frauen
C. der Ente
D. einem Strauch
E. einen Hasen

Antwort: **A**

Der Nominativ ist der erste Fall. Man kann danach mit „wer?" fragen.

---

147. Welcher Ausdruck steht im *Konjunktiv II*?

A. sei gewesen
B. wirst haben
C. hätte gewünscht
D. sah
E. wollte

Antwort: **C**

Der Konjunktiv ist die Möglichkeitsform des Verbs und wird oft in Wenn-dann-Konstruktionen verwendet. Der Konjunktiv II bezieht sich in der Regel auf die Vergangenheit und drückt daher immer eine Unmöglichkeit aus (d.h. eine Möglichkeit, die sich nicht erfüllt hat). Der Konjunktiv wird auch in der indirekten Rede verwendet.

---

148. Welcher Ausdruck steht im *Präsens*?

A. hörte zu
B. aß auf
C. gehabt
D. ist glücklich
E. werden heiraten

Antwort: **D**

Das Präsens ist die Gegenwartsform des Verbs, sie drückt aus, was gerade jetzt geschieht.

149. Welcher Ausdruck steht im *Genitiv*?

A. weißer Flügel
B. neues Kleid
C. schönen Anblicks
D. echte Vorfreude
E. gerechter Zorn

Antwort: **C**

Der Genitiv ist der zweite Fall. Man kann danach mit „wessen?" fragen und zur Kontrolle den passenden Artikel davor setzen (eines schönen Anblicks).

---

150. Welches Wort ist *nicht maskulin*?

A. Wert
B. Gang
C. Hof
D. Kleidung
E. Schuhe

Antwort: **D**

„Maskulin" bedeutet männlich und bezieht sich auf das grammatische Geschlecht, d. h. auf Wörter, die im Nominativ Singular mit dem bestimmten Artikel „der" verwendet werden. (Hinweis zu Lösung E: Es heißt zwar „die Schuhe" – der Artikel „die" zeigt hier aber nur den Plural an, nicht das grammatische Geschlecht! Der Singular ist „der Schuh".)

---

151. Welches Wort steht im *Präteritum*?

A. mochte
B. stören
C. wolle
D. belogen
E. gedacht

Antwort: **A**

Das Präteritum ist die einfache Vergangenheitsform, d.h. sie besteht nur aus einem Wort. Sie wird manchmal auch Imperfekt genannt.

152. Welcher Ausdruck steht im *Passiv*?

- A. Er wusch das Auto.
- B. Die Entscheidung ist gefallen.
- C. Der Kuchen war gut.
- D. Die Suppe wird gekocht.
- E. Wir wollen ihn fragen.

Antwort: **D**

Das Passiv bildet man mit dem Hilfsverb „werden". Es drückt aus, dass mit dem Subjekt etwas geschieht.

---

153. Welcher Ausdruck steht im *Plusquamperfekt*?

- A. habe gefragt
- B. hast gefragt
- C. wollten fragen
- D. fragtet
- E. hatte gefragt

Antwort: **E**

Das Plusquamperfekt wird auch Vorvergangenheit genannt. Damit kann man ausdrücken, dass eine Handlung vor einem Zeitpunkt in der Vergangenheit geschehen ist, d.h. dass sie zu diesem Zeitpunkt in der Vergangenheit bereits abgeschlossen war.

---

154. Welches Wort ist eine *Präposition*?

- A. unter
- B. welche
- C. oder
- D. wegen
- E. doch

Antwort: **A**

Präpositionen werden auch Verhältniswörter genannt. Sie drücken das Verhältnis oder die Beziehung zwischen Dingen, Personen oder Tatsachen aus. Präpositionen können zum Beispiel lokale (in, auf, unter) oder temporale (während, nach) Beziehungen ausdrücken.

155. Welches Wort steht im *Plural*?

- A. Hochzeit
- B. Entscheidung
- C. Heizung
- D. Engel
- E. Aussicht

Antwort: **D**

Der Plural oder die Mehrzahl zeigt an, dass von einem Ding mehr als ein Exemplar vorhanden ist. Das Substantiv „Engel" besitzt nur eine Form für Singular und Plural, der Unterschied ist nur am Artikel erkennbar („der Engel" = einer; „die Engel" = mehrere).

Sprachbeherrschung

Lückentext

Bei dieser Aufgabe ist die Lücke mit einem passenden Wort aus der vorgegebenen Auswahl zu füllen, so dass sich sinngemäß der Inhalt des darüber stehenden Satzes ergibt.

Lösungshinweis:

Bei dieser Aufgabe wird die Fähigkeit geprüft, einen umständlich dargestellten Sachverhalt mit einem einzigen treffenden Verb wiederzugeben. Dieses Verb ist aus der Wortliste zu entnehmen – setzt man andere, passende Verben ein, ist die Aufgabe nicht richtig gelöst.

Zuerst sollten Sie den vorgegebenen Satz sorgfältig durchlesen, um dann die einzelnen Wörter aus der Vorgabe zu überprüfen. Lässt sich der Sachverhalt durch eines der Wörter richtig darstellen, so ist das passende Wort gefunden. Achten Sie dabei auf Person, Zahl und Zeitform.
Danach streichen Sie am besten das verwendete Wort aus der Liste, da jedes Wort nur einmal verwendet werden darf.

Wörterliste:

eingelaufen | normiert | veranlasste | reformiert | ergeben

vergeudet | heuchelte | erbarmte | auslaufen | reduzieren

Lösung

156. **Der unzufriedene Gast erreichte, dass der Betrieb genau kontrolliert wurde.**

Der unzufriedene Gast **veranlasste** eine genaue Kontrolle des Betriebs.

157. **Er ist mit seinem Geld sehr verschwenderisch umgegangen.**

Er hat sein Geld **vergeudet**.

158. **Sie half ihm aus Mitleid.**

Sie **erbarmte** sich seiner.

159. **Nach Stunden ließen sich die Täter endlich widerstandslos festnehmen.**

Nach Stunden haben sich die Täter endlich **ergeben**.

160. **Der teure Pullover ist in der Waschmaschine kleiner geworden.**

Der teure Pullover ist in der Waschmaschine **eingelaufen**.

161. **Wir haben gerade beschlossen, weniger Geld auszugeben.**

Wir haben gerade beschlossen, unsere Ausgaben zu **reduzieren**.

162. **Das System soll neu gestaltet werden.**

Das System soll **reformiert** werden.

163. **Trotz des schlechten Wetters konnte das Schiff schließlich den Hafen verlassen.**

Trotz des schlechten Wetters konnte das Schiff schließlich **auslaufen** .

164. **Die Farben und Formen der Produkte sind einheitlich festgelegt.**

Die Farben und Formen der Produkte sind **normiert** .

165. **Sie tat so, als würde sein Geschwätz sie interessieren.**

Sie **heuchelte** Interesse an seinem Geschwätz.

Sprachbeherrschung

Eines von fünf Wörtern passt nicht

Nun wird die Fähigkeit zu logischem Denken im sprachlichen Bereich getestet.

166.

A. gut situiert
B. wohlhabend
C. vermögend
D. begütert
E. bedürftig

Antwort: **E**

Die Lösung lautet E. Bei allen anderen Begriffen handelt es sich um Adjektive, die „reich" bedeuten.

167.

A. Russland
B. Nordamerika
C. Südafrika
D. Neuseeland
E. Brasilien

Antwort: **B**

Die Lösung lautet B. Bei allen anderen Begriffen handelt es sich um Staaten, Nordamerika ist aber ein Kontinent.

168.

A. transparent
B. diffus
C. undurchsichtig
D. milchig
E. trüb

Antwort: **A**

Die Lösung lautet A. Bei allen anderen Begriffen handelt es sich um Begriffe der Undurchsichtigkeit.

169.

A. müssen
B. dürfen
C. kennen
D. wollen
E. sollen

Antwort: **C**

Die Lösung lautet C. Bei allen anderen Begriffen handelt es sich um Modalverben.

170.

A. erklecklich
B. beträchtlich
C. außerordentlich
D. unerheblich
E. immens

Antwort: **D**

Die Lösung lautet D. Bei allen anderen Begriffen handelt es sich um Adjektive, die große Mengen beschreiben.

171.

A. Amsel
B. Buchfink
C. Rotkehlchen
D. Zaunkönig
E. Huhn

Antwort: **E**

Die Lösung lautet E. Bei allen anderen Begriffen handelt es sich um Singvögel.

172.

A. Barhocker
B. Lehne
C. Bank
D. Klappstuhl
E. Sofa

Antwort: **B**

Die Lösung lautet B. Bei allen anderen Begriffen handelt es sich um Sitzgelegenheiten.

173.

A. Brokkoli
B. Wirsing
C. Sellerie
D. Kohlrabi
E. Weißkraut

Antwort: **C**

Die Lösung lautet C. Bei allen anderen Begriffen handelt es sich um Kohlgemüse.

174.

A. Schwiegermutter
B. Großvater
C. Tante
D. Cousine
E. Bruder

Antwort: **A**

Die Lösung lautet A. Bei allen anderen Begriffen handelt es sich um Blutsverwandte.

175.

A. Heide
B. Wald
C. Wiese
D. Feld
E. Berge

Antwort: **D**

Die Lösung lautet D. Bei allen anderen Begriffen handelt es sich um natürliche Landschaften, ein Feld ist dagegen eine künstlich angelegte Nutzfläche.

Sprachbeherrschung

Gleiche Wortbedeutung

Nun wird die Fähigkeit zu logischem Denken im sprachlichen Bereich getestet.

176. **Mäzen**

   - A. Macke
   - B. Gönner
   - C. Geliebte
   - D. Angewohnheit
   - E. Pfannkuchen

Antwort: **B**

177. **frönen**

   - A. sich widmen
   - B. sich freuen
   - C. sich ärgern
   - D. sich schämen
   - E. sich verstecken

Antwort: **A**

178. **herb**

   - A. gemein
   - B. enttäuschend
   - C. unfair
   - D. grob
   - E. bitter

Antwort: **E**

179. **Inbrunst**

   - A. Gier
   - B. Desinteresse
   - C. Leidenschaft
   - D. Vorgabe
   - E. Inhalt

Antwort: **C**

180. **Juwel**

   - A. Kalorie
   - B. Schmuckstück
   - C. Detail
   - D. Freude
   - E. Masse

Antwort: **B**

181. **radikal**

   - A. extrem
   - B. illegal
   - C. gefährlich
   - D. tabulos
   - E. negativ

Antwort: **A**

182. **Trubel**

   - A. Verwirrung
   - B. Sog
   - C. Gewissen
   - D. Betrieb
   - E. Strömung

Antwort: **D**

183. **Vagabund**

   - A. Verein
   - B. Obdachloser
   - C. Ungewissheit
   - D. Spion
   - E. Nachricht

Antwort: **B**

184. **welk**

   - A. wellig
   - B. gepresst
   - C. schlaff
   - D. kaputt
   - E. halb

Antwort: **C**

185. **Zwist**

   - A. Faden
   - B. Duo
   - C. Tanz
   - D. Gummi
   - E. Streit

Antwort: **E**

Sprachbeherrschung

Sprichwörter Lückentext

Bei diesen Aufgaben geht es darum, für die jeweiligen Sprichwörter das fehlende Wort zu ergänzen.

186. Der ______________ ist das Ziel.

A. Erfolg
B. Wille
C. Weg
D. Rekord
E. Keine Antwort ist richtig.

Antwort: **C**

Der Weg ist das Ziel. Dieses Sprichwort, das auf den chinesischen Philosophen Konfuzius zurückgeht, erklärt den Weg für wichtiger als das Ziel. Danach geht es nicht darum, um jeden Preis das Ziel zu erreichen, sondern die Hauptsache ist, dass man sich auf den Weg macht, egal, wie weit man kommt.

---

187. Das letzte Hemd hat keine ______________.

A. Knöpfe
B. Taschen
C. Ärmel
D. Streifen
E. Keine Antwort ist richtig.

Antwort: **B**

Das letzte Hemd hat keine Taschen. Wenn ein Hemd keine Taschen hat, kann man nichts darin verstauen. Dieses Sprichwort bezieht sich darauf, dass man im Tod keine irdischen Güter mitnehmen kann und es daher sinnlos ist, während des Lebens Reichtümer anzuhäufen.

---

188. Der Teufel ist ein ______________.

A. Eichhörnchen
B. Rindvieh
C. Mädchen
D. Verführer
E. Keine Antwort ist richtig.

Antwort: **A**

Der Teufel ist ein Eichhörnchen. Diese Metapher soll ausdrücken, dass Probleme oft dort auftreten, wo man sie am wenigsten vermutet hätte. Es kann auch bedeuten, dass ein nahendes Unheil lange ganz harmlos erscheint, dann aber sehr schlimme Auswirkungen hat.

---

189. Noch ist ________________ nicht verloren.

A. alles
B. die Hoffnung
C. das Geld
D. Polen
E. Keine Antwort ist richtig.

Antwort: **D**

Noch ist Polen nicht verloren. Dieses Sprichwort besagt, dass auch eine aussichtslos erscheinende Situation noch zum Guten gewendet werden kann.

---

190. Wenn zwei sich streiten, freut sich der ________________.

A. Anwalt
B. Richter
C. Dritte
D. Kläger
E. Keine Antwort ist richtig.

Antwort: **C**

Wenn zwei sich streiten, freut sich der Dritte. Der Dritte ist in diesem Fall ein Unbeteiligter, der aber aus dem Streit der ersten beiden in irgendeiner Weise Nutzen zieht.

---

191. Träume sind ________________.

A. Schäume
B. unbewusst
C. unlogisch
D. Fantasien
E. Keine Antwort ist richtig.

Antwort: **A**

Träume sind Schäume. Dieses Sprichwort spielt darauf an, dass Träume ebenso wie Schäume sehr schnell zerstört werden können und man sich deshalb nicht zu sehr auf sie verlassen sollte.

192. Wasser hat keine ______________.

A. Seife
B. Balken
C. Energie
D. Ecken
E. Keine Antwort ist richtig.

Antwort: **B**

Wasser hat keine Balken. Dieses Sprichwort erinnert daran, dass Wasser sehr gefährlich sein kann, da man darin versinken und ertrinken kann.

193. Bei ______________ Wasser kann jeder leicht Steuermann sein.

A. flachem
B. warmem
C. salzigem
D. ruhigem
E. Keine Antwort ist richtig.

Antwort: **D**

Bei ruhigem Wasser kann jeder leicht Steuermann sein. Unter einfachen Bedingungen kann jeder die Leitung einer Gruppe übernehmen. Die tatsächlichen Führungsqualitäten zeigen sich jedoch erst, wenn es Probleme zu meistern gibt.

194. Jedem Narren ______________ seine Kappe.

A. rutscht
B. steht
C. gefällt
D. drückt
E. Keine Antwort ist richtig.

Antwort: **C**

Jedem Narren gefällt seine Kappe. Dieses Sprichwort besagt, dass jeder Mensch seine eigenen Macken hat und diese meist nicht schlimm findet. Gleichzeitig wird auch dazu aufgefordert, die Eigenheiten anderer Menschen zu tolerieren.

195. Stille _______________ sind tief.

A. Wasser
B. Löcher
C. Brunnen
D. Wälder
E. Keine Antwort ist richtig.

Antwort: **A**

Stille Wasser sind tief. Mit „Stille Wasser" bezeichnet dieses Sprichwort ruhige, introvertierte Menschen, denen damit nachgesagt wird, dass sie Geheimnisse haben oder viel von sich verbergen. Man sagt dieses Sprichwort oft, wenn jemand etwas getan hat, das man von ihm nicht erwartet hätte.

Sprachbeherrschung

Bedeutung von Sprichwörtern

Bei diesen Aufgaben geht es darum, für die jeweiligen Sprichwörter die richtige Bedeutung zu erkennen.

196. **Hunde, die bellen, beißen nicht.**

A. Wer lautstark droht, ist ungefährlich.
B. Der will doch nur spielen.
C. Hunde, die nicht bellen, sind gefährlich.
D. Kleine Hunde sind gefährlicher als große.
E. Keine Antwort ist richtig.

Antwort: **A**

Dieses Sprichwort meint, dass Menschen, die gerne drohen, in Wirklichkeit ungefährlich sind. Diese Personen würden ihre teilweise schrecklichen Drohungen niemals wahr machen, da sie sich damit nur Respekt verschaffen wollen.

---

197. **Was du heute kannst besorgen, das verschiebe nicht auf morgen.**

A. Kaufe immer möglichst viel auf einmal.
B. Wer schnell ist, bekommt die besten Angebote.
C. Man soll Dinge möglichst gleich erledigen.
D. Man soll nicht so viel an die Zukunft denken.
E. Keine Antwort ist richtig.

Antwort: **C**

Dieses Sprichwort empfiehlt, notwendige Arbeiten möglichst gleich zu erledigen und nicht lange aufzuschieben. Je schneller man etwas fertig gemacht hat, desto eher kann man sich wieder mit anderen Dingen beschäftigen, die man vielleicht lieber macht.

---

198. **Hochmut kommt vor dem Fall.**

A. Wer Höhenangst hat, soll besser unten bleiben.
B. Man muss die eigenen Fähigkeiten richtig einschätzen können.
C. Man soll nur Dinge machen, die man sich auch zutraut.
D. Überheblichkeit kommt vor dem Scheitern.
E. Keine Antwort ist richtig.

Antwort: **D**

Dieses Sprichwort drückt aus, dass Überheblichkeit nicht gut ist. Wer zur Selbstüberschätzung neigt, wird damit irgendwann sicher scheitern.

199. Zeit ist Geld.

A. Wer Zeit hat, hat auch Geld.
B. Jede Minute ist kostbar.
C. Zeit kann man nicht kaufen.
D. Reiche Menschen haben keine Zeit.
E. Keine Antwort ist richtig.

Antwort: **B**

Dieses Sprichwort handelt vom Wert der Zeit und kann auf verschiedene Weise ausgelegt werden. Die eine Deutung setzt Zeit und Geld gleich, d.h. alles, was Zeit in Anspruch nehme, koste Geld. Die andere Deutung ist allgemeiner und besagt, man sollte jede Minute ausnutzen und keine wertvolle Zeit ungenutzt verstreichen lassen.

200. Lügen haben kurze Beine.

A. Mit Lügen kommt man nicht weit.
B. Kinder lügen meistens.
C. Großen Menschen glaubt man eher.
D. Lügner erkennt man an der Körperhaltung.
E. Keine Antwort ist richtig.

Antwort: **A**

Dieses Sprichwort besagt, dass Lügen sich nicht lohne, da die Wahrheit meist doch relativ schnell ans Licht komme.

201. Viele Köche verderben den Brei.

A. Viele Köche sind schlecht ausgebildet.
B. Scheinbar einfache Gerichte erfordern besonderes Geschick bei der Zubereitung.
C. Nur Mütter können guten Brei kochen.
D. Wenn zu viele Leute an einem Projekt arbeiten, gefährdet das den Erfolg.
E. Keine Antwort ist richtig.

Antwort: **D**

Dieses Sprichwort drückt aus, dass nicht zu viele Leute an einem Projekt arbeiten sollten. Denn dann besteht die Gefahr, dass es Missverständnisse gibt oder einer nicht weiß, was der andere tut, so dass die gesamte Arbeit schließlich scheitert.

202. Wie die Saat, so die Ernte.

A. Bauern müssen das ganze Jahr hart arbeiten.
B. Wer säen kann, muss auch ernten.
C. Mit wenig Aufwand kann man kein perfektes Ergebnis erzielen.
D. Man muss alles in der richtigen Reihenfolge machen.
E. Keine Antwort ist richtig.

Antwort: **C**

Dieses Sprichwort bedeutet, dass man es selbst in der Hand hat, ob man aus einer Sache großen Nutzen ziehen kann oder nicht. Die Qualität und der Umfang des Gewinns richten sich nach der Qualität und dem Umfang des Einsatzes.

203. Durst macht aus Wasser Wein.

A. Wenn man verdurstet, bekommt man Halluzinationen.
B. In der Not sinken die Ansprüche.
C. Not macht erfinderisch.
D. Zu viel Wasser trinken ist nicht gesund.
E. Keine Antwort ist richtig.

Antwort: **B**

Dieses Sprichwort besagt, dass in der Not die Ansprüche sinken und man sich über weniger gute Dinge genauso freuen kann, als wäre es die beste Qualität.

204. Steter Tropfen höhlt den Stein.

A. Zu viel Alkohol macht dumm.
B. Der Schwächere kann sich durchsetzen.
C. Beharrlichkeit führt zum Ziel.
D. Wasser ist stärker als Stein.
E. Keine Antwort ist richtig.

Antwort: **C**

Dieses Sprichwort sagt aus, dass eine kleine, aber regelmäßige Tätigkeit oft sicherer und einfacher zum Ziel führt als eine einmalige, große Anstrengung. Wenn man geduldig und ausdauernd ist, dann wird man Erfolg haben.

205. Einem geschenkten Gaul schaut man nicht ins Maul.

A. Geschenke kritisiert man nicht.
B. Geschenke sind meistens von schlechter Qualität.
C. Große Geschenke sollte man besser nicht annehmen.
D. Die inneren Werte sind wichtig.
E. Keine Antwort ist richtig.

Antwort: **A**

Dieses Sprichwort bezieht sich darauf, dass man an den Zähnen eines Pferdes sein Alter erkennen kann. Wenn man dem Pferd nicht ins Maul schauen soll, bedeutet das, dass man Geschenke nicht kritisieren, sondern dankbar annehmen sollte, auch wenn der Wert nicht allzu groß ist.

Sprachbeherrschung

Gegenteilige Begriffe

Lösung

Begriffe	*A-J*	*Gegenteilige Begriffe*
206. glauben	G	A. vergessen
207. verlieren	H	B. aufbewahren
208. wegwerfen	B	C. schaden
209. lesen	F	D. ignorieren
210. lieben	I	E. zerstören
211. erfahren	A	F. schreiben
212. reparieren	E	G. wissen
213. zusammenfügen	J	H. finden
214. wahrnehmen	D	I. hassen
215. nützen	C	J. trennen

Lösungshinweis: Bei dieser Aufgabe wird die sprachliche Grundfähigkeit geprüft. Gehen Sie dabei sehr konzentriert vor, da ein Fehler eine ganze Reihe anderer Fehler nach sich ziehen kann.

Beginnen Sie systematisch mit dem ersten Wort in der linken Spalte und überprüfen Sie die rechte Spalte Wort für Wort, bis Sie das Wort mit der gegenteiligen Bedeutung gefunden haben. Tragen Sie dann den Buchstaben in das leere Kästchen vor der rechten Spalte ein. Wenn Sie sich nicht ganz sicher sind, dann verschieben Sie Ihre Entscheidung – vielleicht löst sich das Problem am Ende der Aufgabe, da nur noch eine Möglichkeit übrig bleibt.

Wenn nach dem ersten Durchgang noch Lücken in der rechten Spalte übrig geblieben sind, dann hilft eventuell eine Umkehr des Verfahrens weiter. Man nehme sich das Wort aus der rechten Spalte vor und sucht dazu aus der linken Spalte das Wort mit der gegenteiligen Bedeutung.

Zum Schluss sollte geprüft werden, ob alle Buchstaben von A bis J einmal eingetragen sind.

Sprachbeherrschung

Fremdwörter zuordnen

Lösung

Fremdwort	*A-J*	*Bedeutung*
216. viril	B	A. gleichförmig
217. objektiv	J	B. männlich
218. konsequent	G	C. übertrieben genau
219. investigativ	H	D. verpflichtend
220. homogen	A	E. rechtmäßig
221. frontal	I	F. fortschrittlich
222. pedantisch	C	G. folgerichtig
223. obligatorisch	D	H. nachforschend
224. progressiv	F	I. von vorn
225. legitim	E	J. sachlich

Lösungshinweis: Bei dieser Aufgabe wird die sprachliche Grundfähigkeit geprüft. Gehen Sie dabei sehr konzentriert vor, da ein Fehler eine ganze Reihe anderer Fehler nach sich ziehen kann.

Beginnen Sie systematisch mit dem ersten Wort in der linken Spalte und überprüfen Sie die rechte Spalte Wort für Wort, bis Sie die richtige Bedeutung für das Fremdwort gefunden haben. Tragen Sie dann den Buchstaben in das leere Kästchen vor der rechten Spalte ein. Wenn Sie sich nicht ganz sicher sind, dann verschieben Sie Ihre Entscheidung – vielleicht löst sich das Problem am Ende der Aufgabe, da nur noch eine Möglichkeit übrig bleibt.

Wenn nach dem ersten Durchgang noch Lücken in der rechten Spalte übrig geblieben sind, dann hilft eventuell eine Umkehr des Verfahrens weiter. Man nehme sich das Wort aus der rechten Spalte vor und suche dazu aus der linken Spalte das Wort mit der richtigen Bedeutung.

Zum Schluss sollte geprüft werden, ob alle Buchstaben von A bis J einmal eingetragen sind.

Sprachbeherrschung

Wortfindung ohne Sinnesorgane

In diesem Abschnitt wird Ihr Wortschatz auf die Probe gestellt.

Lösungsvorschläge

226. allgemein
227. annehmen
228. Bedeutung
229. bewusst
230. Ideal
231. Charakter
232. denken
233. Eifersucht
234. Einstellung
235. empfinden
236. imaginär
237. Erkenntnis
238. feststellen
239. ermuntern
240. Folge
241. formlos
242. Geheimnis
243. Geist
244. Gefühl
245. Kopfrechnen
246. vermuten
247. Verständnis
248. Sorge
249. selbst
250. Psyche
251. Neigung
252. ahnen
253. Liebe
254. interpretieren
255. Politik

Sprachbeherrschung

Sätze vervollständigen

In jedem Satz des vorliegenden Texts fehlen ein oder mehrere Wörter – nur welche? Finden Sie heraus, welche Wörter aus der angegebenen Liste den Lückentext sinnvoll ergänzen. Für jede Leerstelle stehen drei Möglichkeiten zur Auswahl.

266.

Die politischen Veränderungen der Wendezeit wirkten sich auch auf das Zollsystem aus – 1990 übernahm die Bundeszollverwaltung die zollbehördliche Verantwortung für das Gebiet der untergegangenen ***Deutschen Demokratischen Republik***. Nach dem Ende des ***Kalten Kriegs*** wurden auch die europäischen Harmonisierungspläne weiter vorangetrieben: Als Meilenstein der europäischen Annäherung gilt die Gründung der Europäischen Union (EU) mit Inkrafttreten der ***Maastricht-Verträge*** 1993. Das wirtschaftliche Fundament der EU sollte und soll ***der Europäische Binnenmarkt*** sein. So wurden nun beim Warenverkehr zwischen den EU-Mitgliedsländern die ***Zollkontrollen*** abgeschafft, die wenig später dank des ***Schengener Abkommens*** auch für den Personenverkehr entfielen. Die im Jahr 2003 beschlossene EU-Erweiterung um unter anderem ***Polen und Ungarn*** schuf in Europa sogar den größten gemeinsamen Wirtschaftsraum der Welt: Die Beitrittsstaaten übernahmen ***das Gemeinschaftsrecht*** der EU und traten somit dem gemeinschaftlichen Zollgebiet bei.

Aufgrund der Öffnung der europäischen ***Binnengrenzen*** haben sich die Aufgabenschwerpunkte des deutschen Zolls verschoben – standen früher die Grenzkontrollen im Mittelpunkt, sind es heute vermehrt Aufgaben im Inland, z.B. auch bei der Bekämpfung ***der Schwarzarbeit***.

Wörterliste:

1 **Bundesrepublik Deutschland | Sowjetunion | Deutschen Demokratischen Republik**
2 **Jugoslawienkriegs | Kalten Kriegs | Kosovokriegs**
3 **Maastricht-Verträge | 2+4-Verträge | NATO-Beitrittsabkommen**
4 **die Europäische Zentralbank | der Europäische Binnenmarkt | das Europäische Parlament**
5 **Mautgebühren | Zollkontrollen | Transitverträge**
6 **Vertrags von Rotterdam | Schengener Abkommens | Pariser Pakts**
7 **Polen und Ungarn | die Ukraine und Georgien | Serbien und Tschechien**
8 **das Gemeinschaftsrecht | das Völkerrecht | die Menschenrechtskonvention**
9 **Außengrenzen | Binnengrenzen | Gewerbegebiete**
10 **der Schwarzarbeit | der Umweltverschmutzung | der Börsenspekulation**

Sprachbeherrschung

Richtige Reihenfolge

Bei dieser Aufgabe wird Ihr Gefühl für Sprachlogik geprüft.

267.

3	A.	Als Ergebnis dieser Rodungsbewegung waren die bayrischen Wälder also bereits im Spätmittelalter auf rund ein Drittel ihrer ehemaligen Fläche zurückgedrängt.
6	B.	Aber auch das aufstrebende Gewerbe benötigte große Mengen an Holz.
7	C.	Denn es war der einzige in größerem Umfang verfügbare Energieträger.
1	D.	Bayern war ursprünglich ganz mit Wald bedeckt.
4	E.	Somit entsprach die damalige Wald-Feld-Verteilung bereits etwa dem heutigen Stand.
2	F.	Doch im 6. und 7. Jahrhundert setzten starke Rodungen ein, die erst im 15. Jahrhundert zu einem vorläufigen Ende kamen.
5	G.	Eine Ursache der Abholzungen: Die Landesherren räumten den rodenden Bauern damals Nutzungsrechte ein.

Antwort: **A3, B6, C7, D1, E4, F2, G5**

Bayern war ursprünglich ganz mit Wald bedeckt. Doch im 6. und 7. Jahrhundert setzten starke Rodungen ein, die erst im 15. Jahrhundert zu einem vorläufigen Ende kamen. Als Ergebnis dieser Rodungsbewegung waren die bayrischen Wälder also bereits im Spätmittelalter auf rund ein Drittel ihrer ehemaligen Fläche zurückgedrängt. Somit entsprach die damalige Wald-Feld-Verteilung bereits etwa dem heutigen Stand. Eine Ursache der Abholzungen: Die Landesherren räumten den rodenden Bauern damals Nutzungsrechte ein. Aber auch das aufstrebende Gewerbe benötigte große Mengen an Holz. Denn es war der einzige in größerem Umfang verfügbare Energieträger.

268.

5	**A.**	Bis zur Gründung der ersten Wetterdienste um 1900 dauerte es da noch mehr als 200 Jahre.
3	**B.**	Nicht von ungefähr heißen daher frühe Versuche, die Wetterentwicklung zu bestimmen, auch „Bauernregeln".
1	**C.**	Die Vorhersage des Wetters beschäftigt die Menschen schon seit Jahrtausenden.
4	**D.**	Doch erst im 17. Jahrhundert erkannte man den Zusammenhang zwischen Luftdruck und Wetterlage.
6	**E.**	Heute erreicht eine 24-Stunden-Vorhersage eine Treffsicherheit von 90 Prozent.
2	**F.**	Einleuchtend: Die lebensnotwendige Landwirtschaft war (und ist) schließlich abhängig davon.
7	**G.**	Für eine Drei-Tages-Prognose liegt dieser Wert immerhin noch bei 75 Prozent.

Antwort: **A5, B3, C1, D4, E6, F2, G7**

Die Vorhersage des Wetters beschäftigt die Menschen schon seit Jahrtausenden. Einleuchtend: Die lebensnotwendige Landwirtschaft war (und ist) schließlich abhängig davon. Nicht von ungefähr heißen daher frühe Versuche, die Wetterentwicklung zu bestimmen, auch „Bauernregeln". Doch erst im 17. Jahrhundert erkannte man den Zusammenhang zwischen Luftdruck und Wetterlage. Bis zur Gründung der ersten Wetterdienste um 1900 dauerte es da noch mehr als 200 Jahre. Heute erreicht eine 24-Stunden-Vorhersage eine Treffsicherheit von 90 Prozent. Für eine Drei-Tages-Prognose liegt dieser Wert immerhin noch bei 75 Prozent.

Sprachbeherrschung

Sätze puzzeln

Bei dieser Aufgabe geht es darum, die vorgegebenen Satzstücke in die richtige Reihenfolge zu setzen, damit die einzelnen Satzstücke einen vollständigen Satz ergeben.

269.

2	A. dass Polizei Ländersache ist
5	B. verschiedene Länderpolizeien
4	C. in Deutschland 16
3	D. daher gibt es
1	E. das Grundgesetz besagt

Antwort: **A2, B5, C4, D3, E1**

Das Grundgesetz besagt, dass Polizei Ländersache ist, daher gibt es in Deutschland 16 verschiedene Länderpolizeien.

Das Verb in Zeile 4 („gibt") erfordert ein Akkusativobjekt (wen oder was gibt es?), das sich nur in Zeile 2 finden lässt, nämlich „verschiedene Länderpolizeien". So erhält man die Wortfolge „daher gibt es verschiedene Länderpolizeien". Das Verb „besagt" in Zeile 5 benötigt ebenfalls einen Zusatz: Was besagt das Grundgesetz? Die passende Erklärung steht in Zeile 1 – es besagt, dass Polizei Ländersache ist. Auch diese beiden Fragmente lassen sich also verknüpfen. Da die Konjunktion „daher" in Zeile 4 logisch auf diesen Sachverhalt verweist, ist die Satzreihenfolge somit fast klar. Schließlich ist Zeile 3 noch vor Zeile 2 einzuschieben, da sich die Zahl „16" nur auf die Anzahl der Länderpolizeien beziehen kann.

270.

2	**A.**	der Staatsgewalt und übt in der Öffentlichkeit
5	**B.**	eine gepflegte Erscheinung und gute Umgangsformen
4	**C.**	es kommt daher an auf
3	**D.**	eine repräsentative Funktion aus
1	**E.**	als Polizeibeamter ist man Teil

Antwort: **A2, B5, C4, D3, E1**

Als Polizeibeamter ist man Teil der Staatsgewalt und übt in der Öffentlichkeit eine repräsentative Funktion aus, es kommt daher an auf eine gepflegte Erscheinung und gute Umgangsformen.

Aufschlussreich ist der Prädikatsteil „übt" in Zeile 1, der sich nur durch das „aus" in der 5. Zeile vervollständigen lässt. Wer oder was übt nun in der Öffentlichkeit eine repräsentative Funktion aus? Die Antwort kann nur in Zeile 5 stehen: „man". So erhält man aus den Zeilen 5, 1 und 4 einen funktionsfähigen Hauptsatz: „als Polizeibeamter ist man Teil der Staatsgewalt und übt in der Öffentlichkeit eine repräsentative Funktion aus". Die Konjunktion „daher" (Zeile 3) signalisiert, dass sich der dadurch eingeleitete Nebensatz logisch auf den vorangegangenen Sachverhalt des Hauptsatzes bezieht. Als Satzabschluss bleibt daher nur noch Zeile 2 übrig, die den in Zeile 3 eingeleiteten Gedanken fortführt.

Sprachbeherrschung

Textverständnis prüfen

Nun wird Ihr Textverständnis geprüft.

Sie erhalten einen Ausschnitt aus der Niedersächsischen Gemeindeordnung in der gültigen Fassung vom 28. Oktober 2006 (letzte berücksichtigte Änderung: 7. Oktober 2010).

§ 1 Gemeindliche Selbstverwaltung

(1) Die Gemeinde ist die Grundlage des demokratischen Staates. Sie verwaltet in eigener Verantwortung ihre Angelegenheiten im Rahmen der Gesetze mit dem Ziel, das Wohl ihrer Einwohnerinnen und Einwohner zu fördern.

(2) Die Gemeinden sind Gebietskörperschaften.

§ 2 Aufgaben der Gemeinden

(1) Die Gemeinden sind in ihrem Gebiet die ausschließlichen Träger der gesamten öffentlichen Aufgaben, soweit die Gesetze nicht ausdrücklich etwas anderes bestimmen. Sie stellen in den Grenzen ihrer Leistungsfähigkeit die für ihre Einwohnerinnen und Einwohner erforderlichen sozialen, kulturellen und wirtschaftlichen öffentlichen Einrichtungen bereit.

(2) Sonderverwaltungen sollen neben der Gemeindeverwaltung grundsätzlich nicht bestehen. Bestehende Sonderverwaltungen sind möglichst in die Gemeindeverwaltung zu überführen.

§ 3 Aufbringung und Bewirtschaftung der Mittel

(1) Die Gemeinden haben die zur Erfüllung ihrer Aufgaben notwendigen Mittel nach Maßgabe der Gesetze aus eigenen Einnahmen aufzubringen. Sie haben ihr Vermögen und ihre Einkünfte so zu verwalten, dass unter pfleglicher Behandlung der Steuerkraft die Gemeindefinanzen gesund bleiben.

(2) Soweit die eigenen Einnahmen nicht ausreichen, stellt das Land die erforderlichen Mittel durch übergemeindlichen Finanzausgleich zur Verfügung. Bei der Prüfung der Finanzkraft einer Gemeinde ist die Steuerkraftmesszahl zu berücksichtigen.

Erläuterung zum Textverständnis: In jedem Bereich der öffentlichen Verwaltung gelten einschlägige Bestimmungen – daher sollten Sie auch komplizierte Gesetzestexte verstehen können. Diese gliedern sich in durchnummerierte Paragraphen (§), Absätze (im vorliegenden Fall (1) und (2)) und schließlich einzelne Sätze.

Versuchen Sie besser nicht, den vorliegenden Text auswendig zu lernen: Es geht nicht um Ihr „fotografisches Gedächtnis". Konzentrieren Sie sich stattdessen auf die Kernaussagen. Die können Sie ohne weiteres in eigenen Worten wiedergeben, solange ihr Sinn gewahrt bleibt. Achten Sie bei Ihrer Antwort auf einen logischen Aufbau und eine korrekte Rechtschreibung.

Musterantworten

271. Was ist eine Gemeinde laut § 1 der Niedersächsischen Gemeindeordnung?

Darauf gibt die Verordnung gleich zwei Antworten. In § 1 Absatz (1) zunächst eine demokratietheoretische: Die Gemeinde, so ist hier zu lesen, „ist die Grundlage des demokratischen Staates". Rechtlich gesehen – § 1 Absatz (2) – ist sie eine Gebietskörperschaft. Darunter versteht man eine Organisation öffentlichen Rechts, die in einem abgegrenzten Teil des Staatsgebiets die Gebietshoheit besitzt.

272. Welche Aufgaben hat eine Gemeinde?

Darüber gibt § 2 Absatz (1) Auskunft: Gemeinden sind Träger aller öffentlichen Aufgaben, wenn die Gesetze nicht ausdrücklich festlegen, dass für bestimmte Aufgaben andere Einrichtungen zuständig sind. Was heißt das konkret? Im folgenden Satz steht: Gemeinden stellen ihren Einwohnerinnen und Einwohnern die „erforderlichen sozialen, kulturellen und wirtschaftlichen öffentlichen Einrichtungen bereit". Also beispielsweise Schulen, Bibliotheken, die Müllentsorgung etc. Dabei ist kommunales Handeln niemals Selbstzweck, sondern orientiert sich an einem höheren Nutzen, den § 1 Absatz (1) angibt: Ziel der Gemeinden ist es, „das Wohl ihrer Einwohnerinnen und Einwohner zu fördern".

273. Wann sind kommunale Sonderverwaltungen erlaubt?

Kommunale Sonderverwaltungen – das heißt Verwaltungssysteme außerhalb der Gemeindeverwaltung – sind grundsätzlich nicht erlaubt, so bestimmt es § 2 Absatz (2). Wo es trotzdem bereits Sonderverwaltungen gibt, sollen diese nach Möglichkeit in eine bestehende Gemeindeverwaltung integriert werden.

274. Wie finanziert sich eine Gemeinde und was muss sie dabei beachten?

Um ihre Leistungen zu finanzieren, soll eine Gemeinde laut § 3 Absatz (1) auf ihre eigenen Einnahmen zurückgreifen: in erster Linie sind das die kommunalen Steuern. Im gleichen Absatz wird das vage Ziel der „gesunden Gemeindefinanzen" genannt – die Gemeinde sollte also nicht (viel) mehr ausgeben, als sie einnimmt. Darf die Gemeinde nun die Einnahmen (Steuern!) beliebig erhöhen, um allerlei Luxus bezahlen zu können? Nein, denn die „Steuerkraft" ist „pfleglich" zu behandeln. Im Klartext: Die Gemeinde soll die Steuerschraube nicht unverhältnismäßig stark anziehen und das Geld sinnvoll und wohlüberlegt ausgeben.

275. Was geschieht, wenn eine Gemeinde die finanziellen Mittel nicht aufbringen kann, die sie braucht, um ihre Aufgaben zu erfüllen?

In diesem Fall springt das Bundesland in die Bresche. Es findet ein „übergemeindlicher Finanzausgleich" statt, besagt § 3 Absatz (2): Das Bundesland transferiert Geldmittel von finanziell besonders starken an schwächere Gemeinden. Maßgeblich für die Bemessung der Finanzkraft ist die Steuerkraftmesszahl, die nicht näher definiert wird. Vereinfacht ausgedrückt, bringt diese Messzahl die unterschiedlichen kommunalen Besteuerungsverfahren auf einen gemeinsamen Nenner. Das finanzielle Leistungsvermögen und der Finanzbedarf der verschiedenen Gemeinden lassen sich dadurch objektiv vergleichen.

Sprachbeherrschung

Schriftliche Erörterung (Pro und Contra)

In dieser Aufgabe werden Ihr sprachliches Ausdrucksvermögen und Ihre Fähigkeit zur logischen Argumentation geprüft.

In einer Erörterung müssen Sie zu einer gesellschaftsrelevanten Frage Stellung beziehen und dabei die jeweiligen Vor- und Nachteile, die Pros und Contras, darstellen und gegeneinander abwägen. In der Regel folgt eine Erörterung einem festen Schema:

¬ Einleitung: Geben Sie einen knappen Überblick über die zu behandelnde Problematik. Bei einer kurzen Erörterung reicht es, die Fragestellung in einem vollständigen Satz wiederzugeben.

¬ Hauptteil: Führen Sie aus, welche Argumente für oder gegen die in der Fragestellung aufgestellte Behauptung bzw. den genannten Sachverhalt sprechen. Untermauern Sie die Argumente gegebenenfalls mit Beispielen und handeln Sie die Pros und Contras jeweils als einzelnen Block ab, ohne die Standpunkte zu vermischen oder zu beurteilen. Trotzdem sollten Sie bereits jetzt wissen, für welche Position Sie sich entscheiden: Nennen Sie geschickterweise zuerst die Argumente des Standpunkts, den Sie nicht vertreten, und dann erst diejenigen, mit denen Sie eher übereinstimmen.

¬ Schlussteil: Nachdem Sie alle relevanten Argumente eher neutral aufgeführt haben, wägen Sie sie nun gegeneinander ab. Welches Argument ist unter welchen Umständen besonders tragfähig, welches rückt eher in den Hintergrund? Ziehen Sie schließlich ein nachvollziehbares Fazit, in dem Sie Ihre gut begründete Meinung präsentieren. Sie müssen sich dabei nicht eindeutig auf eine Seite schlagen, sondern können auch einen ausgewogenen Kompromiss formulieren.

Argumentationshilfe

„Sollten Lehrer Beamte sein?"

pro:

¬ Materielle Absicherung der Beamten gewährleistet ihre Unabhängigkeit und Neutralität.

¬ Nicht der Beamtenstatus, sondern schlechte Ausstattung verringert Leistungsmotivation.

¬ Absicherung von angestellten Lehrern (Lohnnebenkosten: Beiträge des Arbeitgebers zur Renten-, Arbeitslosen-, Krankenversicherung) kostet den Staat viel Geld.

¬ Lehrer übernehmen hoheitliche Aufgaben: staatlicher Erziehungsauftrag, Vergabe von Abschlüssen .... .

¬ Als Beamte sind Lehrer zu Verfassungstreue und politischer Neutralität verpflichtet.

¬ Angestellte dürfen streiken, Arbeitskämpfe würden auf dem Rücken der Schüler ausgetragen.

contra:

¬ Starre Beförderungsregeln, abgesicherte Karrieren verringern den Ehrgeiz der Lehrer.

¬ Materielle Absicherung der Beamten (Pensionen, Krankengeld) ist teuer.

¬ Lehrer übernehmen keine unmittelbar hoheitlichen Aufgaben, die sich durch ein klares Über-/Unterordnungsverhältnis auszeichnen wie z.B. bei der Polizei.

¬ In vielen ostdeutschen Bundesländern ist das Angestelltenverhältnis bereits die Regel.

¬ Angestellte Lehrer sind flexibler, können ihre Dienststelle einfacher wechseln.

¬ Verbeamtung von Lehrern ist ein Überbleibsel früherer Zeiten.

Sprachbeherrschung

Gesetzestexte anwenden

Lesen Sie sich in den nächsten 5 Minuten die folgenden Rechtsvorschriften aus einer Stadtverordnung der Hansestadt Lübeck aufmerksam durch.

Erläuterung zum Textverständnis: Für Beamte sind gute Rechtskenntnisse sehr wichtig – in vielen Bereichen haben sie Gesetze zu befolgen oder deren Anwendung zu überwachen.
Konzentrieren Sie sich beim Lesen des Textes besonders auf die Fragen: Wer darf was, und unter welchen Bedingungen? Wann dürfen welche Strafen ausgesprochen werden?

Stadtverordnung über den Anleinzwang von Hunden im Lübecker Innenstadtbereich

Aufgrund des § 175 des Allgemeinen Verwaltungsgesetzes für das Land Schleswig-Holstein (LVwG) in der Fassung der Bekanntmachung vom 2. Juni 1992 (GVOBl. Schl.-H. S. 243, ber. S. 534), zuletzt geändert durch Gesetz vom 15. Februar 2005 (GVOBl. Schl. H . S. 168) in Verbindung mit § 17 des Gesetzes zur Vorbeugung und Abwehr der von Hunden ausgehenden Gefahren (Gefahrhundegesetz – GefHG) vom 28.01.2005 (GVOBl. Schl. H. S. 51), wird mit Genehmigung des Innenministeriums des Landes Schleswig-Holstein vom 11. Mai 2005 für den Innenstadtbereich der Hansestadt Lübeck verordnet:

§ 1 Anleinzwang

(1) Hunde sind auf öffentlichen Straßen, Wegen, Plätzen und Anlagen im Innenstadtbereich mit Ausnahme besonders ausgewiesener Hundeauslaufgebiete anzuleinen. Der Innenstadtbereich wird ab der Hubbrücke begrenzt durch den Wasserverlauf Hansahafen, Holstenhafen (...). Die Brücken über dem Wasserverlauf gehören nicht mit zum Innenstadtbereich.
(2) Die Grenzen des Gebietes sind in dem anliegenden Übersichtsplan gekennzeichnet.

§ 2 Ausnahmen

§ 1 gilt nicht für Diensthunde von Behörden, Such- und Rettungshunde sowie Behindertenbegleit- und Blindenhunde, soweit der bestimmungsgemäße Einsatz dies erfordert.

§ 3 Ordnungswidrigkeiten

(1) Ordnungswidrig im Sinne des § 175 Abs. 3 Allgemeines Verwaltungsgesetz für das Land Schleswig-Holstein handelt, wer vorsätzlich oder fahrlässig entgegen § 1 Abs. 1 dieser Verordnung als Hundehalter oder Hundeführer einen Hund auf öffentlichen Straßen, Wegen, Plätzen und Anlagen im Innenstadtbereich nicht anleint.
(2) Die Ordnungswidrigkeit kann mit einer Geldbuße bis zu 1.000,- Euro geahndet werden.

§ 4 Inkrafttreten, Geltungsdauer

(1) Diese Verordnung tritt am Tage nach ihrer Verkündung in Kraft.
(2) Die Geltungsdauer dieser Verordnung beträgt gem. § 62 Abs. 1 Satz 2 Allgemeines Verwaltungsgesetz für das Land Schleswig-Holstein fünf Jahre.

Lübeck, den 14. Dezember 2006, Hansestadt Lübeck, Der Bürgermeister als Ordnungsbehörde

276. Wo dürfen Hunde auch im Innenstadtbereich unangeleint laufen?

A. Nirgendwo – sie sind überall anzuleinen.
B. Auf öffentlichen Wiesen.
C. In allen öffentlichen Anlagen.
D. In ausgewiesenen Hundeauslaufgebieten.
E. Im Lübecker Hafenbereich.

Antwort: **D**

Laut § 1 Absatz (1) gilt eine Ausnahme des Anleinzwangs im Innenstadtbereich nur für „besonders ausgewiesene Hundeauslaufgebiete".

---

277. Welche Hunde dürfen in der Lübecker Innenstadt unangeleint geführt werden?

A. Sehr kleine Hunde mit weniger als 20 cm Schulterhöhe.
B. Besonders ungefährliche Hunde.
C. Blindenhunde und Diensthunde im Einsatz.
D. Hunde, die einen speziellen Kurs in einer Hundeschule absolviert haben.
E. Alle Hunde müssen angeleint werden.

Antwort: **C**

Für welche Hunde die Anleinpflicht nicht gilt, ist in § 2 geregelt. Neben Such- und Rettungshunden müssen auch Behindertenbegleithunde, Blindenhunde und Diensthunde von Behörden nicht angeleint werden, „solange der bestimmungsgemäße Einsatz dies erfordert". Ist ein Diensthund aber „außer Dienst", muss er demnach ebenfalls angeleint werden.

---

278. Ein Hundehalter handelt der Verordnung nach ordnungswidrig, wenn …?

A. sein Hund auf die Straße uriniert.
B. ihm der Hund davonläuft und ohne Leine durch die Stadt streunt.
C. sein Hund einen Passanten anbellt.
D. sein Hund nicht auf Kommandos hört.
E. er einmal vergisst, seinen Hund anzuleinen.

Antwort: **E**

Ob es in Lübeck als Ordnungswidrigkeit gilt, wenn ein Hundehalter einen Hund auf die Straße urinieren lässt, kann aus der Verordnung nicht gefolgert werden: Sie beschäftigt sich nur mit der Leinenpflicht und sagt auch nichts über das Ankläffen von Passanten oder Ignorieren von Kommandos aus. Wenn der Hund unwissentlich davonläuft und leinenlos durch die Stadt streunt, handelt es sich nicht um Vorsatz (Absicht) oder Fahrlässigkeit (Leichtsinn, Vergesslichkeit), die bei einer Ordnungswidrigkeit vorhanden sein müssen.

279. Welche Strafe stellt die Verordnung für das Nichtanleinen eines Hundes in Aussicht?

A. Eine schriftliche Ermahnung
B. Eine Geldstrafe
C. Die Zwangsüberführung des Hundes in ein Tierheim
D. Das Verbot des Betretens von öffentlichen Anlagen
E. Eine mündliche Verwarnung

Antwort: **B**

Leint ein Hundehalter seinen Hund nicht an, kann ihm laut § 3 Absatz (2) eine Geldbuße von bis zu 1.000,- Euro auferlegt werden.

---

280. Wie lange ist die Verordnung gültig?

A. Bis eine neue Verordnung in Kraft tritt.
B. Die Verordnung gilt für immer.
C. Die Verordnung ist 2 Jahre lang gültig.
D. Die Verordnung ist 5 Jahre lang gültig.
E. Bis ein neuer Bürgermeister gewählt wird.

Antwort: **D**

Die Verordnung ist laut § 4, Absatz (2) 5 Jahre lang gültig und läuft dann aus, wenn die Geltungsdauer nicht verlängert wird. Die Gültigkeit ist nicht gekoppelt an die Mehrheitsverhältnisse im Stadtparlament oder den jeweils regierenden Bürgermeister.

Fremdsprachenkenntnisse

Englisch: richtige Schreibweise

In diesem Abschnitt werden Ihre Englischkenntnisse geprüft.

281. Wie lautet die englische Schreibweise für den Montag?

A. Monday
B. Manday
C. Mondey
D. Mandey
E. Keine Antwort ist richtig.

Antwort: **A**

282. Wie lautet die englische Schreibweise für den Dienstag?

A. Tusday
B. Thuesday
C. Teusday
D. Tuesday
E. Keine Antwort ist richtig.

Antwort: **D**

283. Wie lautet die englische Schreibweise für 23:30 Uhr?

A. thirty minutes past eleven
B. tirty minutes past eleven
C. thirti minutes past eleven
D. thirteen minutes past ileven
E. Keine Antwort ist richtig.

Antwort: **A**

284. Wie lautet die englische Schreibweise für 02:30 Uhr?

A. thirteen minutes past two
B. tirty minutes past two
C. thirty minutes past two
D. thirteen minutes past two
E. Keine Antwort ist richtig.

Antwort: **C**

285. Wie lautet die englische Schreibweise für 21:30 Uhr?

A. thirty minutes to nine
B. thirty minutes past nine
C. thirty minutes to night
D. thirteen minutes past nine
E. Keine Antwort ist richtig.

Antwort: **B**

286. Wie lautet die englische Schreibweise für: Der Apfel fällt nicht weit vom Stamm.

A. Hi's a chip off the old block.
B. He's a chip off the old block.
C. He's a chip of the ald block.
D. He's a chip off the ald black.
E. Keine Antwort ist richtig.

Antwort: **B**

287. Wie lautet die englische Schreibweise für: Wer den Pfennig nicht ehrt, ist des Talers nicht wert.

A. Take care of the pence and the pounds will take care of themselves.
B. Take care of the pense and the ponds will take care of themselves.
C. Take care of the pence and the ponds wil take car of themselves.
D. Tak care of the pence ond the pounds will take care of themselfs.
E. Keine Antwort ist richtig.

Antwort: **A**

288. Wie lautet die englische Schreibweise für: Auch ein blindes Huhn findet mal ein Korn.

A. A blind mann mai sometimes hit the marc.
B. A blind man may sometime hitt the mark.
C. A blint mann may sometimes hit the mark.
D. A blind man may sometimes hit the mark.
E. Keine Antwort ist richtig.

Antwort: **D**

289. Wie lautet die englische Schreibweise für: Was du nicht willst, das man dir tu, das füg auch keinem andern zu.

A. Do unto athers as you wold have athers do unto you.
B. Do unto athers as you wuld have others do unto you.
C. Do unto others as you would have others do unto you.
D. Dou unto athers as you would have others do unto you.
E. Keine Antwort ist richtig.

Antwort: **C**

290. Wie lautet die englische Schreibweise für: Reden ist Silber, schweigen ist Gold.

A. Talk istsilver, silence is gold.
B. Talk is silver, silence is golden.
C. Talk is silfer, silenc is golden.
D. Talk ist silver, silence ist gold.
E. Keine Antwort ist richtig.

Antwort: **B**

291. Wie schreibt sich das englische Wort für „Vorschlag"?

A. suggestion
B. sudgestion
C. sugesstion
D. suggestien
E. sutiestion

Antwort: **A**

292. Wie schreibt sich das englische Wort für „Aufgabe", „Übung"?

A. excercice
B. excercize
C. exersize
D. exserzise
E. exercise

Antwort: **E**

293. Wie schreibt sich das englische Wort für „Reise"?

A. joerney
B. jurnay
C. jerney
D. journey
E. djurney

Antwort: **D**

294. Wie schreibt sich das englische Wort für „Wörterbuch"?

A. diktionnary
B. dictienery
C. dictionary
D. dictyennerie
E. dictionarey

Antwort: **C**

295. Wie schreibt sich das englische Wort für „möglicherweise"?

A. potencially
B. potentially
C. pottentiely
D. potantialy
E. potancially

Antwort: **B**

296. Wie schreibt sich das englische Wort für „Erfahrung"?

A. experience
B. expearience
C. expiriense
D. experiense
E. expeerience

Antwort: **A**

297. Wie schreibt sich das englische Wort für „Akzeptanz"?

A. axeptance
B. acceptance
C. exeptence
D. ecceptence
E. axeptanse

Antwort: **B**

298. Wie schreibt sich das englische Wort für „verdächtig"?

A. susspicius
B. suspicius
C. suspicious
D. suspetious
E. suspitious

Antwort: **C**

299. Wie schreibt sich das englische Wort für „Ausländer"?

A. forigner
B. foreigner
C. voreineer
D. foregnier
E. forenier

Antwort: **B**

300. Wie schreibt sich das englische Wort für „Bekanntschaft"?

A. accuaintance
B. aquaintanse
C. equaintance
D. accquaintance
E. acquaintance

Antwort: **E**

Fremdsprachenkenntnisse

Englisch: Bedeutung von Wörtern

In diesem Abschnitt werden Ihre Englischkenntnisse geprüft.

301. **fast**

- A. beinahe
- B. schnell
- C. kaum
- D. ungefähr
- E. sicher

Antwort: **B**

302. **Conscience**

- A. Gewissen
- B. Bewusstsein
- C. Übereinstimmung
- D. Selbstsicherheit
- E. Wachsamkeit

Antwort: **A**

303. **ridiculous**

- A. ritterlich
- B. extrem
- C. lächerlich
- D. herausragend
- E. unsicher

Antwort: **C**

304. **to hide**

- A. verzögern
- B. aufsteigen
- C. abschwächen
- D. verbergen
- E. bemängeln

Antwort: **D**

305. **eventually**

- A. möglicherweise
- B. schließlich
- C. festlich
- D. gelegentlich
- E. unabhängig

Antwort: **B**

306. **obvious**

- A. verdächtig
- B. abwegig
- C. offensichtlich
- D. unentschlossen
- E. absurd

Antwort: **C**

307. **Incident**

- A. Entscheidung
- B. Entzündung
- C. Unentschlossenheit
- D. Vorfall
- E. Auffälligkeit

Antwort: **D**

308. **to brake**

- A. stören
- B. beugen
- C. biegen
- D. bremsen
- E. brechen

Antwort: **D**

309. **responsible**

- A. aufnahmefähig
- B. verantwortlich
- C. fleißig
- D. entschlossen
- E. umstritten

Antwort: **B**

310. **Law**

- A. Gesetz
- B. Erniedrigung
- C. Lüge
- D. Liege
- E. Rasen

Antwort: **A**

Fremdsprachenkenntnisse

Englisch: Zeitformen

In diesem Abschnitt werden Ihre Englischkenntnisse geprüft.

311. **Wie lautet die korrekte Zeitform: You (run)/present progressive?**

   A. You run.
   B. I am running.
   C. You ran.
   D. You are running.
   E. You were running.

Antwort: **D**

312. **Wie lautet die korrekte Zeitform: They (speak)/simple past?**

   A. They spoke.
   B. They have spoken.
   C. They have been speaking.
   D. They were speaking.
   E. They had been speaking.

Antwort: **A**

313. **Wie lautet die korrekte Zeitform: We (laugh)/present progressive?**

   A. We are laughing.
   B. We laughed.
   C. We were laughing.
   D. We have been laughing.
   E. We will laugh.

Antwort: **A**

314. **Wie lautet die korrekte Zeitform: You (leave)/present perfect progressive?**

   A. You left.
   B. You have left.
   C. You have been leaving.
   D. You had been leaving.
   E. You were leaving.

Antwort: **C**

315. **Wie lautet die korrekte Zeitform: She (move)/present perfect simple?**

   A. She moved.
   B. She was moving.
   C. She has moved.
   D. She has been moving.
   E. She is moved.

Antwort: **C**

316. **Wie lautet die korrekte Zeitform: They (sleep)/present perfect progressive?**

   A. They will sleep.
   B. They are sleeping.
   C. They had been sleeping.
   D. They have slept.
   E. They have been sleeping.

Antwort: **E**

317. Wie lautet die korrekte Zeitform: It (burn)/future I simple?

A. It will be burning.
B. It burns.
C. It will burn.
D. It is burning.
E. It would burn.

Antwort: **C**

318. Wie lautet die korrekte Zeitform: They (read)/future II progressive?

A. They will have been reading.
B. They would have been reading.
C. They have been reading.
D. They will read.
E. they will be reading.

Antwort: **A**

319. Wie lautet die korrekte Zeitform: You (try)/future II simple?

A. You are trying.
B. You will have tried.
C. You will be trying.
D. You will try.
E. You will have been trying.

Antwort: **B**

320. Wie lautet die korrekte Zeitform: Tina (ride)/simple past?

A. Tina rode.
B. Tina rides.
C. Tina was riding.
D. Tina has ridden.
E. Tina rid.

Antwort: **A**

2 Prüfung · Teil 2

Fachwissen

Öffentliche Verwaltung

Wie gut kennen Sie sich in den Strukturen und Aufgaben des öffentlichen Dienstes aus?

321. Ein föderalistischer Staat ...?

A. versucht den Übergang von Planwirtschaft zu Marktwirtschaft.
B. ist stark abhängig von Rohstoffimporten.
C. subventioniert seine Unternehmen mit Steuergeldern.
D. verfolgt das Ziel, seine Exporte zu maximieren.
E. besteht aus einzelnen Teilstaaten, die relativ eigenständig sind.

Antwort: **E**

Unter „Föderalismus" versteht man ein staatliches Organisationsprinzip: Ein föderalistischer Staat besteht aus mehreren, relativ eigenständigen Gliedern. Die Bundesrepublik Deutschland ist ein solches föderales Staatswesen, dessen Teilstaaten – die Bundesländer – eigene Verwaltungen besitzen, selbstständig Steuern erheben und vieles mehr.

---

322. Im Verwaltungsbereich bezeichnet Gemeinde ...?

A. die kleinste geografisch-administrative Einheit im Verwaltungsaufbau.
B. eine politisch-religiöse Interessengemeinschaft.
C. einen Wirtschaftsverband öffentlicher und privater Organisationen.
D. eine Kommune, die noch kein Stadtrecht hat.
E. einen Wahlkreis.

Antwort: **A**

Gemeinde wird meist gleichbedeutend für Kommune verwendet und bezeichnet die kleinste geografisch-administrative Einheit der öffentlichen Verwaltung. Die Gemeindeebene umschließt kreisfreie und kreisangehörige Gemeinden (z.B. Städte) sowie die Landkreise (Zusammenschlüsse der kreisangehörigen Ortschaften).

---

323. Welche Angehörigen des öffentlichen Dienstes können hoheitliche Befugnisse übernehmen?

A. Ausschließlich Beamte
B. Ausschließlich Beamte auf Lebenszeit
C. Ausschließlich Angestellte
D. Beamte und Angestellte
E. Nur Polizisten, Bundespolizisten und Zollbeamte

Antwort: **D**

Hoheitliche Befugnisse sind Befugnisse, die durch öffentliches Recht verliehen werden: also durch dasjenige Recht, das die Verhältnisse zwischen den Trägern der Staatsgewalt und privatrechtlichen Personen (einzelne Menschen, Wirtschaftsunternehmen ...) regelt. Diese besonderen Befugnisse besitzen nicht nur Polizisten und Zollbeamte, sondern auch andere Angehörige der öffentlichen Verwaltung – Beamte wie Angestellte.

324. Wobei handelt es sich um einen Verwaltungsakt?

- **A.** Der Bundesinnenminister informiert über neue Personalausweise.
- **B.** Ein Polizist regelt den Verkehr an einer Kreuzung.
- **C.** Eine Stadt gibt ihr neues Verkehrskonzept bekannt.
- **D.** Die Steuerverwaltung führt ein neues Aktenzeichensystem ein.
- **E.** Das Einwohnermeldeamt legt neue Öffnungszeiten fest.

Antwort: **B**

Was ein Verwaltungsakt ist, definiert das Verwaltungsverfahrensgesetz des Bundes (die Gesetze der Bundesländer sind weitgehend ähnlich). Ein Verwaltungsakt findet auf Grundlage öffentlichen Rechts statt, muss von einer Behörde ausgehen, trifft eine rechtliche Regelung, bezieht sich auf einen konkreten Fall und begründet ein Rechtsverhältnis zwischen dem Akteur und dem Adressaten des Verwaltungsakts, d.h. er besitzt eine Außenwirkung. Diese Merkmale treffen nur auf die Tätigkeit des Polizisten zu. Die Maßnahmen D und E dienen der behördeninternen Umstrukturierung, A und C sind reine Informationshandlungen ohne rechtliche Verbindlichkeit.

325. Der einfache Dienst ist ...?

- **A.** ein Arbeitszeitmodell für Beamte.
- **B.** eine scherzhafte Bezeichnung für den Ruhestand.
- **C.** eine Laufbahngruppe für Beamte.
- **D.** eine Behörde, in der es keine Nachtschichten (zweifacher Dienst) gibt.
- **E.** eine anspruchslose Tätigkeit im Verwaltungsbereich.

Antwort: **C**

Der einfache Dienst ist eine Laufbahngruppe für Beamte, die in der Regel den Hauptschulabschluss voraussetzt. Es gibt nur noch wenige Einstiegsmöglichkeiten in den einfachen Dienst, da die Anforderungen allgemein gestiegen sind und typische einfache Tätigkeiten häufig von privaten Unternehmen übernommen werden.

326. Der Deutsche Beamtenbund …?

A. ist eine Interessenvertretung von Beamten und Angestellten.
B. ist eine Arbeitsgemeinschaft deutscher Bundesbeamter.
C. war eine staatstragende Partei der Weimarer Republik.
D. war ein Zusammenschluss preußischer und österreichischer Beamter im 19. Jahrhundert.
E. ist eine Grundsatzvereinbarung der Beamten mit dem Staat.

Antwort: **A**

Der Deutsche Beamtenbund (DBB) ist ein Dachverband mehrerer Gewerkschaften. Er vertritt die Interessen von Angehörigen des öffentlichen Dienstes und von Angestellten im privaten Dienstleistungsbereich. Zusammen mit Vertretern des Deutschen Gewerkschaftsbundes (DGB) und von ver.di – weitere große gewerkschaftliche Dachverbände – ist der DBB maßgeblich an den Tarifverhandlungen im öffentlichen Dienst beteiligt.

---

327. Beamte auf Lebenszeit …?

A. können mit einer Kündigungsfrist von 6 Monaten entlassen werden.
B. können überhaupt nicht entlassen werden.
C. können bei Dienstvergehen entlassen werden.
D. können nur entlassen werden, wenn sie selber zustimmen.
E. werden alle 6 Jahre überprüft und bei schlechter Leistung entlassen.

Antwort: **C**

Beamte auf Lebenszeit dürfen unter bestimmten Voraussetzungen gegen ihren Willen entlassen werden: wenn ein Dienstvergehen in einem Disziplinarverfahren entsprechend sanktioniert wird oder wenn sie – außerhalb des Dienstes – eine Straftat begehen, die mit 12 Monaten Freiheitsentzug geahndet wird. Auch bei einer Dienstunfähigkeit aus gesundheitlichen Gründen kann der Dienstherr einen Beamten auf Lebenszeit entlassen oder vorzeitig in den Ruhestand versetzen.

---

328. In der DDR …?

A. waren alle Mitarbeiter der Volkseigenen Betriebe (VEB) Beamte.
B. gab es viel mehr Beamte als Angestellte.
C. gab es kein Berufsbeamtentum.
D. hatten nur höhere Funktionäre einen Beamtenstatus.
E. mussten Beamte zugleich Mitglieder der Staatspartei SED sein.

Antwort: **C**

Ein Berufsbeamtentum gab es in der DDR tatsächlich nicht. Die typischen Tätigkeiten des öffentlichen Dienstes übernahmen Angestellte des Staates ohne Beamtenstatus: Eine Eigenheit, aufgrund der heute auch nur vergleichsweise wenige Lehrer in den ostdeutschen Bundesländern verbeamtet sind.

329. Welche Einrichtung gehört streng genommen nicht zum öffentlichen Dienst?

A. Bundeswehr
B. Deutsche Bundesbank
C. Deutsche Rentenversicherung
D. Deutsche Bahn
E. Bundeszollverwaltung

Antwort: **D**

Die Deutsche Rentenversicherung – Zusammenschluss der Träger der gesetzlichen Rentenversicherung – ist eine Körperschaft öffentlichen Rechts. Gleiches gilt für die Deutsche Bundesbank, beide zählen zum (mittelbaren) öffentlichen Dienst. Bundeswehr und Zoll sind Teil des unmittelbaren öffentlichen Dienstes. Die Deutsche Bahn befindet sich zwar zu 100 Prozent im Staatsbesitz, ist aber eine privatrechtlich organisierte Aktiengesellschaft und gehört daher nicht zum öffentlichen Dienst im engeren Sinne.

330. Ein Beamter auf Probe ...?

A. ist noch nicht verbeamtet.
B. macht ein Praktikum in einer Behörde.
C. muss sich nach einem Disziplinarvergehen bewähren.
D. hat in der Regel ein Studium oder eine Ausbildung absolviert.
E. beginnt bald mit seinem Vorbereitungsdienst.

Antwort: **D**

In der Regel haben Beamte auf Probe im Rahmen ihres Vorbereitungsdienstes ein Studium oder eine Ausbildung absolviert. Sie sind bereits verbeamtet und können nach Ablauf der Probezeit zu Beamten auf Lebenszeit ernannt werden.

Fachwissen

Öffentlicher Dienst: weitere Fragen

Fakten, die man kennen sollte.

Um im Einstellungsverfahren gut abzuschneiden, sollte Ihr Grundwissen rund um die öffentliche Verwaltung auf dem neuesten Stand sein. Halten Sie sich daher – per Zeitung, Fernsehen, Internet – über aktuelle Entwicklungen auf dem Laufenden, damit Sie die folgenden Fragen stets sicher beantworten können.

- Wie heißt der Bundeskanzler, wie heißen die Minister seines Kabinetts?
- Wie heißt der Ministerpräsident Ihres Bundeslands, wie heißen seine Minister?
- Wie heißen die höchsten Repräsentanten Ihrer Kommune (Bürgermeister, Magistrat …)?
- Wann haben in Ihrem Verwaltungsbereich (Bund, Land, Kommune) die letzten Wahlen stattgefunden und wie sind sie ausgegangen? Wann ist der nächste Wahltermin?
- Welche länderübergreifend wichtigen Wahlen fanden bzw. finden bundesweit in diesem und im nächsten Jahr statt (Bundestagswahlen, Europawahlen, Landtagswahlen)?
- Wie viele Einwohner hat die Bundesrepublik Deutschland, Ihr Bundesland und ggf. Ihre Kommune?
- Welche landschaftlichen, baulichen, kulturellen, politischen Eigenheiten weist Ihr Heimat- bzw. Bewerbungsort auf (Finanzmetropole, Region mit starkem Industriesektor, touristisch geprägtes Bundesland, Regierung investiert in erneuerbare Energien …)?
- Welche Auswirkungen haben diese Eigenheiten auf die öffentliche Verwaltung vor Ort?
- Was genau sind die Aufgaben Ihrer Einstellungsbehörde?
- Wie ist Ihre Einstellungsbehörde in die Bundes-, Landes- bzw. Kommunalverwaltung eingebunden?
- Wie ist Ihre Einstellungsbehörde aufgebaut? Welche Dezernate, Abteilungen, Dienststellen gibt es?
- Wie heißt der höchste Vertreter Ihrer Einstellungsbehörde?
- Wie viele Mitarbeiter hat Ihre Behörde?
- Bei welchen aktuellen Ereignissen ist oder war Ihre Behörde involviert?
- Mit welchen anderen Behörden bzw. Einrichtungen arbeitet Ihre Behörde zusammen?

Allgemeinwissen

Persönlichkeiten, Erfindungen und Entdeckungen

331. Wer begründete die Relativitätstheorie?

A. Leonardo da Vinci
B. Marie Curie
C. Max Planck
D. Albert Einstein
E. Keine Antwort ist richtig.

Antwort: **D**

Die spezielle Relativitätstheorie, von Albert Einstein (1879-1955) im Wesentlichen 1905 formuliert, legt unter anderem die Lichtgeschwindigkeit als Geschwindigkeitsgrenze aller Objekte und Informationen fest, trifft Aussagen über die Relativität von Raum und Zeit und stellt die Masse-Energie-Äquivalenz $E = m \times c^2$ auf. Die allgemeine Relativitätstheorie schloss Einstein 1916 ab; sie behandelt die Gravitation als Phänomen, das auf der Krümmung der Raumzeit durch Energien beruht. Damit prognostizierte Einstein u.a. die Existenz von Schwarzen Löchern, mit der er sich selbst jedoch nicht anfreunden konnte.

---

332. Wer war der erste Mensch am Südpol?

A. Reinhold Messner
B. Roald Amundsen
C. Hjalmar Sudstrom
D. Thor Heyerdahl
E. Keine Antwort ist richtig.

Antwort: **B**

Roald Amundsen (1872-1928) erreichte am 14. Dezember 1911 als erster Mensch mit den vier Begleitern seiner Expedition den Südpol. Damit kam er seinem Rivalen Robert F. Scott um 35 Tage zuvor.

---

333. Welche Leistung vollbrachte der Pilot Charles Lindbergh?

A. Den ersten Hubschrauberflug
B. Den ersten Passagierflug über den Pazifik
C. Den ersten Nonstop-Alleinflug über den Atlantik
D. Den ersten Flug in einem Düsenjet
E. Keine Antwort ist richtig.

Antwort: **C**

Charles Lindbergh (1902-1974) überquerte 1927 als erster Mensch in einem Flugzeug den Atlantik (New York – Paris) alleine und ohne Zwischenlandung.

334. Welche bahnbrechende Erfindung wird Johannes Gutenberg zugeschrieben?

A. Buchdruck mit beweglichen Lettern
B. Teleskop mit über 100-facher Vergrößerung
C. Dampfmaschine mit zwei Kolben
D. Schwarzpulver
E. Keine Antwort ist richtig.

Antwort: **A**

Johannes Gensfleisch (um 1400-1468), genannt Gutenberg, entwickelte den Buchdruck mit beweglichen Metall-Lettern. Sicher ist, dass er diese Technik in Europa als erster in einem funktionierenden Gesamtsystem umsetzen konnte. Ob ihm dieser Verdienst auch auf globaler Ebene gebührt, ist jedoch fraglich, da entsprechende koreanische Drucke bereits auf das 14. Jh. datiert werden.

335. Wer gründete das Rote Kreuz?

A. Florence Nightingale
B. Sir Walter Cross
C. Mutter Teresa
D. Henri Dunant
E. Keine Antwort ist richtig.

Antwort: **D**

Henri Dunant rief 1863 mit vier weiteren Schweizer Bürgern in seiner Heimatstadt Genf das „Internationale Komitee der Hilfsgesellschaften für die Verwundetenpflege" ins Leben, das 1876 in „Internationales Komitee vom Roten Kreuz" (IKRK) umbenannt wurde.

336. Samuel Morse entwickelte Mitte des 18. Jahrhunderts...?

A. den Vorläufer der modernen Fotografie.
B. einen Apparat zur Signalübertragung.
C. eine kompakte Handfeuerwaffe.
D. die erste Glühbirne.
E. Keine Antwort ist richtig.

Antwort: **B**

Samuel Morse entwickelte 1837 einen Schreibtelegrafen, den so genannten Morseapparat. Dabei handelt es sich um eine Technik zur elektrischen Signalübertragung, bei der das Empfangsgerät die gesendeten Signale durch einen Metallstift auf einem Papierstreifen fixiert. Um die Signalübertragung möglichst einfach und effizient zu machen, entwickelte Morse zusätzlich das nach ihm benannte Alphabet, in dem Buchstaben und Zahlen als Folge von kurzen und/oder langen Signalen dargestellt werden.

337. Die Schweizergarde beschützt ...?

- **A.** den Präsidenten der Schweiz in Bern.
- **B.** das Karl-May-Museum in der Sächsischen Schweiz.
- **C.** den Papst im Vatikan.
- **D.** die Staatsgrenze der Schweiz zu Liechtenstein.
- **E.** Keine Antwort ist richtig.

Antwort: **C**

Die Schweizergarde ist für den Schutz des Papstes verantwortlich. Sie sichert den apostolischen Palast, die Zugänge zur Vatikanstadt sowie den Eingang des Castel Gandolfo (Sommerresidenz des Papstes). Ausgehoben wurde die Garde 1506 unter eidgenössischen Söldnern, und auch heute noch dürfen in ihr ausschließlich Schweizer Staatsbürger Dienst tun.

338. Nach zehn Jahren Versuch, Beobachtung und Auswertung fand Johannes Kepler ... ?

- **A.** die Grundlagen der Lichtbrechung.
- **B.** die Widerlegung des Pythagoras-Satzes.
- **C.** den Beweis für die Quantentheorie.
- **D.** die Gesetze der Planetenbewegung.
- **E.** Keine Antwort ist richtig.

Antwort: **D**

Nach Jahren der Forschungsarbeit veröffentlichte Johannes Kepler 1609 einen Aufsatz, in dem er die ersten beiden der nach ihm benannten drei keplerschen Gesetze zur Planetenbewegung erläuterte. Laut dem ersten keplerschen Gesetz bewegen Planeten sich auf ellipsenförmigen Bahnen, in deren Brennpunkt der Schwerpunkt des Systems liegt, wenn beide Körper durch Gravitation in Wechselwirkung stehen. Das zweite keplersche Gesetz besagt, dass der Fahrstrahl eines Planeten dabei in gleichen Zeiten gleiche Flächen überstreicht. Das dritte keplersche Gesetz schließlich sagt aus, dass die Quadrate der Umlaufzeiten der Körper sich zueinander wie die dritten Potenzen der großen Halbachsen der Umlaufbahnen verhalten.

339. Nikolaus Kopernikus stellte im 16. Jahrhundert die damals revolutionäre Behauptung auf, ...?

- **A.** den ersten Planeten außerhalb unseres Sonnensystems entdeckt zu haben.
- **B.** dass es Wasser auf dem Mars gibt.
- **C.** ein Schwarzes Loch entdeckt zu haben.
- **D.** dass sich die Erde um die Sonne dreht.
- **E.** Keine Antwort ist richtig.

Antwort: **D**

Nikolaus Kopernikus kritisierte das seit der Antike gültige und von der Kirche verteidigte geozentrische Weltbild, wonach sich die Sonne und die anderen Planeten um die Erde im Mittelpunkt des Weltalls bewegten. Er vertrat in einer 1509 fertig gestellten Schrift das heliozentrische Weltbild, demzufolge sich die Erde mitsamt den übrigen Planeten um die Sonne bewegt. Das heliozentrische Weltbild wird oft auch als kopernikanisches Weltbild bezeichnet.

340. Der deutsche Archäologe Heinrich Schliemann fand bei einer seiner Ausgrabungen ...?

A. den heiligen Gral.
B. die legendäre Stadt Troja.
C. den sagenumwobenen Schatz der Nibelungen.
D. Hinweise auf den Stein der Weisen.
E. Keine Antwort ist richtig.

Antwort: **B**

Heinrich Schliemanns bekannteste Arbeit war die Forschung nach der Lage der legendären antiken Stadt Troja, dem Schauplatz des Trojanischen Kriegs. Ab 1869 veranstaltete er dazu Grabungen in der Westtürkei nahe der Dardanellen. Als er 1873 bekanntgab, die Stadt gefunden zu haben, sorgte diese Nachricht für großes Aufsehen.

Allgemeinwissen

Geschichte und Kulturgeschichte

341. Welcher deutsche Philosoph prägte den Satz: „Gott ist tot"?

- A. Arthur Schopenhauer
- B. Karl Marx
- C. Friedrich Nietzsche
- D. Peter Sloterdijk
- E. Keine Antwort ist richtig.

Antwort: **C**

Der Ausspruch vom Tod Gottes findet sich an verschiedenen Stellen im Werk Friedrich Nietzsches (1844-1900). Nietzsche drückt darin den zwiespältigen Anbruch eines verweltlichten Zeitalters aus, nachdem vormals religiös fundierte Werteordnungen und Weltanschauungen durch fortschreitende Aufklärung, durch Wissenschaft und Liberalisierung ausgehöhlt worden waren und daher gesellschaftlich nicht länger tragfähig sind.

342. Lennon, McCartney, Harrison und Starr sind ...?

- A. Mitglieder der Beatles.
- B. Mittelfeldspieler des FC Liverpool.
- C. Britische Minister.
- D. Oscar-Gewinner 2010.
- E. Keine Antwort ist richtig.

Antwort: **A**

John Lennon (Gesang + Gitarre), Paul McCartney (Gesang + Bass), George Harrison (Gesang + Leadgitarre) und Ringo Starr (Gesang + Schlagzeug) sind auch bekannt als die Beatles. Nach wechselnden Besetzungen am Schlagzeug und am Bass schaffte die britische Rockband in dieser Formation Anfang der 1960er-Jahre den Durchbruch und wurde zu einer der weltweit kommerziell erfolgreichsten Bands. Allein in Deutschland landeten die Beatles elf No. 1-Hits in den Charts. Nach internen Querelen löste sich die Band 1969 auf.

343. Was wurde im geheimen Zusatzprotokoll des Hitler-Stalin-Pakts vereinbart?

- A. Austausch von Rüstungsgütern
- B. Gemeinsamer Angriff auf Großbritannien
- C. Aufteilung Polens
- D. Ausbeutung der Ölreserven im Nahen Osten
- E. Keine Antwort ist richtig.

Antwort: **C**

Am 28. September 1939 unterzeichneten der deutsche Außenminister Ribbentrop und sein sowjetischer Amtskollege Molotow den deutsch-sowjetischen Nichtangriffspakt, der auch als Hitler-Stalin-Pakt bezeichnet wird. Der Nichtangriffspakt gab Hitler die Sicherheit, für den von ihm beabsichtigten Krieg gegen Polen freie Hand zu haben und während des anschließenden Feldzugs gegen Frankreich einen Zweifrontenkrieg verhindern zu können. Im geheimen Zusatzprotokoll grenzten das Deutsche Reich und die Sowjetunion ihre Interessensphären in Ostmitteleuropa voneinander ab. Unter anderem vereinbarten sie darin, wie das zerschlagene Polen zwischen beiden Mächten aufgeteilt werden sollte.

---

344. „Die Unvollendete" nennt man …?

- **A.** Eine Sinfonie von Franz Schubert.
- **B.** Ein Gemälde von Rembrandt.
- **C.** Einen Roman von Theodor Fontane.
- **D.** Eine Ballade von Friedrich Schiller.
- **E.** Keine Antwort ist richtig.

Antwort: **A**

„Die Unvollendete" ist eine Sinfonie in h-Moll von Franz Schubert (1797-1828). Schubert brach die Sinfonie nach der Komposition von zwei Sätzen ab, obwohl die Formgesetze der damaligen Zeit vier Sätze erfordert hätten. Die Gründe dafür sind nicht geklärt – manche vermuten, Schubert habe befürchtet, einer Sinfonie Beethovens zu nahe zu kommen, andere vertreten die Ansicht, er habe mit nur zwei Sätzen den strukturellen Rahmen der damaligen Zeit überwinden wollen.

---

345. Welches Musikfestival gilt als ein Höhepunkt der US-amerikanischen Hippie-Bewegung?

- **A.** Woodstock
- **B.** Wacken Open Air
- **C.** Love Parade
- **D.** Hurricane Festival
- **E.** Keine Antwort ist richtig.

Antwort: **A**

Vom 15. bis 18. August 1969 (offizielles Veranstaltungsende am 17. August) fand im US-Bundesstaat New York das „Woodstock Music and Art Festival" statt, an dem 32 Solokünstler und Bands verschiedener musikalischer Genres – darunter Joe Cocker, Janis Joplin, Jimi Hendrix und Jefferson Airplane – teilnahmen. Die Veranstalter hatten mit rund 60.000 Besuchern gerechnet und waren auf den tatsächlichen Andrang von mehr als 400.000 Festivalgästen nicht vorbereitet. Entsprechend schlecht waren die hygienischen Verhältnisse und die Verpflegungslage, vieles musste improvisiert werden, starke Regengüsse taten das Übrige. Gerade diese unorganisierten Verhältnisse trugen wiederum mit dazu bei, dass der „Mythos Woodstock" in die Geschichte einging.

346. In welchem Land kam es 1979 zur so genannten Islamischen Revolution?

A. Pakistan
B. Saudi-Arabien
C. Iran
D. Thailand
E. Keine Antwort ist richtig.

Antwort: **C**

Aus ersten Demonstrationen und Streiks im Jahre 1978 wurde im Iran unter Einfluss der im Exil lebenden revolutionären Symbolfigur Ayatollah Chomeini eine Massenbewegung, durch die der bisherige Regent Schah Reza Pahlavi gestürzt und die Monarchie beendet wurde. Nachdem der Schah das Land verlassen hatte, kehrte Chomeini im Februar 1979 wieder in den Iran zurück. Die Anhänger Chomeinis schalteten im weiteren Verlauf der Islamischen Revolution die Vertreter der übrigen Oppositionsbewegungen aus, es kam zu zahlreichen Verhaftungen und Hinrichtungen. Die derzeit ausgerufene Islamische Republik Iran ist eine theokratische Staatsform mit einem „Obersten Rechtsgelehrten" an der Spitze, der Legislative, Exekutive und Judikative kontrolliert und von einem „Expertenrat" auf Lebenszeit gewählt wird.

347. Eine Phase der Weimarer Republik, in der sich Politik und Wirtschaft scheinbar stabilisierten, begleitet von einem kulturellen Aufschwung, bezeichnet man als ...?

A. Republikanische Blüte.
B. Goldene Zwanziger.
C. Weimarer Glanzzeit.
D. Berliner Paradejahre.
E. Keine Antwort ist richtig.

Antwort: **B**

Als Goldene Zwanziger gelten gemeinhin die Jahre zwischen 1924 und 1929, in denen die angeschlagene Wirtschaft sich erholte und die politischen Verhältnisse sich vorübergehend stabilisierten. Damit einher ging eine Konjunktur von Kunst, Kultur und Wissenschaft. Mit dem Ausbrechen der schweren Weltwirtschaftskrise 1929 endete die kurze Phase des vorübergehenden Aufschwungs jäh: die Arbeitslosenzahlen stiegen, die Staatseinkünfte fielen, die Zustimmung zur Weimarer Demokratie erwies sich als überaus zerbrechlich.

348. Der Kavallerieoffizier George Armstrong Custer starb 1876 in der Schlacht ...?

A. bei den Thermopylen.
B. am Little Bighorn River.
C. um Verdun.
D. bei Königgrätz.
E. Keine Antwort ist richtig.

Antwort: **B**

Nachdem sich George Armstrong Custer (1839-1876) auf Seiten der Nordstaaten im amerikanischen Bürgerkrieg (1861-1865) hervorgetan hatte, diente er als Offizier der US-Armee in den Indianerkriegen. Am 25. Juni 1876 griff Custer das Lager einer etwa 2.000 Krieger starken Gruppe von Indianern unter der Führung u.a. der Häuptlinge Sitting Bull und Crazy Horse am Ufer des Little Bighorn River an. Das ohnehin zahlenmäßig unterlegene Regiment Custers, von diesem zudem noch in drei Teile aufgespalten, wurde in der folgenden Schlacht restlos vernichtet, wobei auch Custer selbst ums Leben kam.

---

349. **Die erste Regierungschefin eines islamischen Landes war …?**

A. Indira Gandhi.
B. Maggie Thatcher.
C. Benazir Bhutto.
D. Golda Meir.
E. Keine Antwort ist richtig.

Antwort: **C**

Benazir Bhutto (1953-2007) wurde 1988 Premierministerin von Pakistan und damit erste Regierungschefin eines islamischen Landes. Ihre erste Amtszeit dauerte von 1988 bis 1990, von 1993 bis 1996 hatte sie das Amt ein zweites Mal inne. Benazir Bhutto trat zur Wahl 2007 erneut an, fiel jedoch wenige Wochen vor der Wahl einem Attentat zum Opfer. Margaret Thatcher war von 1979 bis 1990 Premierministerin Großbritanniens, Indira Gandhi war von 1980 bis 1984 Premierministerin Indiens, Golda Meir war von 1969 bis 1974 Premierministerin Israels.

---

350. **Welche ist die brückenreichste Stadt Europas?**

A. Amsterdam
B. Hamburg
C. London
D. Venedig
E. Keine Antwort ist richtig.

Antwort: **B**

Die Stadt mit den meisten Brücken in Europa ist Hamburg. Etwa 2.500 Bauwerke spannen sich über die Flüsse, Fleete, Kanäle und andere Gewässer der Hansestadt. London verfügt über rund 800, Amsterdam über 650 und Venedig sogar nur über 450 Brücken.

Allgemeinwissen

Interkulturelles Wissen

351. **Mit welchem Staat hatte das Deutsche Reich zwischen 1933 und 1945 nie einen Bündnis- oder Nichtangriffsvertrag?**

A. Italien
B. Tschechoslowakei
C. Sowjetunion
D. Polen
E. Keine Antwort ist richtig.

Antwort: **B**

Die Außenpolitik des Deutschen Reichs seit 1933 kennzeichnet eine Folge taktischer Vertragsschlüsse und -aufhebungen. So wurde der 1934 mit Polen geschlossene Nichtangriffspakt 1939 aufgekündigt, wenige Monate bevor mit dem Überfall auf das Nachbarland der Zweite Weltkrieg begann. Der deutsch-sowjetische Nichtangriffspakt (auch Hitler-Stalin-Pakt) wurde durch den deutschen Angriff 1941 gebrochen. Mit Italien war das Deutsche Reich seit 1936 eng verbunden, als die faschistischen Diktatoren Mussolini und Hitler die „Achse Berlin-Rom" verkündeten. 1939 schlossen sie den so genannten Stahlpakt, einen umfangreichen Freundschafts- und Bündnisvertrag. Nur mit der Tschechoslowakei, deren tschechischer Teil ab 1939 vollständig von Deutschland besetzt war, existierte kein Freundschafts- oder Bündnisvertrag.

352. **Was ist die Scharia?**

A. Das islamische Recht.
B. Ein Katalog von Verhaltensregeln während einer Pilgerfahrt.
C. Eine altägyptische Göttin, die auch heute noch verehrt wird.
D. Ein politisches Bündnis arabischer Staaten.
E. Keine Antwort ist richtig.

Antwort: **A**

Scharia nennt man das islamische Recht, das der religiösen Lehre nach auf die Umsetzung der göttlichen Vorschriften und die Verwirklichung einer göttlichen Ordnung abzielt. Dem religiösen Verständnis zufolge gelten die Gesetze der Scharia bis auf wenige Ausnahmen für alle Menschen, auch für Nichtmuslime. In manchen Ländern ist die Scharia Grundlage der staatlichen Gesetzgebung.

353. Mit der Mayflower segelten 1620 ...?

- **A.** schottische Missionare nach Afrika.
- **B.** französische Hugenotten nach Preußen.
- **C.** US-Soldaten nach Großbritannien.
- **D.** englische Siedler nach Nordamerika.
- **E.** Keine Antwort ist richtig.

Antwort: **D**

Mit der Mayflower segelten 1620 die ersten englischen Siedler nach Nordamerika. Obwohl sie nicht die ersten Siedler des neuen Kontinents waren – ab 1550 siedelten die Spanier in Florida, seit der Jahrhundertwende die Franzosen im heutigen Kanada –, werden sie noch heute als Pilgerväter verehrt. Die puritanischen Protestanten hatten ihre Heimat aufgrund religiöser Spannungen mit der anglikanischen Staatskirche, der Church of England, verlassen. Ihr puritanisches Erbe wirkt in den USA bis heute.

---

354. In der Ökumene suchen ...?

- **A.** Zentralbanken die internationale Kooperation.
- **B.** verschiedene Religionsgemeinschaften den Dialog.
- **C.** Bauern gemeinsame Bewirtschaftungsformen.
- **D.** Araber nach Erdöl.
- **E.** Keine Antwort ist richtig.

Antwort: **B**

Der Begriff Ökumene bezeichnet eine Bewegung, die die Zusammenarbeit der verschiedenen christlichen Konfessionen in ihren orthodoxen, katholischen und evangelischen Ausprägungen anstrebt. Manche Theologen zielen mit dem Begriff auch auf einen umfassenderen religiösen Dialog der monotheistischen Religionen Christentum, Judentum und Islam ab.

---

355. Die Équipe Tricolore bezeichnet die französische ...?

- **A.** Ehrenformation der Jagdflieger.
- **B.** Bundespolizei.
- **C.** Fußball-Nationalelf.
- **D.** Verfassung.
- **E.** Keine Antwort ist richtig.

Antwort: **C**

Équipe Tricolore („Trikoloren-Auswahl") ist ein Spitzname der französischen Fußball-Nationalmannschaft, der sich an die französische Nationalflagge – die so genannte Trikolore („Dreifarbige") mit den Farben blau, weiß und rot – anlehnt.

356. Der Begriff Maghreb bezeichnet eine Region ...?

A. in Südamerika.
B. auf der Arabischen Halbinsel.
C. in Afghanistan.
D. in Nordafrika.
E. Keine Antwort ist richtig.

Antwort: **D**

Maghreb (arabisch für „Westen") bezeichnet den westlichen Teil des Verbreitungsgebiets des Islams. Der Maghreb umfasst die nordafrikanischen Länder Marokko, Tunesien und Algerien, teilweise auch Libyen und Mauretanien.

---

357. Zaire war von 1971 bis 1997 der offizielle Name ...?

A. Ruandas.
B. Südafrikas.
C. der Demokratischen Republik Kongo.
D. Äthiopiens.
E. Keine Antwort ist richtig.

Antwort: **C**

Die Demokratische Republik Kongo – der drittgrößte Staat Afrikas – ging 1960 aus der belgischen Kolonie Belgisch-Kongo hervor. Ab 1971 hieß das Land Zaire. Nachdem Laurent-Désiré Kabila 1997 mit seiner Rebellenarmee den seit 1965 regierenden Diktator Mobutu gestürzt hatte, benannte er das Land wieder in Kongo um.

---

358. Das sagenhafte El Dorado liegt der Legende nach in ...?

A. Madrid.
B. Südamerika.
C. Mexiko.
D. Ostasien.
E. Keine Antwort ist richtig.

Antwort: **B**

El Dorado („Der Vergoldete") ist Spanisch und bezeichnet ein sagenhaftes Land aus Gold, das sich im südamerikanischen Binnenland befinden soll. Die Legende von El Dorado entstand im 16. Jahrhundert, als die spanischen Konquistadoren den Kontinent eroberten und nach Schätzen durchkämmten. Die Spanier spannen eine Sage der indianischen Ureinwohner weiter, in der El Dorado ursprünglich jedoch nur der Spitzname eines indianischen Herrschers war, der sich mit Goldstaub einbalsamierte.

359. Wie viele europäische Länder besaßen 1945 Kolonien in Afrika?

- **A.** 3
- **B.** 5
- **C.** 8
- **D.** 10
- **E.** Keine Antwort ist richtig.

Antwort: **B**

Im Jahr 1945 war das gesamte afrikanische Territorium bis auf Äthiopien und Ägypten unter 5 europäischen Mächten aufgeteilt: in Nord- und Nordwestafrika dominierten die Franzosen (u.a. Marokko, Tunesien, Algerien), in Nordost-, Ost- und Südafrika die Briten (u.a. Nigeria, Kamerun, Südafrika) und in Zentralafrika die Belgier (Belgisch-Kongo). Kleinere Gebiete besaßen Spanien (Spanisch-Westafrika und Guinea) und Portugal (u.a. Angola, Portugiesisch-Kongo).

360. Mit dem Begriff Sirtaki meint man ...?

- **A.** ein kroatisches Fleischgericht.
- **B.** ein albanisches Heldenepos.
- **C.** einen griechischen Volkstanz.
- **D.** einen türkischen Wechselgesang.
- **E.** Keine Antwort ist richtig.

Antwort: **C**

Wer von Sirtaki spricht, meint damit einen griechischen Volkstanz – allerdings zu Unrecht: Der Sirtaki ist im griechischen kulturell nicht verwurzelt, sondern wurde eigens 1960 für den Film „Alexis Sorbas" mit Anthony Quinn erfunden.

Allgemeinwissen

Sport und Medizin

361. **Wie viele Liter Blut hat ein erwachsener Mensch ungefähr?**

A. 1-3
B. 3-5
C. 5-7
D. 7-9
E. Keine Antwort ist richtig.

Antwort: **C**

Im Körper eines erwachsenen Menschen befinden sich etwa fünf bis sieben Liter Blut.

362. **Welche Drüse ist kein Bestandteil des Verdauungssystems?**

A. Bauchspeicheldrüse
B. Leber
C. Thymusdrüse
D. Mundspeicheldrüse
E. Keine Antwort ist richtig.

Antwort: **C**

Die Mundspeicheldrüse produziert Flüssigkeit, die zum Schlucken der Nahrung wichtig ist. Sie produziert außerdem – ebenso wie die Bauchspeicheldrüse – wichtige Enzyme, die die Nahrung in ihre Bestandteile aufspalten. Die Leber ist die größte Drüse des Menschen und an der Verwertung der Nahrungsbestandteile beteiligt. Die Thymusdrüse dagegen spielt bei Nahrungsaufnahme und Verdauung keine Rolle, sie ist Bestandteil des menschlichen Immunsystems.

363. **Welches „Stresshormon" steigert Blutdruck und Herzfrequenz?**

A. Insulin
B. Adrenalin
C. Melatonin
D. Leptin
E. Keine Antwort ist richtig.

Antwort: **B**

Die ursprüngliche Funktion des „Stresshormons" Adrenalin lag darin, den Körper auf Gefahr- und Kampfsituationen vorzubereiten. Der Körper schüttet es bei körperlicher und seelischer Belastung, bei Verletzungen, Infektionen und niedrigem Blutzuckerspiegel aus. Insulin ist notwendig zum Transport von Glucose und Senkung des Blutzuckerspiegels, das „Schlafhormon" Melatonin regelt den Tag-Nacht-Rhythmus des Körpers. Leptin hemmt das Hungergefühl und trägt zur Regulierung des Fettstoffwechsels bei.

364. In welcher Sportart wird eine Partie in Viertel eingeteilt?

A. Basketball
B. Eishockey
C. Handball
D. Tennis
E. Keine Antwort ist richtig.

Antwort: **A**

Eine Tennispartie besteht aus zwei oder drei Gewinnsätzen, beim Handball teilt man in Halbzeiten und beim Eishockey in Drittel. Ein reguläres Basketballmatch dauert vier Viertel mit jeweils zehn (europäische Profiregeln) bzw. zwölf Minuten (nordamerikanische Regeln) Spielzeit.

365. Wie lang ist die Laufstrecke eines Marathons?

A. Etwa 15 Kilometer
B. Etwa 25 Kilometer
C. Etwa 36 Kilometer
D. Etwa 42 Kilometer
E. Keine Antwort ist richtig.

Antwort: **D**

Eine Marathondistanz beträgt exakt 42,195 Kilometer. Diese Strecke wurde bereits bei den Olympischen Spielen 1908 in London absolviert, aber erst 1921 vom Internationalen Olympischen Komitee verbindlich festgelegt.

366. Welche Disziplin ist nicht Bestandteil eines Triathlons?

A. Schwimmen
B. Laufen
C. Rudern
D. Radfahren
E. Keine Antwort ist richtig.

Antwort: **C**

Ein Triathlon besteht aus Schwimmen, Radfahren und Laufen (in dieser Reihenfolge). Inzwischen gibt es mehrere Triathlon-Varianten mit unterschiedlichen Distanzen. Die ursprüngliche Form ist beim bekannten Ironman auf Hawaii nach wie vor gültig: 3,86 km Schwimmen, 180 km Radfahren und 42,195 km (Marathondistanz) Laufen.

367. Was ist der Geburtsname von Muhammad Ali?

A. Muhammad Ali
B. George Knockton
C. Cassius Clay
D. Louis Barcley
E. Keine Antwort ist richtig.

Antwort: **C**

Der Geburtsname von Muhammad Ali lautet Cassius Clay. Er änderte seinen Namen 1964 nach seinem Beitritt zur Nation of Islam, einer religiös-politischen Organisation schwarzer US-Amerikaner.

368. Wie viele Kegel (Pins) werden beim Bowling aufgestellt?

A. 8
B. 9
C. 10
D. 11
E. Keine Antwort ist richtig.

Antwort: **C**

Beim Bowling werden zehn Kegel – Pins genannt – aufgestellt. Beim Kegeln sind es neun.

369. In welcher Sportart wird der Davis Cup ausgetragen?

A. Fußball
B. Golf
C. Segeln
D. Tennis
E. Keine Antwort ist richtig.

Antwort: **D**

Der Davis Cup ist ein Wettbewerb im Herren-Tennis, in dem Nationalmannschaften aufeinandertreffen.

370. Wofür ist das Kleinhirn zuständig?

A. Koordination von Bewegungen
B. Kontrolle lebensnotwendiger Funktionen wie Atmung, Herzschlag, Stoffwechsel
C. Verarbeitung von Emotionen
D. Abstraktes und Assoziatives Denken
E. Keine Antwort ist richtig.

Antwort: **A**

Das Kleinhirn ist wichtig für die motorische Steuerung, für die Koordination, das Lernen und die Antizipation von Bewegungsabläufen. Die lebensnotwendigen Grundfunktionen Atmung, Hirnschlag und Stoffwechsel werden im Hirnstamm gesteuert, für höhere Denkvorgänge wie abstraktes und assoziatives Denken ist vor allem das Großhirn zuständig. Für die Verarbeitung von Emotionen wird dem limbischen System (Ansammlung von Strukturen, die den Hirnstamm umgibt) im Zusammenspiel mit dem präfrontalen Cortex (eine Hirnregion hinter Nase und Stirn) Bedeutung zugesprochen. Die Prozesse und Wechselwirkungen sind dabei so komplex, dass eine eindeutige Verortung nicht möglich ist.

Allgemeinwissen

EDV-/IT-Wissen

371. Können unter Microsoft Word Seiten eines Dokuments abwechselnd im Hoch- und im Querformat eingerichtet werden?

A. Nein, grundsätzlich nicht.
B. Nur, wenn bereits ein eingefügtes Dokument in einem abweichenden Format vorliegt.
C. Ja, unter „Seite einrichten" lässt sich das ohne weiteres für jede Seite einzeln einstellen.
D. Ja, aber nur, wenn zwischen den betreffenden Seiten Abschnittswechsel eingefügt wurden.
E. Keine Antwort ist richtig.

Antwort: **D**

Seiten lassen sich in Word nur dann über „Seite einrichten" abwechselnd im Hoch- und Querformat einrichten, wenn an den entsprechenden Stellen im Dokument, an denen sich die Orientierung ändern soll, Abschnittswechsel (Einfügen/manueller Umbruch/Abschnittswechsel nächste Seite) eingefügt wurden.

372. Über einen Account kann man ...?

A. Dateiformate beliebig umwandeln.
B. den Computerstart beschleunigen.
C. sich an Computern, Mailkonten oder Online-Diensten anmelden.
D. den Speicherplatz seines PCs vergrößern.
E. Keine Antwort ist richtig.

Antwort: **C**

Ein Account ist eine Zugangsberechtigung, mit der man auf ein personalisiertes Nutzerkonto bei Computern, E-Mail-Diensten oder weiteren im Internet verfügbaren Angeboten, etwa von Versandhäusern oder sozialen Netzwerken, zugreifen kann. Ein Account besteht üblicherweise aus einem Benutzernamen und einem Passwort.

373. Welche Reihe sortiert die jeweiligen Datenmengen in aufsteigender Folge?

A. Byte, Kilobyte, Gigabyte, Megabyte
B. Byte, Bit, Kilobyte, Megabyte
C. Kilobyte, Terabyte, Megabyte, Gigabyte
D. Byte, Kilobyte, Megabyte, Gigabyte
E. Keine Antwort ist richtig.

Antwort: **D**

Acht Bit ergeben ein Byte, 1.000 Byte ein Kilobyte, 1.000 Kilobyte sind ein Megabyte, 1.000 Megabyte wiederum ein Gigabyte usw. (es folgen Terabyte, Petabyte, Exabyte). Die Einheiten sind aber (noch) nicht endgültig standardisiert; parallel zur genannten gibt es auch die binäre Zählweise, nach der ein Kilobyte 210 = 1024 Byte ist, ein Gigabyte entsprechend 1.024 x 1.024 Byte usw. An der abgefragten Reihenfolge ändert sich dadurch nichts.

374. Wofür steht das Kürzel „http" in Web-Adressen?

A. Teil des Browser-Quellcodes
B. Druckunterstützung der aufgerufenen Website
C. Verwendung eines bestimmten Protokolls zur Datenübertragung
D. Nichts, es ist ein mittlerweile überflüssiges Überbleibsel aus den Anfangszeiten des Internets
E. Keine Antwort ist richtig.

Antwort: **C**

Das Kürzel „http" signalisiert, dass die aufgerufene Website das Hypertext Transfer Protocol verwendet. Darunter versteht man einen bestimmten technischen Standard, der bei der Datenübertragung eingehalten wird. Je nach verwendetem Protokoll gelten bestimmte Normen für Format, Inhalt, Bedeutung und Reihenfolge von zu übertragenden Informationen.

375. Mit einem CMS werden ...?

A. Geräte an einen PC angeschlossen.
B. E-Mail-Konten überwacht und unerwünschte Mails gefiltert.
C. Prozessorgeschwindigkeiten erhöht.
D. Inhalte erstellt und bearbeitet.
E. Keine Antwort ist richtig.

Antwort: **D**

CMS steht für „Content Management System", d.h. für ein System zur Verwaltung bzw. Organisation von Text- und Multimedia-Inhalten. Charakteristisch für ein CMS ist die Trennung zwischen Inhalten und Strukturen, eine CMS-Software lässt sich daher auch ohne Programmierkenntnisse handhaben. Mithilfe von CMS werden z.B. in Online-Redaktionen Inhalte wie Texte, Bilder, News, Werbebanner etc. administriert, so dass neue Inhalte einfach in das jeweils vorhandene Layout eingepflegt werden können.

376. **Wer Shareware besitzt, der hat ...?**

- A. einen PC auf Zeit gemietet.
- B. illegale Inhalte über Tauschbörsen heruntergeladen.
- C. Software zur eingeschränkten Verfügung.
- D. Defekte an seiner Hardware.
- E. Keine Antwort ist richtig.

Antwort: **C**

Mit Shareware (engl.: share = teilen) bezeichnet man Software, die üblicherweise beliebig oft vervielfältigt werden darf und Nutzern unentgeltlich für einen bestimmten Zeitraum und/oder mit eingeschränktem Funktionsumfang zur Verfügung steht. Shareware gibt interessierten Anwendern die Möglichkeit, die Software schon vor dem Kauf zu testen.

377. **Eine Sitemap bietet ...?**

- A. eine Zusammenfassung aller Informationen über häufig verwendete Dokumente.
- B. einen Überblick über den Aufbau einer Website.
- C. die Möglichkeit, den Computer über Sprache zu steuern.
- D. detaillierte Anweisungen zur Konfiguration von Browsern.
- E. Keine Antwort ist richtig.

Antwort: **B**

Eine Sitemap ist ein (meist grafischer) Überblick über die Struktur einer Website, der die vorhandenen Themen, Kategorien und Unterkategorien im Zusammenhang darstellt. So kann nachvollzogen werden, welcher Inhalt an welcher Stelle zu finden ist bzw. sein soll: Eine Sitemap kann sowohl bei der Vorbereitung zum Aufbau einer Online-Präsenz als auch bei der Orientierung in einem bereits vorhandenen Internetauftritt helfen.

378. **Mit einem VGA-Kabel verbindet man ...?**

- A. mehrere Computer miteinander.
- B. Steckdose und Netzteil des Computers.
- C. Monitor und Grafikkarte eines Computers.
- D. Maus und Laptop.
- E. Keine Antwort ist richtig.

Antwort: **C**

VGA (Video Graphics Array) bezeichnet einen Standard für Grafikkarten IBM-kompatibler PCs. Über das 15-polige VGA-Kabel kann die Grafikkarte eines Computers mit Anzeigegeräten wie z.B. einem Monitor verbunden werden.

379. Welches Dateiformat fällt aus der Reihe?

- A. .jpg
- B. .exe
- C. .com
- D. .bat
- E. Keine Antwort ist richtig.

Antwort: **A**

Dateien mit den Endungen .exe, .com und .bat sind ausführbare Dateien, die nach ihrem Aufruf als Programm starten können. Eine .jpg-Datei ist eine Bilddatei. Oft werden in schädlichen Mails virenverseuchte Anhänge mitgeschickt, die sich z.B. als harmlose Bilddatei tarnen, anhand ihrer Namenserweiterung jedoch als ausführbare Programmdatei zu erkennen sind.

380. Was ist ein Netbook?

- A. Konfigurationsanleitung für WLAN-Zugänge
- B. Ausschließlich im Internet veröffentlichtes Buch
- C. Zusammenstellung der beliebtesten Websites
- D. Netzwerkfähiges Klein-Notebook mit geringerer Leistung
- E. Keine Antwort ist richtig.

Antwort: **D**

Netbooks sind billiger, kleiner und weniger leistungsstark als normale Notebooks und wurden vor allem für den einfachen Zugang ins Internet entwickelt. Die Bildschirmdiagonale liegt in der Regel bei 7-10,1 Zoll, ein optisches Laufwerk (CD-/DVD-Laufwerk) ist nicht integriert.

Allgemeinwissen

Politik und Institutionen

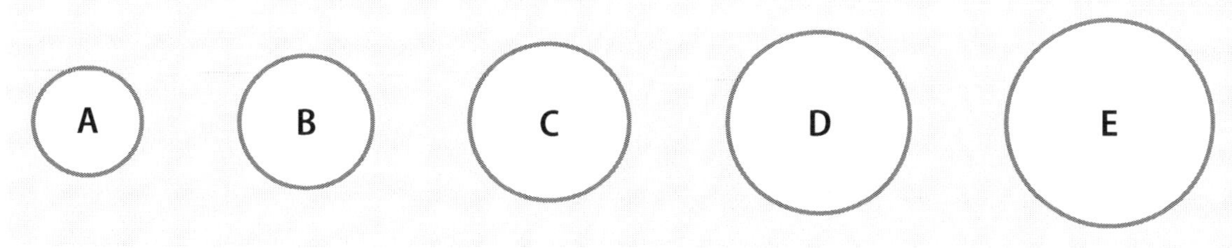

381.

Institution	*A-E*
1. Bundestag	E
2. Kreistag	B
3. Landtag	D
4. Bezirkstag	C
5. Gemeinderat	A

Lösungshinweis: Fangen wir mit der kleinsten Einheit an: Der Gemeinderat ist die Vertretung der Bürger einer Gemeinde, der kleinsten politisch-geographischen Verwaltungseinheit der Bundesrepublik Deutschland. Mehrere Gemeinden sind organisatorisch zur größeren Einheit des Landkreises verbunden, dessen Volksvertretung der Kreistag ist. (Regierungs-)Bezirke sind mittlere Verwaltungsebenen zwischen den Ministerien und den Landkreisen, sie gibt es jedoch nicht in allen Bundesländern. Den Regierungsbezirken organisatorisch übergeordnet ist das Bundesland, dessen Volksvertretung der Landtag – in den Stadtstaaten die Bürgerschaft (Bremen, Hamburg) oder das Abgeordnetenhaus (Berlin) – ist. Der Bundestag schließlich ist das höchste Parlament der Bundesrepublik, dessen Abgeordnete von allen Staatsbürgern für vier Jahre gewählt werden. Aus dem Bundestag geht auch die Bundesregierung hervor, bestehend aus dem Bundeskanzler und den Bundesministern.

382.

Institution	*A-E*
1. Landesverband	D
2. Bundesverband	E
3. Ortsverband	A
4. Kreisverband	B
5. Bezirksverband	C

Lösungshinweis: Sind Vereine, Parteien oder andere Verbände überregional organisiert, dann verfügen sie meist über eigene organisatorische Strukturen auf verschiedenen Zuständigkeitsebenen.

Die unterste Ebene – die kleinste Zelle des Verbands direkt „vor Ort" – ist der Ortsverband. Ihm übergeordnet folgen – angelehnt an die verwaltungstechnische Gliederung Deutschlands – der Kreisverband, Bezirksverband, Landesverband und schließlich der Bundesverband, dem die Organisation des Verbands für das gesamte Bundesgebiet obliegt.

383.

Institution	***A-E***
1. Kommunalrecht	A
2. Landesrecht	B
3. Gemeinschaftsrecht der EU	D
4. Völkerrecht	E
5. Bundesrecht	C

Lösungshinweis: Den größten Geltungsbereich besitzt das Völkerrecht als überstaatliche Rechtsordnung, wie sie z.B. in der Charta der Vereinten Nationen niedergelegt ist. In der Regel erhalten die Bestimmungen des Völkerrechts in Deutschland erst durch die Übertragung in deutsches Recht (Bundesrecht) Gesetzeskraft, laut Artikel 25 des Grundgesetzes gehen jedoch die allgemeinen Regeln des Völkerrechts dem Bundesrecht grundsätzlich vor. Das Völkerrecht ist auch für das Gemeinschaftsrecht der Europäischen Union von Bedeutung, dem wiederum gemeinhin ein Geltungs- bzw. Anwendungsvorrang gegenüber dem Bundesrecht, dem Rechtsbestand des Bundes, zugesprochen wird. Dieser Vorrang zeigt sich darin, dass europäische Gesetze entweder unmittelbar auch in Deutschland in Geltung treten oder aber europarechtskonform durch deutsches Recht ausgelegt werden. Dem Bundesrecht wiederum darf kein in Deutschland gültiges Recht widersprechen, daher treten landesrechtliche Bestimmungen, die dem Bundesrecht zuwiderlaufen, außer Kraft („Bundesrecht bricht Landesrecht"). Das Kommunalrecht (Ortsrecht, Gemeinderecht) schließlich umfasst gemeindespezifische Satzungen und Verordnungen.

384.

Institution	***A-E***
1. Abteilung	D
2. Referat	B
3. Ministerium	E
4. Unterabteilung	C
5. Sachgebiet	A

Lösungshinweis: Die angegebenen Einrichtungen sind Gliederungsebenen einer öffentlichen Verwaltungseinheit, und zwar eines Ministeriums. Das Ministerium gliedert sich organisatorisch in mehrere Abteilungen, die wiederum in Unterabteilungen unterteilt werden. Eine der aktuell acht Abteilungen des Finanzministeriums beispielsweise kümmert sich um Europapolitik, eine ihrer beiden Unterabteilungen ist u. a. mit bilateralen Beziehungen betraut. Jede Unterabteilung verfügt nun über mehrere Referate, die für speziellere Themen und Aufgaben zuständig sind (z. B bilaterale Beziehungen zu EU-Staaten). Die kleinste „Einheit" eines Referats ist schließlich das exakt zugeschnittene Sachgebiet, im Beispiel des Finanzministeriums etwa die deutsch-französische Zusammenarbeit.

385.

Institution	***A-E***
1. Bataillon	B
2. Regiment	C
3. Kompanie	A
4. Division	E
5. Brigade	D

Lösungshinweis: Im organisatorischen Aufbau des Militärs ist eine Kompanie die kleinste der angegebenen Formationen, sie besteht in der Regel aus 80 bis 300 Soldaten. Die nächst größeren Verbände sind das Bataillon mit einer Stärke von 300-1.200 Mann, das Regiment (600-4.800 Soldaten), die Brigade (1.500-5.000 Soldaten) sowie die Division (10.000-20.000 Soldaten). Dieser klassische Truppenaufbau wird nicht immer strikt eingehalten, in der Bundeswehr z. B. sind viele Bataillone den Brigaden direkt unterstellt und die Regimenter haben – wenn überhaupt – nur mehr eine administrative Funktion.

Allgemeinwissen

Politik und Gesellschaft

386. Wer war US-Präsident nach George Bush senior und vor George Bush junior?

A. Bill Clinton
B. Ronald Reagan
C. Al Gore
D. John McCain
E. Keine Antwort ist richtig.

Antwort: **A**

Zwischen den Amtszeiten von George Bush senior (1989-1993) und George Bush junior (2001-2009) regierte Bill Clinton.

---

387. Welches ist das flächenmäßig größte Land Südamerikas?

A. Argentinien
B. Bolivien
C. Chile
D. Brasilien
E. Keine Antwort ist richtig.

Antwort: **D**

Das flächenmäßig größte Land Südamerikas ist Brasilien mit einem Territorium von rund 8,5 Mio. Quadratkilometern. Argentinien liegt auf Rang 2 mit knapp 2,7 Mio. Quadratkilometern, Bolivien umfasst etwa 1,1 Mio. km^2 und Chile belegt eine Fläche von rund 757.000 km^2.

---

388. Womit befasst sich die IAEO?

A. Atomenergie
B. Brennstoffzellen
C. Erdöl
D. Wasser
E. Keine Antwort ist richtig.

Antwort: **A**

IAEO (engl. IAEA: International Atomic Energy Agency) steht für Internationale Atomenergieorganisation. Sie ist eine autonome Behörde innerhalb der Vereinten Nationen, die sich für die zivile Nutzung der Kernenergie einsetzt und gleichzeitig Programme zur militärischen Nutzung überwacht und verhindert.

389. Wobei handelt es sich nicht um eine nichtstaatliche Organisation (non-governmental organisation/NGO)?

A. Greenpeace
B. Attac
C. Amnesty International
D. Internationaler Währungsfonds
E. Keine Antwort ist richtig.

Antwort: **D**

Eine nichtstaatliche Organisation hat weder Gewinnziele, noch ist sie von staatlichen Stellen organisiert oder abhängig. In Deutschland fallen unter diesen Begriff im weitesten Sinne auch Arbeitgeberverbände, Gewerkschaften oder Sportvereine. Im engeren Sinne sind damit aber meist demokratisch strukturierte, gemeinwohlorientierte und oft transnational agierende Organisationen wie zum Beispiel Greenpeace, Attac oder Amnesty International gemeint. Der Internationale Währungsfonds dagegen ist eine Sonderorganisation der Vereinten Nationen auf Staatenebene.

---

390. Wen meint man mit dem Begriff Tigerstaaten?

A. Afrikanische Staaten mit hohem Anteil an Savanne
B. Indien, Bangladesch, Pakistan
C. Wirtschaftlich schnell wachsende Staaten in Südostasien
D. Asiatische Staaten mit einem Tiger im Staatswappen
E. Keine Antwort ist richtig.

Antwort: **C**

Der Begriff Tigerstaaten wurde in den 80er–Jahren für die damals schnell wachsenden Volkswirtschaften in Südkorea, Taiwan, Singapur und Hongkong geprägt. Sie schafften in dieser Zeit den Sprung von Entwicklungs- zu Industrieländern. Die Wirtschaftskrise in Asien 1997 zog auch diese Staaten in Mitleidenschaft. Ihre wirtschaftliche Entwicklung hat mittlerweile an Dynamik verloren, ist aber weitgehend stabil.

---

391. Was besagt das Subsidiaritätsprinzip in Bezug auf den Staat?

A. Aufgaben werden auf möglichst niedriger Ebene (Stadt, Gemeinde) umgesetzt.
B. Aufgaben werden auf möglichst viele Institutionen verteilt.
C. Aufgaben werden auf möglichst hoher Ebene (Bundesland, Staat) umgesetzt.
D. Aufgaben werden stets im Verbund von Staat, Kommune, Stadt und Gemeinde bewältigt.
E. Keine Antwort ist richtig.

Antwort: **A**

Das Subsidiaritätsprinzip besagt, dass möglichst untergeordnete Glieder wie Städte, Kommunen oder Gemeinden mit der Umsetzung von staatlichen Aufgaben betraut werden, solange sie in der

Lage sind, dieses zu tun. Das Subsidiaritätsprinzip ist ein wichtiges Konzept für die Europäische Union und auch die Bundesrepublik Deutschland.

392. Wo residiert der französische Staatspräsident?

- A. Montparnasse
- B. Louvre
- C. Bastille
- D. Élysée-Palast
- E. Keine Antwort ist richtig.

Antwort: **D**

Der Amtssitz des französischen Staatspräsidenten ist der Élysée-Palast in Paris. Er wurde 1718 bis 1722 erbaut und befindet sich unweit der Champs- Élysées.

393. Wen meint man mit dem Begriff Unionsparteien?

- A. Die an einer Regierungskoalition beteiligten Parteien
- B. CDU und CSU
- C. Alle nicht an der Regierung beteiligten Parteien
- D. Alle Parteien, die den Zentralismus befürworten
- E. Keine Antwort ist richtig.

Antwort: **B**

Als Unionsparteien bezeichnet man die Schwesterparteien CDU (Christlich Demokratische Union) und CSU (Christlich-Soziale Union), die im Bundestag eine Fraktionsgemeinschaft bilden, d.h. stets im Verbund zu Bundestagswahlen antreten. Bei Landtags- und anderen Wahlen tritt in Bayern nur die CSU, außerhalb des Freistaats nur die CDU an.

394. Was erklärte die NATO erstmals in ihrer Geschichte nach den Anschlägen des 11. September 2001?

- A. Ernstfall
- B. Bundesgarantie
- C. Bündnisfall
- D. NATO-Erweiterung
- E. Keine Antwort ist richtig.

Antwort: **C**

Nach den Anschlägen des 11. September erklärte die NATO erstmals in ihrer Geschichte den Bündnisfall: Dieser besagt laut den Statuten der NATO, dass ein militärischer Angriff auf einen ihrer Mitgliedsstaaten als militärischer Angriff gegen alle Mitglieder betrachtet wird und diese daher verpflichtet sind, an einem Krieg des Bündnispartners bzw. zum Schutze des Bündnispartners einzutreten.

395. **Welche Krise führte dazu, dass 1973 in Deutschland autofreie Sonntage eingeführt wurden?**

A. Streiks in der Automobilindustrie
B. Smog-Bedrohung
C. Ölkrise
D. Metallknappheit
E. Keine Antwort ist richtig.

Antwort: **C**

Zur Ölkrise kam es 1973, nachdem die arabischen Staaten als Reaktion auf den Jom-Kippur-Krieg ihre Erdöllieferungen drosselten. Die Folgen waren Ölknappheit und rasant steigende Ölpreise. Neben vier autofreien Sonntagen verordnete die Bundesregierung damals auch neue Tempolimits. Die Ölkrise machte die Abhängigkeit der Industrienationen von fossilen Rohstoffen deutlich.

Allgemeinwissen

Staatsbürgerliche Kunde

Wie gut kennen Sie sich mit den Strukturen der Bundesrepublik Deutschland aus?

396. Wer debattiert und verabschiedet den Bundeshaushalt in Deutschland?

A. Bundesversammlung
B. Bundestag
C. Bundesrat
D. Bundesminister
E. Keine Antwort ist richtig.

Antwort: **B**

Der Finanzminister legt jährlich einen Haushaltsentwurf vor, der vom Bundestag ohne Zustimmung des Bundesrates beschlossen wird. Die Debatte über den Haushalt ist traditionell eine Generaldebatte über die Politik der Bundesregierung. Die Opposition nutzt diese Gelegenheit, der Bundesregierung Mängel und Fehler vorzuwerfen und der Öffentlichkeit aufzuzeigen; die Regierung verteidigt sich ihrerseits mit Angriffen auf die Opposition.

---

397. Wer wählt in Deutschland den Bundeskanzler?

A. Das Volk
B. Die Minister
C. Der Bundestag
D. Der Bundespräsident
E. Keine Antwort ist richtig.

Antwort: **C**

Der Bundeskanzler wird bei der Erstwahl vom Bundespräsidenten vorgeschlagen und vom Bundestag gewählt. Er wird vom Bundespräsidenten nach der Wahl im Bundestag zum Bundeskanzler ernannt.

---

398. Wer bestimmt in Deutschland die Minister und Richtlinien der Politik?

A. Der Bundeskanzler
B. Der Bundespräsident
C. Der Bundestag
D. Der Bundesrat
E. Keine Antwort ist richtig.

Antwort: **A**

Der Bundespräsident ist zwar das Staatsoberhaupt der Bundesrepublik Deutschland, doch ist der Bundeskanzler faktisch der mächtigste deutsche Politiker und bestimmt so die Richtlinien der Politik und sein Kabinett, das allerdings vom Bundespräsidenten ernannt werden muss.

399. Was bedeutet die Abkürzung BfA?

- **A.** Bundesanstalt für Arbeit
- **B.** Bundesversicherungsanstalt für Angestellte
- **C.** Bundesanstalt für Angestellte
- **D.** Beiträge für Angestellte
- **E.** Keine Antwort ist richtig.

Antwort: **B**

Die Bundesversicherungsanstalt für Angestellte (BfA) war als eine Körperschaft des öffentlichen Rechts die größte Trägerin der gesetzlichen Rentenversicherung in Deutschland und einer der größten Sozialleistungsträger Europas. Am 1. Oktober 2005 wurde sie per Gesetz in die Deutsche Rentenversicherung überführt, die unter dem neuen Namen Deutsche Rentenversicherung Bund fungiert.

400. Was ist das Bruttonationaleinkommen?

- **A.** Die Summe aller erbrachten Leistungen, Güter und Dienstleistungen einer Volkswirtschaft in einem Jahr, zur letzten Verwendung.
- **B.** Die Differenz aller erbrachten Leistungen, Güter und Dienstleistungen in einem Jahr, einer Volkswirtschaft zum Vorjahr.
- **C.** Die Differenz aller erbrachten Leistungen, Güter und Dienstleistungen in einem Jahr, der Weltwirtschaft zum Vorjahr.
- **D.** Die Summe aller erbrachten Leistungen, Güter und Dienstleistungen in einem Jahr, der Weltwirtschaft zur letzten Verwendung.
- **E.** Keine Antwort ist richtig.

Antwort: **A**

Das Bruttonationaleinkommen, das früher als Bruttosozialprodukt bezeichnet wurde, ist der Wert der Endprodukte und Dienstleistungen, die in einer bestimmten Periode durch Produktionsfaktoren, die sich im Eigentum von Inländern befinden, produziert werden – unabhängig davon, ob sich die Produktion im In- oder Ausland befindet.

401. Welche Aussage zum Generationenvertrag ist richtig?

A. Er beruht auf dem Umlageverfahren.
B. Die heutigen Beitragszahler erhalten im Rentenalter die gleichen Beiträge zurück.
C. Die gesetzliche Rentenversicherung muss von der Industrie gestützt werden.
D. Die gesetzliche Rentenversicherung muss von privaten Investoren gestützt werden.
E. Keine Antwort ist richtig.

Antwort: **A**

Der Generationenvertrag ist ein Umlageverfahren zur Finanzierung der Renten. Die junge, arbeitende Generation finanziert durch ihre Beiträge die laufenden Renten der älteren Generation und erwartet, dass ihre Rente später durch die Beiträge der kommenden Generation bezahlt wird. Aufgrund der niedrigen Geburtenrate in Deutschland stehen die mit dem Generationenvertrag arbeitende Rentenversicherungen vor einem zunehmenden Finanzierungsproblem.

402. Welche Wirtschaftsordnung hat die Bundesrepublik Deutschland?

A. Zentralverwaltungswirtschaft
B. Zentralplanwirtschaft
C. Freie Marktwirtschaft
D. Soziale Marktwirtschaft
E. Keine Antwort ist richtig.

Antwort: **D**

In der Sozialen Marktwirtschaft fällt dem Staat die Rolle zu, auf sozialen Ausgleich hinzuwirken. Die Soziale Marktwirtschaft gilt heute als Grundlage der deutschen Wirtschafts- und Sozialordnung. Das Modell wurde von Ludwig Erhard entworfen und baut auf Elementen der freien Marktwirtschaft auf, wird jedoch durch wettbewerbspolitische und regulierende Maßnahmen des Staats ergänzt.

403. Was bedeutet Fraktion in der Politik?

A. Zusammenschluss von Abgeordneten
B. Eine andere Bezeichnung für Regierung
C. Eine andere Bezeichnung für Opposition
D. Die Mehrheit im Bundestag
E. Keine Antwort ist richtig.

Antwort: **A**

Fraktion nennt man einen freiwilligen Zusammenschluss von Abgeordneten zur Durchsetzung ihrer politischen Interessen und Ziele in einem Parlament. In der Regel bilden die jeweiligen Parteien jeweils eine Fraktion.

404. Wessen Interessen werden in der Kommunalpolitik vertreten?

- A. Bund
- B. Bundesländer
- C. Europäische Gemeinschaft
- D. Landkreis und Gemeinde
- E. Keine Antwort ist richtig.

Antwort: **D**

Die politische Arbeit in Kommunen, den Städten und Landkreisen, wird als Kommunalpolitik bezeichnet. Das Recht auf kommunale Selbstverwaltung wird den Städten und Gemeinden der Bundesrepublik Deutschland vom Grundgesetz garantiert. Danach können sie ihre Angelegenheiten im Rahmen der Gesetze eigenverantwortlich regeln. Zu diesem Zweck wählen volljährige Deutsche und EU-Staatsbürger in ihren Gemeinden das Kommunalparlament und den Bürgermeister bzw. den Landrat. Die Art der kommunalen Selbstverwaltung und die zu wählenden Organe sind auf Länderebene in den Kommunalverfassungen und Gemeindeordnungen geregelt, die in den einzelnen Bundesländern unterschiedlich sind.

405. Wie ist die Bundesversammlung zusammengesetzt?

- A. Ausschließlich aus Mitgliedern des Bundestages.
- B. Ausschließlich aus Vertretern der Länder.
- C. Aus Mitgliedern des Bundestages und Vertretern der Länder.
- D. Ausschließlich aus Politikern.
- E. Keine Antwort ist richtig.

Antwort: **C**

Die Bundesversammlung besteht aus den Mitgliedern des Bundestages und den Abgesandten der Landesparlamente. Sie wird vom Bundestagspräsidenten einberufen und ihre einzige Aufgabe besteht in der Wahl des Bundespräsidenten.

Allgemeinwissen

Staatsbürgerliche Kunde: Europa

Wie gut kennen Sie sich mit den europäischen Strukturen aus?

406. Der Ausgang einer Landtagswahl beeinflusst die Zusammensetzung welcher politischen Organe?

A. Europäisches Parlament und Bundesrat
B. Bundesrat und Bundesversammlung
C. Europarat und Bundesregierung
D. Bundesregierung und Bundestag
E. Bundesverfassungsgericht und Europäische Kommission

Antwort: **B**

Eine Landtagswahl hat Konsequenzen für die Zusammensetzung des Bundesrats und der Bundesversammlung: Der Bundesrat besteht aus Vertretern der Landesregierungen und wirkt an der Gesetzgebung des Bundes mit, die Bundesversammlung umfasst die Mitglieder des Bundestags und Abgesandte der Länderparlamente. Auf die Zusammensetzung eines EU-Gremiums wirkt sich die Landtagswahl nicht aus.

---

407. Welchen Einfluss hat der deutsche Bundesrat auf die EU-Gesetzgebung?

A. Überhaupt keinen.
B. Der Bundesrat arbeitet alle EU-Gesetze mit aus.
C. Der Bundesrat bestimmt immer, welche Haltung die Bundesrepublik vertritt.
D. Bei manchen Gesetzen hängt die deutsche Verhandlungsposition maßgeblich vom Bundesrat ab.
E. Kein Gesetz darf ohne Zustimmung des Bundesrats verabschiedet werden.

Antwort: **D**

Wie ist die Lage in Deutschland? Der Bundesrat – die Vertretung der Länderparlamente – muss bei manchen Bundesgesetzen angehört werden, bei anderen ist seine Zustimmung vonnöten. Auch auf europäischer Ebene hat er ein Wörtchen mitzureden: Wenn ein EU-Gesetz ausgearbeitet wird, muss die Bundesregierung den Bundesrat zumindest über den Verlauf des Verfahrens unterrichten. Werden die Gesetzgebungskompetenzen der Bundesländer berührt, ist der Bundesrat in nach dem Grad seines innerstaatlichen Mitspracherechts auf europäischer Ebene zu beteiligen.

408. Welche Aussage stimmt nicht? Bei Europawahlen …

A. wählt man die gewohnten nationalen Parteien.
B. können EU-Staatsbürger auch im EU-Ausland für eine Partei kandidieren.
C. stimmt man über die Zusammensetzung des europäischen Parlaments ab.
D. kann man als EU-Bürger auch an seinem Wohnort im EU-Ausland wählen gehen.
E. sind alle EU-Bürger ab 16 Jahren stimmberechtigt.

Antwort: **E**

Bei Europawahlen entscheiden die EU-Bürger über die Sitzverteilung im Straßburger Europaparlament. Man stimmt dabei wie gewohnt für die gewohnten nationalen Parteien ab, die sich auf europäischer Ebene – je nach ihrer politischen Orientierung – zu Fraktionsgemeinschaften zusammengeschlossen haben: Stimmt man beispielsweise für die SPD, profitiert davon die Fraktionsgemeinschaft SPE (Sozialdemokratische Partei Europas). Als EU-Bürger darf man sowohl an einem Wohnort im EU-Ausland wählen gehen als auch für eine ausländische Partei kandidieren.

Aussage E ist falsch, über das Wahlalter entscheidet jedes Land für sich: Nur in Österreich lag es bei den letzten Europawahlen bei 16 Jahren, in Deutschland und den übrigen EU-Staaten durften die Menschen erst ab 18 wählen.

409. Eine EU-Verordnung ist …?

A. die gesetzliche Vorgabe der EU, nationales Recht auf eine bestimmte Art zu ändern.
B. die Anordnung eines Mitgliedsstaates, EU-Recht auf eine bestimmte Art zu ändern.
C. in den EU-Ländern unmittelbar geltendes Recht.
D. eine allgemeine Stellungnahme der EU-Kommission.
E. eine unverbindliche Empfehlung, nationales Recht auf eine bestimmte Art zu ändern.

Antwort: **C**

Eine EU-Verordnung ist in den EU-Staaten unmittelbar geltendes Recht. Wenn die EU vorgibt, nationales Recht an ein Rahmengesetz der EU anzupassen (Antwort A), spricht man von einer Richtlinie. Die Mitgliedsländer haben in diesem Fall noch einen gewissen Spielraum für die nationale Umsetzung des EU-Gesetzes.

410. Welche Aussage zum EU-Gesetzgebungsverfahren trifft zu?

A. Das Initiativrecht zur Einbringung von Gesetzesvorschlägen liegt bei der Europäischen Kommission.
B. Der Rat der Europäischen Union ist gelegentlich an der Verabschiedung der Gesetze beteiligt.
C. Das Parlament der Europäischen Union muss allen Gesetzen zustimmen.
D. Die Europäische Kommission verabschiedet die Gesetze.
E. Das Europäische Parlament schlägt jedes Gesetz in Zusammenarbeit mit dem Rat der Europäischen Union vor.

Antwort: **A**

Gesetzgebungsverfahren werden in der Regel von der EU-Kommission in die Wege geleitet, die sich aus Abgesandten der EU-Mitgliedsregierungen zusammensetzt. Für den weiteren Ablauf gibt es je nach Gesetzbereich unterschiedliche Möglichkeiten: Bei so genannten Zusammenarbeits- und Konsultationsverfahren wird der Standpunkt des EU-Parlaments gehört, er muss aber nicht berücksichtigt werden. In diesen relativ seltenen Fällen entscheidet der Rat der Europäischen Union – bestehend aus den jeweils zuständigen Fachministern der Regierungen – alleine über die Annahme des Gesetzes. Anders bei den häufigeren Mitentscheidungs- oder Zustimmungsverfahren: Hier erlässt das Parlament die Rechtsakte gemeinsam mit dem Rat.

411. Welcher EU-Staatsbürger zahlt in seinem Heimatland nicht mit Euro?

A. Der Österreicher
B. Der Slowene
C. Der Schwede
D. Der Slowake
E. Der Finne

Antwort: **C**

Der Euro ist offizielles Zahlungsmittel in 17 der 27 EU-Staaten. Dazu zählen Belgien, Deutschland, Finnland, Estland, Frankreich, Griechenland, Irland, Italien, Luxemburg, Malta, Niederlande, Österreich, Portugal, Slowakei, Slowenien, Spanien und Zypern – aber nicht Schweden. In einer Volksbefragung 2003 sprach sich eine Mehrheit der Schweden gegen den Euro aus, die Einführung der Gemeinschaftswährung liegt hier seitdem auf Eis.

412. Welche Aussage zu den Personenkontrollen beim EU-Grenzverkehr ist richtig?

A. Personenkontrollen sind an allen EU- Binnengrenzen obligatorisch.
B. Personenkontrollen finden an den meisten EU-Binnengrenzen nicht mehr statt.
C. Beim Grenzverkehr innerhalb der EU gibt es überhaupt keine Personenkontrollen mehr.
D. Nur 10 EU-Mitgliedsstaaten haben die Personenkontrollen abgeschafft.
E. Nur 7 EU-Mitgliedsstaaten haben die Personenkontrollen abgeschafft.

Antwort: **B**

Im Grenzverkehr zwischen den Ländern, die das Schengener Abkommen unterzeichnet haben, finden keine Personenkontrollen mehr statt. Mittlerweile sind 28 europäische Nationen dem Schengen-Raum beigetreten: 25 davon Mitgliedsländer der EU, zusätzlich Island, Norwegen und die Schweiz. Rumänien, Bulgarien und Zypern wollen das Abkommen noch unterzeichnen. Das Vereinigte Königreich und Irland – beides EU-Mitglieder – nehmen nur eingeschränkt teil und behalten die Grenzkontrollen bis auf weiteres bei.

413. Welche Aussage zu den Zollkontrollen beim EU-Grenzverkehr ist richtig?

A. Zollkontrollen sind an allen EU- Binnengrenzen obligatorisch.
B. Zollkontrollen finden an den meisten EU-Binnengrenzen nicht mehr statt.
C. Beim Grenzverkehr innerhalb der EU gibt es keine Zollkontrollen mehr.
D. Nur 8 EU-Mitgliedsstaaten haben die Zollkontrollen abgeschafft.
E. Nur 5 EU-Mitgliedsstaaten haben die Zollkontrollen abgeschafft.

Antwort: **C**

Die EU-Mitgliedsstaaten bilden seit 1993 eine Zollunion: d.h. eine Freihandelszone, in der beim Grenzverkehr zwischen den Mitgliedsländern keine Binnenzölle mehr erhoben werden. Dadurch entfielen die Zollkontrollen.

---

414. Die Gesamtbevölkerung der Europäischen Union liegt bei ...?

A. rund 225 Millionen.
B. rund 350 Millionen.
C. rund 415 Millionen.
D. rund 500 Millionen.
E. rund 575 Millionen.

Antwort: **D**

Nach der letzten EU-Erweiterung im Januar 2007 – Rumänien und Bulgarien traten als neue Mitglieder bei – leben ca. 501 Millionen Menschen in der Europäischen Union.

---

415. 2011 blickt die EU zurück auf ...?

A. die Einführung des Euro vor 10 Jahren.
B. die deutsche Wiedervereinigung vor 20 Jahren.
C. die Gründung der Europäischen Gemeinschaften (EG) vor 30 Jahren.
D. die Gründung des Militärbündnisses NATO vor 50 Jahren.
E. die Gründung der Europäischen Gemeinschaft für Kohle und Stahl (EGKS) vor 60 Jahren.

Antwort: **E**

Im Jahr 1951 schlossen sich Deutschland, Italien Frankreich und die Benelux-Staaten (Belgien, Niederlande, Luxemburg) zur Europäischen Gemeinschaft für Kohle und Stahl (EGKS) zusammen. Die EGKS ist eine Vorläuferin der 1992 ins Leben gerufenen Europäischen Gemeinschaften (EG), die wiederum bis 2009 den Kern der Europäischen Union bildeten. Die NATO gibt es seit 1949, die deutsche Wiedervereinigung geschah 1990. Der Euro wurde 1999 als Buchgeld und drei Jahre später als Bargeld eingeführt.

Allgemeinwissen

Wirtschaft und Finanzen

416. Was versteht man unter dem Begriff Goldstandard?

A. Einen Ratingwert für Kapitalanlagen
B. Die internationale Festlegung des Goldwertes
C. Einen festgelegten Umtauschkurs der Edelmetalle zueinander
D. Die Deckung einer Währung durch Goldreserven
E. Keine Antwort ist richtig.

Antwort: **D**

Unter Goldstandard versteht man die Deckung einer Währung durch Goldreserven der Zentralbank. Das bedeutet, dass jeder Geldwert der betreffenden Währungseinheit ein bestimmtes Quantum an Gold repräsentiert. Nach dem Ende des Zweiten Weltkriegs verfügten nur noch die USA über ausreichende Goldreserven, um ihre Währung dadurch zu decken; es etablierte sich das so genannte „Bretton-Woods-System“, in dem der US-Dollar durch Gold gestützt und alle übrigen Währungen durch feste Umrechnungskurse an den US-Dollar gebunden waren. Dieses System zerbrach schließlich Anfang der 70er-Jahre.

417. Was versteht man volkswirtschaftlich unter dem „tertiären Sektor“?

A. Rohstoffgewinnung
B. Rohstoffverarbeitung
C. Dienstleistungsbereich
D. Konsumgüterindustrie
E. Keine Antwort ist richtig.

Antwort: **C**

Der primäre Sektor steht für die Gewinnung, der sekundäre für die Verarbeitung von Rohstoffen, der tertiäre Sektor bezeichnet den Dienstleistungsbereich. Nach der Drei-Sektoren-Hypothese entwickelt sich eine Volkswirtschaft vom Ausgangsstadium mit einer hohen Ausdehnung des primären Sektors (geringer Maschineneinsatz) über das zweite Stadium mit fortschreitender Automatisierung (Fließband, Manufakturen) zum dritten Stadium, in dem Rohstoffgewinnung und -verarbeitung so weit automatisiert sind, dass dafür kaum noch Arbeitskraft benötigt wird: Der Übergang zur Dienstleistungsgesellschaft ist vollzogen.

418. Wie entwickelt sich die Wirtschaftsleistung während einer Stagflation?

A. Sie steigt stark an, es kommt zur Inflation.
B. Sie sinkt stark, es kommt zur Inflation.
C. Sie stagniert nach einer hohen Inflation.
D. Sie stagniert, gleichzeitig herrscht Inflation.
E. Keine Antwort ist richtig.

Antwort: **D**

Im Zustand der Stagflation treffen Inflation und stagnierende Wirtschaft zusammen. Für die Wirtschaftspolitik hat das fatale Folgen: Sie kann weder durch den Einsatz von Geld und Krediten die Stagnation bekämpfen – dies würde die Inflation antreiben – noch durch geringere Kreditaktivität die Geldmenge zu reduzieren versuchen – dies würde die Wirtschaft noch stärker lähmen.

419. Woraus setzt sich die Gesamtnachfrage eines Wirtschaftsraums zusammen?

A. Aus Staats- und Investitionsgüternachfrage
B. Aus Konsumgüternachfrage und Exportnachfrage
C. Aus Konsumgüter- und Staatsnachfrage
D. Aus Binnen- und Exportnachfrage
E. Keine Antwort ist richtig.

Antwort: **D**

Die Gesamtnachfrage setzt sich zusammen aus der Exportnachfrage – der Nachfrage aus dem Ausland – und der Binnennachfrage, die wiederum aus Konsumgüter-, Investitions- und Staatsnachfrage gebildet wird.

420. Was beinhaltet das dotted-line-Prinzip?

A. Unterscheidung zwischen fachlicher und disziplinarischer Unterstellung
B. Stark zentralistische Betriebsorganisation
C. Keine verpflichtende innerbetriebliche Kommunikationsrichtlinie
D. Möglichst flache Unternehmenshierarchien
E. Keine Antwort ist richtig.

Antwort: **A**

Nach dem dotted-line-Prinzip wird fachliches und disziplinarisches Weisungsrecht unterschieden. Da z.B. ein Bereichscontroller fachlich dem Controller des Gesamtbetriebs untersteht, besitzt dieser das fachliche Weisungsrecht. Gleichzeitig ist der Bereichscontroller jedoch auch dem Bereichsleiter unterstellt (disziplinarisches Weisungsrecht). Diese Unterstellung wird in Organigrammen gewöhnlich mit einer gepunkteten Linie (dotted line) veranschaulicht.

421. Worauf zielt das Customer Relationship Management (CRM) ab?

A. Marktforschung
B. Produktsicherheit
C. Kundenpflege
D. Verbraucherschutz
E. Keine Antwort ist richtig.

Antwort: **C**

Customer Relationship Management wird auch zur Neukundenakquise eingesetzt, der Fokus liegt jedoch meist auf der Pflege und Intensivierung bestehender Kundenkontakte. Dazu werden abteilungsübergreifend alle kundenbezogenen Daten und Prozesse in einer zentralen Datenbank hinterlegt und verknüpft, wodurch eine kundenorientierte Ansprache leicht möglich wird.

---

422. Wodurch wird in Deutschland das Eigenkapital von Banken festgelegt, das diese für Kredite hinterlegen müssen?

A. Gar nicht – das liegt im Ermessen der Bank
B. Durch die Ausfallwahrscheinlichkeit der Kredite
C. Durch den Gesamtumsatz der Bank
D. Nur durch die Anzahl der Kredite
E. Keine Antwort ist richtig.

Antwort: **B**

Das zur Absicherung ausfallender Kredite vorzuhaltende Eigenkapital richtet sich nach deren Ausfallwahrscheinlichkeit. Diese Regelung empfahl der Basler Ausschuss für Bankenaufsicht im Rahmen seiner Gesamtrichtlinien für den Finanzmarkt (Basel II), sie wurde als EU-Richtlinie zum Januar 2007 rechtskräftig.

---

423. Wann ist an der Börse vom Bullenmarkt die Rede?

A. Bei anhaltend fallenden Kursen
B. Bei anhaltend stark steigenden Kursen
C. Wenn Papiere aus dem Landwirtschaftssektor stark anziehen
D. Wenn die Kurse sehr lange stabil bleiben
E. Keine Antwort ist richtig.

Antwort: **B**

Mit dem Ausdruck Bullenmarkt bezeichnet man an der Börse eine Phase, in der die Kurse stark anziehen. Das Gegenteil ist der Bärenmarkt: hier fallen die Kurse.

424. In welcher Phase eines klassischen Produktlebenszyklus steigt der Umsatz nicht?

A. Reife
B. Sättigung
C. Wachstum
D. Einführung
E. Keine Antwort ist richtig.

Antwort: **B**

Ein klassischer Produktlebenszyklus besteht aus den Phasen Einführung, Wachstum, Reife, Sättigung und Degeneration (Rückgang). In der Sättigungsphase stagnieren oder sinken die Umsätze und Gewinne. Kann diese Tendenz nicht durch entsprechendes Marketing aufgehalten werden, tritt das Produkt in die Phase der Degeneration ein, in der es unter Umständen nur noch eine Kostenlast darstellt.

425. Worauf zielt eine auf Shareholder Value fokussierte Unternehmenspolitik ab?

A. Effektives Krisenmanagement
B. Maximierung des Kurswerts der Unternehmensanteile (Aktien)
C. Kundenorientierte Produktentwicklung
D. Langfristigen Geschäftserfolg
E. Keine Antwort ist richtig.

Antwort: **B**

Shareholder Value bezeichnet den Vermögenswert (value), den ein Anteilseigner (shareholder) des Unternehmens besitzt. Dieser Wert ergibt sich aus der Anzahl der vom jeweiligen Eigner gehaltenen Aktien multipliziert mit dem Kurswert der Aktie. Eine auf Shareholder Value abzielende Unternehmenspolitik versucht, den Kurswert der Unternehmensanteile zu maximieren.

Allgemeinwissen

Geographie und Landeskunde

426. Zu welchem Kontinent gehört Madagaskar?

A. Asien
B. Afrika
C. Europa
D. Australien
E. Keine Antwort ist richtig.

Antwort: **B**

Madagaskar liegt im Indischen Ozean vor der Ostküste Mosambiks und ist nach Indonesien der flächenmäßig zweitgrößte Inselstaat der Welt. Die ehemalige französische Kolonie ist seit 1960 unabhängig.

---

427. Wie heißt die Hauptstadt Australiens?

A. Canberra
B. Sydney
C. Melbourne
D. Perth
E. Keine Antwort ist richtig.

Antwort: **A**

Canberra ist seit 1927 die Hauptstadt Australiens. Es handelt sich um eine Planhauptstadt, die aufgrund der Rivalität zwischen Melbourne und Sydney geplant und errichtet wurde. Canberra liegt etwa 150 km von der australischen Ostküste entfernt.

---

428. In welcher Währung zahlt man in der Schweiz?

A. S-Mark
B. Schweizer Franken
C. Euro
D. Dollar
E. Keine Antwort ist richtig.

Antwort: **B**

Die Schweiz ist seit dem Wiener Kongress 1815 außenpolitisch neutral und hat daher nicht den Euro, sondern als eigene Währung den Schweizer Franken.

429. An welchem Fluss liegt die Stadt Bremen?

A. Elbe
B. Rhein
C. Weser
D. Spree
E. Keine Antwort ist richtig.

Antwort: **C**

Die Weser ist ein Strom, der durch Hessen, Nordrhein-Westfalen, Niedersachsen und Bremen fließt. Die an der Weser gelegene Stadt Bremen bildet zusammen mit der Stadt Bremerhaven das Bundesland Freie Hansestadt Bremen, welches komplett von Niedersachsen umschlossen ist. Bremen ist nach Hamburg die zweitgrößte Stadt Norddeutschlands.

---

430. In welchem Kontinent liegt Côte d'Ivoire?

A. Südamerika
B. Afrika
C. Asien
D. Europa
E. Keine Antwort ist richtig.

Antwort: **B**

Côte d'Ivoire bedeutet auf Deutsch „Elfenbeinküste". Der in Westafrika am Atlantik gelegene Staat ist seit 1960 unabhängig von Frankreich und wurde nach seinem früher wichtigsten Exportprodukt benannt.

---

431. Wo befindet sich das Rote Meer?

A. Südafrika
B. Indien
C. zwischen Afrika und Asien
D. Südamerika
E. Keine Antwort ist richtig.

Antwort: **C**

Das Rote Meer befindet sich zwischen Nordost-Afrika und der Arabischen Halbinsel (Asien). Es hat durch den Sueskanal eine Verbindung zum Mittelmeer, durch die Meerenge im Süden ist es mit dem Indischen Ozean verbunden.

432. An wie viele Länder grenzt Deutschland?

A. 5
B. 9
C. 11
D. 14
E. Keine Antwort ist richtig.

Antwort: **B**

Deutschland hat gemeinsame Grenzen mit neun weiteren Ländern: Dänemark, Niederlande, Belgien, Luxemburg, Frankreich, Schweiz, Österreich, Tschechien, Polen.

---

433. In welchem Kontinent liegt Afghanistan?

A. Asien
B. Europa
C. Afrika
D. Afrika und Asien
E. Keine Antwort ist richtig.

Antwort: **A**

Afghanistan ist ein Binnenstaat in Asien. Nach dem von den USA geführten Krieg und dem Sturz der Taliban ist der Staat seit 2004 eine Islamische Republik unter Präsident Hamid Karsai.

---

434. Zu welchem Staat gehört die Insel Naxos?

A. Japan
B. Indonesien
C. Griechenland
D. Spanien
E. Keine Antwort ist richtig.

Antwort: **C**

Die Insel Naxos, deren Hauptort und -hafen ebenfalls Naxos heißt, gehört zu Griechenland. Sie ist die größte Insel der Kykladen, einer Inselgruppe im Ägäischen Meer.

435. In welcher Klimazone liegt Deutschland?

A. Subtropen
B. Kalte Zone
C. Subpolare Zone
D. Gemäßigte Breiten
E. Keine Antwort ist richtig.

Antwort: **D**

Deutschland liegt in den gemäßigten Breiten. Diese Klimazone befindet sich zwischen der kalten Zone und den Subtropen und hat nach den Tropen die höchste Niederschlagsmenge. Charakteristisch sind außerdem die deutlichen Temperaturunterschiede zwischen den Jahreszeiten und die unterschiedlich langen Tage.

Allgemeinwissen

Bedeutung von Abkürzungen

436. Was bedeutet die Abkürzung „AGB"?

- **A.** Allgemeine Geschäftsbedingungen
- **B.** Allgemeiner Gewerkschaftsbund
- **C.** Automobil Gemeinschaft Bayern
- **D.** Arbeitsgemeinschaft für Bildung
- **E.** Keine Antwort ist richtig.

Antwort: **A**

437. Was bedeutet die Abkürzung „GmbH"?

- **A.** Gemeinschaft musisch begabter Handwerker
- **B.** Gericht mit besonderer Handhabe
- **C.** Gesellschaft mit beschränkter Haftung
- **D.** Grundlage militärisch bedingter Handlungen
- **E.** Keine Antwort ist richtig.

Antwort: **C**

438. Was bedeutet die Abkürzung „AZ"?

- **A.** Arbeitszeit
- **B.** Aktenzeichen
- **C.** Automobilzulassung
- **D.** Anwohnerzone
- **E.** Keine Antwort ist richtig.

Antwort: **B**

439. Was bedeutet die Abkürzung „Art."?

- **A.** Artikel
- **B.** Art und Weise
- **C.** Artifiziell
- **D.** Architekt
- **E.** Keine Antwort ist richtig.

Antwort: **A**

440. Was bedeutet die Abkürzung „GG"?

- **A.** gegen
- **B.** grundsätzliche Gewissensfrage
- **C.** Grundgesetz der Bundesrepublik Deutschland
- **D.** Grinsen
- **E.** Keine Antwort ist richtig.

Antwort: **C**

441. Was bedeutet die Abkürzung „i. e. S."?

- **A.** im engeren Sinn
- **B.** in ernster Stimmung
- **C.** in eigener Sache
- **D.** indirekt erhobene Steuer
- **E.** Keine Antwort ist richtig.

Antwort: **A**

442. Was bedeutet die Abkürzung „BND"?

- **A.** Bundestagsnachtdebatte
- **B.** Bayrischer Notdienst
- **C.** Bundesnachrichtendienst
- **D.** Bündnis der Nudisten in Deutschland
- **E.** Keine Antwort ist richtig.

Antwort: **C**

443. Was bedeutet die Abkürzung „MwSt"?

- **A.** Mineralwasser Still
- **B.** Mehrwertsteuer
- **C.** Medienwirksamer Showtermin
- **D.** Mitwisserschaft
- **E.** Keine Antwort ist richtig.

Antwort: **B**

444. Was bedeutet die Abkürzung „p. a."?

- A. per anno
- B. und so weiter
- C. Prozent
- D. perfekt angezogen
- E. Keine Antwort ist richtig.

Antwort: **A**

445. Was bedeutet die Abkürzung „BLZ"?

- A. Bahnlogistikzentrale
- B. Bankleitzahl
- C. Bildungs- und Lernzentrum
- D. Bundesluftfahrtzentrum
- E. Keine Antwort ist richtig.

Antwort: **B**

Allgemeinwissen

Geografiekenntnisse Deutschland

Mit den folgenden Aufgaben werden Ihre Geografiekenntnisse geprüft

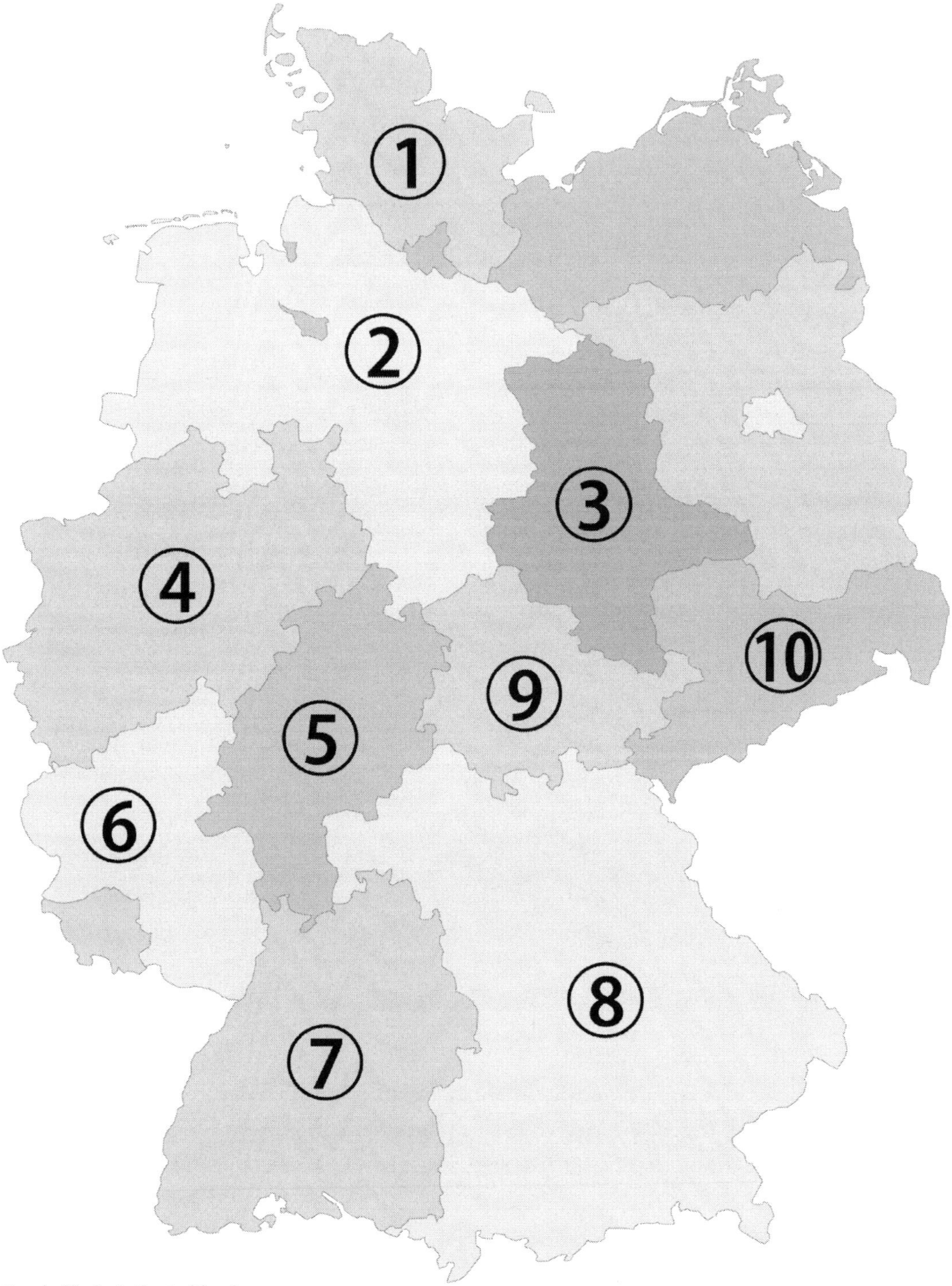

Bundesländer in Deutschland

446. Welches Bundesland ist mit der Zahl 1 gekennzeichnet?

A. Sachsen-Anhalt
B. Niedersachsen
C. Schleswig-Holstein
D. Berlin
E. Keine Antwort ist richtig.

Antwort: **C**

Das mit der Zahl 1 gekennzeichnete Bundesland heißt Schleswig-Holstein. Es ist das nördlichste deutsche Bundesland und wird auch als „Land zwischen den Meeren" bezeichnet, da es sowohl an die Nord-, als auch an die Ostsee grenzt. Schleswig-Holstein hat rund 2,8 Millionen Einwohner. Die Landeshauptstadt ist Kiel.

447. Welches Bundesland ist mit der Zahl 2 gekennzeichnet?

A. Sachsen-Anhalt
B. Niedersachsen
C. Schleswig-Holstein
D. Berlin
E. Keine Antwort ist richtig.

Antwort: **B**

Niedersachsen, das mit der Zahl 2 gekennzeichnete Bundesland, ist der nach Bayern zweitgrößte deutsche Flächenstaat mit einer Einwohnerzahl von knapp acht Millionen. Die Stadtstaaten Bremen und Hamburg wirken wirtschaftlich, kulturell und sozial bis tief ins niedersächsische Territorium hinein. Die Hauptstadt des Bundeslandes ist jedoch Hannover.

448. Welches Bundesland ist mit der Zahl 3 gekennzeichnet?

A. Sachsen-Anhalt
B. Niedersachsen
C. Schleswig-Holstein
D. Berlin
E. Keine Antwort ist richtig.

Antwort: **A**

Die Zahl 3 kennzeichnet das Bundesland Sachsen-Anhalt, das rund 2,4 Millionen Einwohner aufweist. Es besitzt zahlreiche UNESCO-Weltkulturerbestätten, darunter die Lutherstädte Wittenberg und Eisleben, und umfasst den Großteil des Mittelgebirges Harz. Die Hauptstadt ist Magdeburg.

449. Welches Bundesland ist mit der Zahl 4 gekennzeichnet?

A. Sachsen-Anhalt
B. Niedersachsen
C. Nordrhein-Westfalen
D. Hessen
E. Keine Antwort ist richtig.

Antwort: **C**

Das Bundesland mit der Zahl 4 heißt Nordrhein-Westfalen. Es liegt im Westen Deutschlands, ist eines der wirtschaftlichen Zentren und mit knapp 18 Millionen Einwohnern – viele davon in der Großstadtregion Rhein-Ruhr – das bevölkerungsreichste Bundesland Deutschlands. Landeshauptstadt ist Düsseldorf.

450. Welches Bundesland ist mit der Zahl 5 gekennzeichnet?

A. Nordrhein-Westfalen
B. Rheinland-Pfalz
C. Hessen
D. Thüringen
E. Keine Antwort ist richtig.

Antwort: **C**

Die Zahl 5 kennzeichnet das Bundesland Hessen. Das Land zählt – besonders in seinen südlichen Gebieten, darunter auch der Ballungsraum Rhein-Main – zu den am dichtesten besiedelten Regionen Deutschlands und beheimatet rund sechs Millionen Einwohner. Die Hauptstadt ist Wiesbaden.

451. Welches Bundesland ist mit der Zahl 6 gekennzeichnet?

A. Nordrhein-Westfalen
B. Rheinland-Pfalz
C. Hessen
D. Baden-Württemberg
E. Keine Antwort ist richtig.

Antwort: **B**

Das Bundesland mit der Zahl 6 heißt Rheinland-Pfalz. Es zählt gut vier Millionen Einwohner, ist reich an Kulturdenkmälern wie Schlössern, Burgen und Kirchen und bekannt für seine Weinanbaugebiete. Die Landeshauptstadt ist Mainz.

452. Welches Bundesland ist mit der Zahl 7 gekennzeichnet?

A. Bayern
B. Rheinland-Pfalz
C. Hessen
D. Baden-Württemberg
E. Keine Antwort ist richtig.

Antwort: **D**

Das Bundesland mit der Zahl 7 heißt Baden-Württemberg. Sowohl nach Einwohnerzahl (10,7 Mio.) als auch nach Fläche ist es das drittgrößte deutsche Bundesland. Baden-Württemberg grenzt im Süden an die Schweiz, im Westen an Frankreich, im Osten an Bayern und im Norden an Rheinland-Pfalz und Hessen. Die Landeshauptstadt ist Stuttgart.

453. Welches Bundesland ist mit der Zahl 8 gekennzeichnet?

A. Bayern
B. Rheinland-Pfalz
C. Hessen
D. Baden-Württemberg
E. Keine Antwort ist richtig.

Antwort: **A**

Der Freistaat Bayern, das mit der Zahl 8 gekennzeichnete Bundesland, zählt gut vier Millionen Einwohner und ist der größte deutsche Flächenstaat mit der Hauptstadt München. Bekannt ist es unter anderem für seine Ferienziele wie die Bayrischen Alpen und das Alpenvorland mit den oberbayrischen Seen.

454. Welches Bundesland ist mit der Zahl 9 gekennzeichnet?

A. Bayern
B. Sachsen
C. Hessen
D. Thüringen
E. Keine Antwort ist richtig.

Antwort: **D**

Das Bundesland mit der Zahl 9 heißt Thüringen. Je nach Berechnungsgrundlage variieren die Ergebnisse, doch meist wird im Nordwesten des zentral gelegenen Binnenlandes der geografische Mittelpunkt Deutschlands angenommen. Die Einwohnerzahl liegt bei rund 2,3 Millionen, Hauptstadt und zugleich größte Stadt des Landes ist Erfurt.

455. Welches Bundesland ist mit der Zahl 10 gekennzeichnet?

A. Bayern
B. Sachsen
C. Hessen
D. Thüringen
E. Keine Antwort ist richtig.

Antwort: **B**

Die Zahl 10 trägt das Bundesland Sachsen. Es liegt im Osten Deutschlands, wird geprägt von den Metropolen Leipzig, Chemnitz sowie der Landeshauptstadt Dresden und hat rund 4,2 Mio. Einwohner. Landschaftlich reizvoll sind das Erzgebirge, das Elbsandsteingebirge und der Elbverlauf.

Allgemeinwissen

Geografiekenntnisse Europa

Bearbeitungszeit 3 Minuten

Mit den folgenden Aufgaben werden Ihre Geografiekenntnisse geprüft.

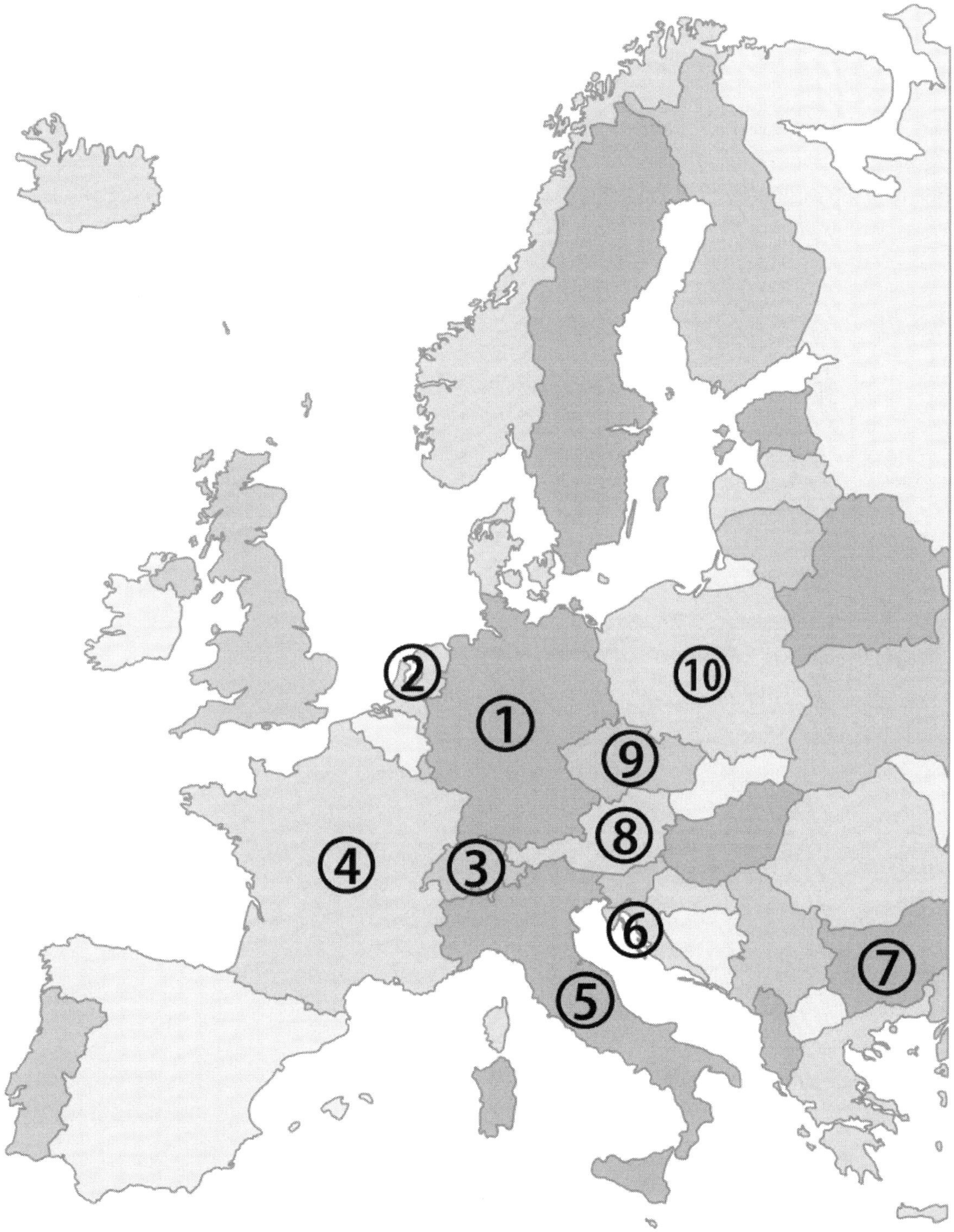

Europakarte

456. Welches europäische Land ist durch die Zahl 1 gekennzeichnet?

A. Niederlande
B. Deutschland
C. Schweiz
D. Dänemark
E. Keine Antwort ist richtig.

Antwort: **B**

Das europäische Land zur Zahl 1 heißt Deutschland. Nach der Vereinigung von Bundesrepublik Deutschland und Deutscher Demokratischer Republik 1990, wurde Deutschland mit mehr als 80 Millionen Einwohnern zum bevölkerungsreichsten Land der EU. Das Land mit der Hauptstadt Berlin weist darüber hinaus die stärkste Wirtschaftsleistung aller europäischen Staaten auf.

---

457. Welches europäische Land ist durch die Zahl 2 gekennzeichnet?

A. Niederlande
B. Deutschland
C. England
D. Dänemark
E. Keine Antwort ist richtig.

Antwort: **A**

Die Zahl 2 kennzeichnet die Niederlande. Die Hauptstadt des 16 Millionen Einwohner zählenden EU-Gründungsmitglieds ist Amsterdam, Regierungssitz ist jedoch das 50 Kilometer entfernte Den Haag. Zum Staatsgebiet des Königreichs der Niederlande (so der vollständige offizielle Name) gehören neben dem europäischen Territorium auch einige karibische Inseln.

---

458. Welches europäische Land ist durch die Zahl 3 gekennzeichnet?

A. Frankreich
B. Deutschland
C. Italien
D. Schweiz
E. Keine Antwort ist richtig.

Antwort: **D**

Das europäische Land zur Zahl 3 heißt Schweiz, international oft auch mit CH („confoederatio helvetica“) abgekürzt. Für den Alpenstaat mit knapp 7,8 Millionen Einwohnern ist neben dem Maschinenbau, der Pharma-, Chemie- und Nahrungsmittelindustrie sowie dem Bankenwesen vor allem der Tourismus volkswirtschaftlich bedeutend. Außenpolitisch verpflichtet sich die Schweiz konsequent zur Neutralität in Konflikten und Kriegen. Ihre Hauptstadt ist Bern.

459. Welches europäische Land ist durch die Zahl 4 gekennzeichnet?

A. Schweiz
B. Luxemburg
C. Belgien
D. Frankreich
E. Keine Antwort ist richtig.

Antwort: **D**

Frankreich, das mit der Zahl 4 gekennzeichnete Land, wird zentralistisch von der Hauptstadt Paris aus verwaltet und ist mit rund 65 Millionen Einwohnern das nach Deutschland zweitbevölkerungsreichste Land der EU. Frankreich ist landschaftlich vielfältig: Im Süden des Landes liegen die Pyrenäen und das Mittelmeer, im Westen und Nordwesten der Atlantik, im Osten die Alpen.

460. Welches europäische Land ist durch die Zahl 5 gekennzeichnet?

A. Schweiz
B. Frankreich
C. Griechenland
D. Italien
E. Keine Antwort ist richtig.

Antwort: **D**

Italien, das europäische Land zur Zahl 5, liegt zum Großteil auf einer vom Mittelmeer umschlossenen Halbinsel, durch die sich das Apennin-Gebirge zieht. Zudem gehören einige Mittelmeerinseln – darunter Sizilien und Sardinien – zu Italien. Hauptstadt des EU-Mitgliedsstaats, in dem rund 60 Millionen Einwohner leben, ist Rom.

461. Welches europäische Land ist durch die Zahl 6 gekennzeichnet?

A. Kroatien
B. Serbien
C. Slowenien
D. Bosnien
E. Keine Antwort ist richtig.

Antwort: **A**

Das europäische Land zur Zahl 6 heißt Kroatien. Kroatien ging aus dem ehemaligen Jugoslawien hervor, von dem es 1991 seine Unabhängigkeit erklärte. Seit 2004 ist das Land ein Beitrittskandidat der EU. Es zählt 4,5 Millionen Einwohner, die Hauptstadt ist Zagreb.

462. Welches europäische Land ist durch die Zahl 7 gekennzeichnet?

- A. Rumänien
- B. Ungarn
- C. Bulgarien
- D. Griechenland
- E. Keine Antwort ist richtig.

Antwort: **C**

Das mit der Zahl 7 gekennzeichnete europäische Land heißt Bulgarien, eine südosteuropäische Republik an der Westküste des Schwarzen Meeres mit einer Bevölkerung von 7,6 Millionen. Der ehemalige Ostblockstaat ist mittlerweile Mitglied der EU und auch der NATO. Die bulgarische Hauptstadt heißt Sofia.

463. Welches europäische Land ist durch die Zahl 8 gekennzeichnet?

- A. Tschechien
- B. Schweiz
- C. Polen
- D. Österreich
- E. Keine Antwort ist richtig.

Antwort: **D**

Das mit der Zahl 8 gekennzeichnete Land ist Österreich, ein mitteleuropäischer Binnenstaat mit 8,4 Millionen Einwohnern. Er liegt größtenteils in den Ostalpen und wird daher häufig auch als die Alpenrepublik bezeichnet. Österreich ist ein wichtiges Transitland für den Verkehr zwischen Nord- und Südosteuropa. Die Hauptstadt des EU-Mitgliedslands ist Wien.

464. Welches europäische Land ist durch die Zahl 9 gekennzeichnet?

- A. Tschechien
- B. Schweiz
- C. Polen
- D. Österreich
- E. Keine Antwort ist richtig.

Antwort: **A**

Das europäische Land zur Zahl 9 heißt Tschechien (10,5 Millionen Einwohner). Die Tschechische Republik entstand 1993 als eine Nachfolgerepublik der Tschechoslowakei, wobei Prag die Hauptstadt blieb. Mittlerweile ist sie Mitglied der EU.

465. Welches europäische Land ist durch die Zahl 10 gekennzeichnet?

A. Tschechien
B. Schweiz
C. Polen
D. Österreich
E. Keine Antwort ist richtig.

Antwort: **C**

Die Zahl 10 kennzeichnet das europäische Land Polen. Die Hauptstadt des 38-Millionen-Einwohner-Staates ist Warschau im östlichen Zentrum des Landes. Polen ist seit 2004 EU-Mitglied und hat entlang der Flüsse Oder und Neiße eine 467 km lange Grenze zu Deutschland.

Erinnerungs- und Konzentrationsvermögen

Zahlen einprägen und auswählen

In dieser Aufgabe wird Ihr Kurzzeitgedächtnis geprüft.

Lösung

Tabelle:

2584	1847	8794	**8596**	5874	5731	8742	**6403**	8998	1148
3358	8447	**3636**	2358	**2254**	4056	9494	**3658**	2136	7850
8887	**7474**	9991	**9517**	8387	**7856**	9192	6485	**5589**	6698
4567	8945	**4578**	7894	5623	1235	**2518**	4589	3698	**1188**
6181	5823	7890	2345	**2211**	3456	**4560**	4567	**8080**	1597
7779	**6971**	**8451**	7123	**5899**	4445	4004	**9393**	9001	9111

Erinnerungs- und Konzentrationsvermögen

Figuren und Zahlen einprägen

In dieser Aufgabe wird Ihr Kurzzeitgedächtnis geprüft.

Lösung

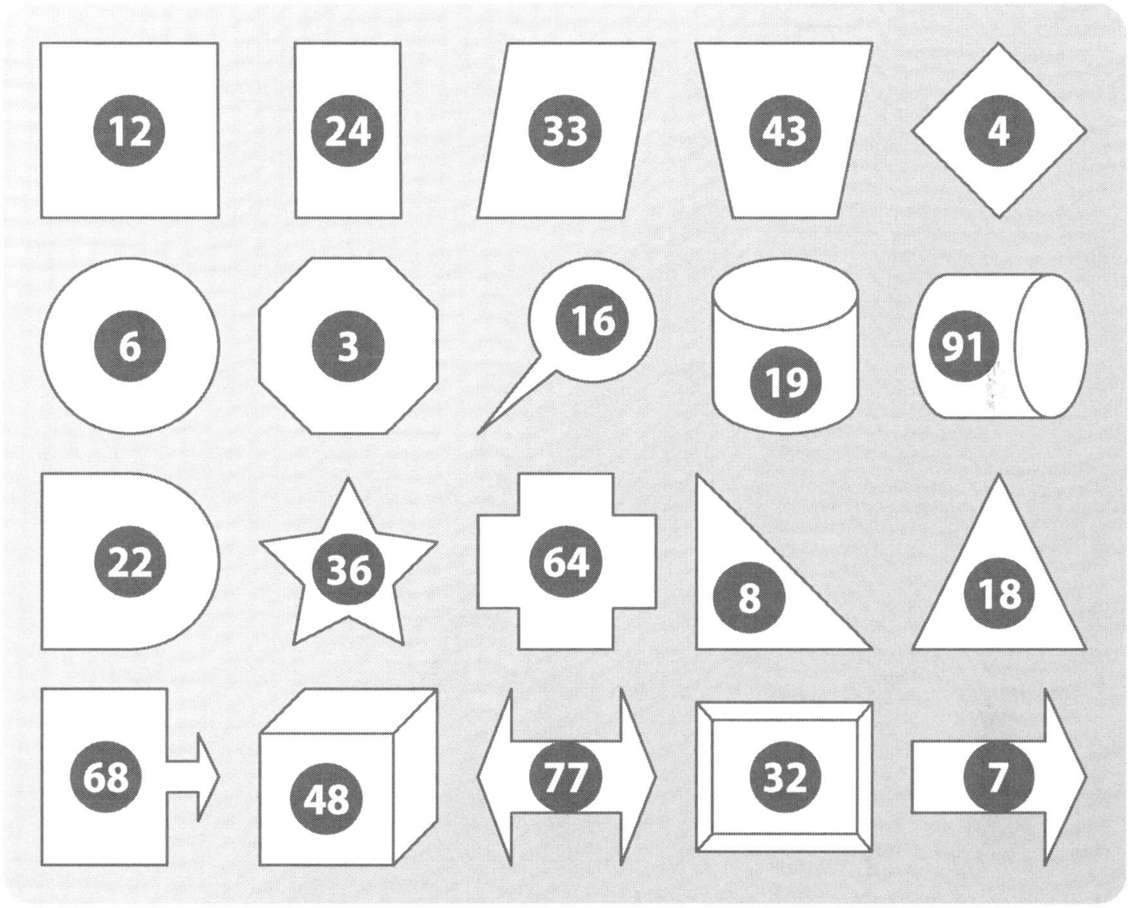

Erinnerungs- und Konzentrationsvermögen

Zahlen- und Buchstabenkombinationen einprägen

In dieser Aufgabe wird Ihr Kurzzeitgedächtnis geprüft.

Lösung:

Tabelle:

Zahl	Buchstabenkombination	Zahl	Buchstabenkombination
2222	– DDCC – **BBCC** – EEBB – AABB	4455	– OPTA – POST – **OPAS** – OPAR
3333	– EEFF – FFGG – **DDEE** – HHFF	6677	– **RATO** – MANN – RALO – OTTO
4444	– EFEF – **FGFG** – JKJK – EGEG	8899	– LANN – **MANN** – KANN – RATO
5555	– LKLK – PKPK – LPLP – **KPKP**	2345	– STST – FGFG – OPAS – **LRHC**
2233	– OSOS – TUTU – UVUV – **STST**	2468	– LVLV – BABA – **BKLV** – OPAS

Erinnerungs- und Konzentrationsvermögen

Kundendatei

In diesem Abschnitt wird geprüft, wie gut Sie sich bestimmte Informationen merken können.

Kundendatei:

Name	Vorname	Wohnort	Beruf	Alter	Mitgliedschaft
Artinger	Adelbert	Andernach	Aktuar	28	2003
Borowski	Brunhilde	Borken	Betriebsleiterin	34	2004
Chieslak	Christopher	Coswig	Chirurg	38	2005
Distler	Danika	Dornstetten	Dachdeckerin	42	2006
Esslinger	Elisabeth	Eppingen	Erzieherin	46	2007

Um sich das Einprägen zu erleichtern, sollten Sie folgende Hinweise beachten:

¬ Die fünf Kunden sind in der Tabelle alphabetisch sortiert.

¬ In allen sechs Kategorien sind die Inhalte von oben nach unten alphabetisch und numerisch aufsteigend geordnet.

¬ Die Anfangsbuchstaben aller Begriffe innerhalb einer Tabellenzeile sind identisch.

466. Wie heißt Herr Artinger mit Vornamen?

A. Albert
B. August
C. Adrian
D. Adelbert
E. Alexander

Antwort: **D**

467. Wie heißt Frau Borowski mit Vornamen?

A. Barbara
B. Birgit
C. Brunhilde
D. Bianka
E. Bärbel

Antwort: **C**

468. Wie heißt Herr Chieslak mit Vornamen?

A. Claus
B. Christian
C. Christopher
D. Collin
E. Calvin

Antwort: **C**

469. Wie heißt Frau Distler mit Vornamen?

A. Dorothea
B. Denise
C. Danika
D. Dorit
E. Dunja

Antwort: **C**

470. Wie heißt Frau Esslinger mit Vornamen?

A. Elfriede
B. Edith
C. Emilia
D. Elisabeth
E. Elsa

Antwort: **D**

471. In welcher Stadt wohnt Herr Artinger?

A. Aurich
B. Ansbach
C. Altenstadt
D. Andernach
E. Altenau

Antwort: **D**

472. In welcher Stadt wohnt Frau Borowski?

A. Breckerfeld
B. Bassum
C. Bernau
D. Borken
E. Boxberg

Antwort: **D**

473. In welcher Stadt wohnt Herr Chieslak?

A. Coswig
B. Colditz
C. Cottbus
D. Celle
E. Chemnitz

Antwort: **A**

474. In welcher Stadt wohnt Frau Distler?

A. Dierdorf
B. Delmenhorst
C. Dornstetten
D. Dessau
E. Dahlen

Antwort: **C**

475. In welcher Stadt wohnt Frau Esslinger?

A. Eisfeld
B. Erding
C. Ellingen
D. Eppingen
E. Esslingen

Antwort: **D**

476. Wie alt ist Herr Artinger?

A. 20 Jahre
B. 26 Jahre
C. 28 Jahre
D. 42 Jahre
E. 46 Jahre

Antwort: **C**

477. Wie alt ist Frau Borowski?

A. 28 Jahre
B. 34 Jahre
C. 38 Jahre
D. 42 Jahre
E. 46 Jahre

Antwort: **B**

478. Wie alt ist Herr Chieslak?

A. 28 Jahre
B. 34 Jahre
C. 38 Jahre
D. 42 Jahre
E. 46 Jahre

Antwort: **C**

479. Wie alt ist Frau Distler?

A. 28 Jahre
B. 36 Jahre
C. 38 Jahre
D. 42 Jahre
E. 48 Jahre

Antwort: **D**

480. Wie alt ist Frau Esslinger?

A. 20 Jahre
B. 26 Jahre
C. 34 Jahre
D. 42 Jahre
E. 46 Jahre

Antwort: **E**

481. Welchen Beruf übt Herr Artinger aus?

A. Akrobat
B. Architekt
C. Anglist
D. Aktuar
E. Altenpfleger

Antwort: **D**

482. Welchen Beruf übt Frau Borowski aus?

A. Beamtin
B. Bauingenieurin
C. Biologin
D. Betriebsleiterin
E. Bankkauffrau

Antwort: **D**

483. Welchen Beruf übt Herr Chieslak aus?

A. Chefarzt
B. Chemiker
C. Chirurg
D. Clown
E. Category Manager

Antwort: **C**

484. Welchen Beruf übt Frau Distler aus?

A. Dozentin
B. Designerin
C. Datenerfasserin
D. Dachdeckerin
E. Detektivin

Antwort: **D**

485. Welchen Beruf übt Frau Esslinger aus?

A. Elektronikerin
B. Erzieherin
C. Entertainerin
D. Ergotherapeutin
E. Ethnologin

Antwort: **B**

486. Seit wann ist Herr Artinger Mitglied?

- **A.** seit 2001
- **B.** seit 2002
- **C.** seit 2003
- **D.** seit 2005
- **E.** seit 2006

Antwort: **C**

487. Seit wann ist Frau Borowski Mitglied?

- **A.** seit 2001
- **B.** seit 2002
- **C.** seit 2003
- **D.** seit 2004
- **E.** seit 2006

Antwort: **D**

488. Seit wann ist Herr Chieslak Mitglied?

- **A.** seit 2001
- **B.** seit 2002
- **C.** seit 2004
- **D.** seit 2005
- **E.** seit 2006

Antwort: **D**

489. Seit wann ist Frau Distler Mitglied?

- **A.** seit 1998
- **B.** seit 2000
- **C.** seit 2002
- **D.** seit 2004
- **E.** seit 2006

Antwort: **E**

490. Seit wann ist Frau Esslinger Mitglied?

- **A.** seit 2004
- **B.** seit 2005
- **C.** seit 2006
- **D.** seit 2007
- **E.** seit 2008

Antwort: **D**

Erinnerungs- und Konzentrationsvermögen

Codierte Wörter

Nun wird Ihr Konzentrationsvermögen getestet.

Lösung

491. Wie lautet der Code für die Schule in Karlsruhe?	0404
492. Wie lautet der Code für das Theater in Hannover?	0101
493. Wie lautet der Code für das Schwimmbad in Kassel?	0202
494. Wie lautet der Code für die Polizei in Rostock?	0808
495. Wie lautet der Code für das Patentamt in Osnabrück?	0707
496. Wie lautet der Code für die Universität in München?	0606
497. Wie lautet der Code für das Krankenhaus in Aachen?	0505
498. Wie lautet der Code für die Stadthalle in Würzburg?	0303
499. Wie lautet der Code für die Bundeswehr in Berlin?	0909
500. Wie lautet der Code für die Feuerwehr in Potsdam?	1010
501. Wie lautet der Code für das Theater in Karlsruhe?	0104
502. Wie lautet der Code für das Krankenhaus in Würzburg?	0503
503. Wie lautet der Code für die Polizei in Berlin?	0809
504. Wie lautet der Code für das Schwimmbad in Rostock?	0208
505. Wie lautet der Code für die Stadthalle in Osnabrück?	0307
506. Wie lautet der Code für die Universität in Hannover?	0601
507. Wie lautet der Code für das Patentamt in Aachen?	0705
508. Wie lautet der Code für die Schule in München?	0406
509. Wie lautet der Code für die Bundeswehr in Potsdam?	0910
510. Wie lautet der Code für die Feuerwehr in Kassel?	1002
511. Wie lautet der Code für das Schwimmbad in Potsdam?	0210
512. Wie lautet der Code für die Universität in Berlin?	0609

513. **Wie lautet der Code für die Polizei in Aachen?** **0805**

514. **Wie lautet der Code für die Schule in Kassel?** **0402**

515. **Wie lautet der Code für das Krankenhaus in Hannover?** **0501**

516. **Wie lautet der Code für das Theater in Würzburg?** **0103**

517. **Wie lautet der Code für die Stadthalle in München?** **0306**

518. **Wie lautet der Code für das Patentamt in Würzburg?** **0703**

519. **Wie lautet der Code für die Bundeswehr in Osnabrück?** **0907**

520. **Wie lautet der Code für die Feuerwehr in Rostock?** **1008**

521. **Wie lautet der Code für das Krankenhaus in Berlin?** **0509**

522. **Wie lautet der Code für die Polizei in München?** **0806**

523. **Wie lautet der Code für die Schule in Potsdam?** **0410**

524. **Wie lautet der Code für das Schwimmbad in Hannover?** **0201**

525. **Wie lautet der Code für das Theater in Berlin?** **0109**

526. **Wie lautet der Code für das Patentamt in Karlsruhe?** **0704**

527. **Wie lautet der Code für die Stadthalle in Kassel?** **0302**

528. **Wie lautet der Code für die Universität in Aachen?** **0605**

529. **Wie lautet der Code für die Feuerwehr in Würzburg?** **1003**

530. **Wie lautet der Code für die Bundeswehr in Rostock?** **0908**

Erinnerungs- und Konzentrationsvermögen

Zahlenkarten kategorisieren

In dieser Aufgabe wird Ihr Leistungsvermögen unter hohem Zeitdruck geprüft.

Kategorietabelle

Kategorie A	Obere Zahl > 150	Untere Zahl < 0,087
Kategorie B	Obere Zahl < 150	Untere Zahl > 0,087
Kategorie C	Alle anderen Zahlenkarten	

Block A:

Aufgabe	**531.**	**532.**	**533.**	**534.**	**535.**	**536.**	**537.**	**538.**
Obere Zahl	240	202	147	169	174	187	139	126
Untere Zahl	0,032	0,011	0,099	0,067	0,035	0,015	0,088	0,91
Kategorie ?	A	A	B	A	A	A	B	B

Block B:

Aufgabe	**539.**	**540.**	**541.**	**542.**	**543.**	**544.**	**545.**	**546.**
Obere Zahl	151	140	178	203	125	87	197	129
Untere Zahl	0,064	0,98	0,044	0,086	0,87	15	0,08	0,07
Kategorie ?	A	B	A	A	B	B	A	C

Block C:

Aufgabe	**547.**	**548.**	**549.**	**550.**	**551.**	**552.**	**553.**	**554.**
Obere Zahl	147,8	64	165	97	137	143	171	100
Untere Zahl	0,95	0,0087	0,049	0,97	0,0067	0,097	0,078	100
Kategorie ?	B	C	A	B	C	B	A	B

Block D:

Aufgabe	**555.**	**556.**	**557.**	**558.**	**559.**	**560.**	**561.**	**562.**
Obere Zahl	15	150,5	148	163	228	147	87	174
Untere Zahl	8,7	0,0088	0,048	0,08	0,054	0,0048	149,9	0,089
Kategorie ?	B	A	C	A	A	C	B	C

Block E:

Aufgabe	**563.**	**564.**	**565.**	**566.**	**567.**	**568.**	**569.**	**570.**
Obere Zahl	15,0	148,7	0,151	150,1	154,1	124	0,987	155,5
Untere Zahl	0,86	0,0086	0,807	0,009	0,095	0,064	138	0,099
Kategorie ?	B	C	B	A	C	C	B	C

Erinnerungs- und Konzentrationsvermögen

Aktenschrank

Der Aktenschrank ist alphabetisch nach folgendem System aufgebaut:

1	2	3	4	5	6	7	8	9	10
Aa - Az	Ba - Bz	Ca - Cz	Da - Dz	Ea - Ez	Fa - Fz	Ga - Gz	Ha - Hl	Hm - Hz	Ia - Iz
11	**12**	**13**	**14**	**15**	**16**	**17**	**18**	**19**	**20**
Ja - Jz	Ka - Kl	Km - Kz	La - Ll	Lm - Lz	Ma - Ml	Mm - Mz	Na - Nz	Oa - Oz	Pa - Pz
21	**22**	**23**	**24**	**25**	**26**	**27**	**28**	**29**	**30**
Qa - Ql	Qm - Qz	Ra - Rl	Rm - Rz	Sa - Sl	Sm - Sz	Ta - Tl	Tm - Tz	Ua - Ul	Um - Zu
31	**32**	**33**	**34**	**35**	**36**	**37**	**38**	**39**	**40**
Va - Vl	Vm - Vz	Wa - Wl	Wm - Wz	Xa - Xl	Xm - Xz	Ya - Yl	Ym - Yz	Za - Zl	Zm - Zz

Lösung

571. **Unter welcher Zahl wird die Akte des Kunden Heinrich einsortiert?** 8
572. **Unter welcher Zahl wird die Akte des Kunden Becker einsortiert?** 2
573. **Unter welcher Zahl wird die Akte des Kunden Schröder einsortiert?** 25
574. **Unter welcher Zahl wird die Akte des Kunden Krüger einsortiert?** 13
575. **Unter welcher Zahl wird die Akte des Kunden Krause einsortiert?** 13
576. **Unter welcher Zahl wird die Akte des Kunden Schmitt einsortiert?** 25
577. **Unter welcher Zahl wird die Akte des Kunden Herrmann einsortiert?** 8
578. **Unter welcher Zahl wird die Akte des Kunden Walter einsortiert?** 33
579. **Unter welcher Zahl wird die Akte des Kunden Schuster einsortiert?** 25
580. **Unter welcher Zahl wird die Akte des Kunden Köhler einsortiert?** 13
581. **Unter welcher Zahl wird die Akte des Kunden Burkhart einsortiert?** 2

582. Unter welcher Zahl wird die Akte des Kunden Meier einsortiert? 16

583. Unter welcher Zahl wird die Akte des Kunden König einsortiert? 13

584. Unter welcher Zahl wird die Akte des Kunden Fuchs einsortiert? 6

585. Unter welcher Zahl wird die Akte des Kunden Möller einsortiert? 17

586. Unter welcher Zahl wird die Akte des Kunden Reger einsortiert? 23

587. Unter welcher Zahl wird die Akte des Kunden Lang einsortiert? 14

588. Unter welcher Zahl wird die Akte des Kunden Jung einsortiert? 11

589. Unter welcher Zahl wird die Akte des Kunden Weiß einsortiert? 33

590. Unter welcher Zahl wird die Akte des Kunden Huber einsortiert? 9

591. Unter welcher Zahl wird die Akte des Kunden Scholz einsortiert? 25

592. Unter welcher Zahl wird die Akte des Kunden Vogel einsortiert? 32

593. Unter welcher Zahl wird die Akte des Kunden Wilhelms einsortiert? 33

594. Unter welcher Zahl wird die Akte des Kunden Friedrich einsortiert? 6

595. Unter welcher Zahl wird die Akte des Kunden Berger einsortiert? 2

596. Unter welcher Zahl wird die Akte des Kunden Roth einsortiert? 24

597. Unter welcher Zahl wird die Akte des Kunden Schubert einsortiert? 25

598. Unter welcher Zahl wird die Akte des Kunden Baumann einsortiert? 2

599. Unter welcher Zahl wird die Akte des Kunden Albers einsortiert? 1

600. Unter welcher Zahl wird die Akte des Kunden Böhm einsortiert? 2

601. Unter welcher Zahl wird die Akte des Kunden Krämer einsortiert? 13

602. Unter welcher Zahl wird die Akte des Kunden Seidel einsortiert? 25

603. Unter welcher Zahl wird die Akte des Kunden Jäger einsortiert? 11

604. Unter welcher Zahl wird die Akte des Kunden Brandt einsortiert? 2

605. Unter welcher Zahl wird die Akte des Kunden Bücher einsortiert? 2

606. Unter welcher Zahl wird die Akte des Kunden Haas einsortiert? 8

607. Unter welcher Zahl wird die Akte des Kunden Kühn einsortiert? 13

608. Unter welcher Zahl wird die Akte des Kunden Pohl einsortiert? 20

609. Unter welcher Zahl wird die Akte des Kunden Voigt einsortiert? 32

610. Unter welcher Zahl wird die Akte des Kunden Groß einsortiert? 7

Erinnerungs- und Konzentrationsvermögen

Original und Abschrift

Bei dieser Aufgabe geht es darum, Zahlen- und/oder Buchstabenfolgen miteinander zu vergleichen.

Lösung

	Original	*Abschrift*	*Fehler*
611.	2158318	2156316	2
612.	6458482	6258284	3
613.	1859782	1869762	2
614.	3587197	3287187	2
615.	5784986	5789486	2
616.	2258791	2258797	1
617.	5478615	5478916	2
618.	7945874	7943874	1
619.	6487459	6481456	2
620.	3124587	8124531	3
621.	5487951	5487851	1
622.	6547894	6541894	1
623.	3249782	3248788	2
624.	3597874	3597824	1
625.	3549872	3649612	3
626.	0054862	0005486	5
627.	0010124	0010012	3
628.	1115482	1154822	4
629.	2211223	2221113	3
630.	3344556	3344456	1
631.	HGRFLED	HGRFLEB	1
632.	RAGSEFA	RAGBEEA	2
633.	JAHWERS	JAHVERS	1
634.	HATWRSD	HATWBSD	1
635.	ÖAJRSFAJ	OAJRSEAJ	2
636.	JAHWNMN	JAHVMNN	3
637.	MNMNNMM	MNNNMMM	2
638.	kjhdHJGG	kjhbHJgG	2
639.	lkjdsURT	lkjDsuRT	2
640.	ncHgsTG	ncHgStg	3
641.	jbdEF>E=	jdbEE>E=	3
642.	QoOqbpBD	QOOqdpbD	3
643.	JA54zR7CD	JJA54zR7C	8
644.	JY23BDQO	JYY23BDO	5
645.	GA+32BBD>	GA+82BDD>	2
646.	&%G?ARV	&%$%§RV	3
647.	FIE§§!5 668	FIE§$!5 868	2
648.	ÜüÖöOoUu	ÜüöÖoOUu	4
649.	ÖöÜüQqOo	ÖöÜüObOo	2
650.	bddbdbdb	bdbbdddb	2

Erinnerungs- und Konzentrationsvermögen

Preisgruppenliste

In diesem Abschnitt werden Ihre Schnelligkeit und Genauigkeit geprüft.

Preisgruppenliste nach Artikel- und Herstellerschlüssel

Artikel-schlüssel ▼	Herstellerschlüssel											
	XY11	XY33	XZ11	XZ22	YX11	YX33	YZ22	YZ33	ZX11	ZX22	ZY22	ZY33
XY000	3€	1€	4€	2€	**5€**	3€	1€	4€	2€	5€	3€	1€
XY001	4€	2€	5€	3€	1€	4€	**2€**	5€	3€	1€	4€	2€
XY112	5€	3€	1€	4€	2€	5€	3€	1€	4€	**2€**	5€	3€
XY223	1€	4€	2€	5€	3€	1€	4€	2€	5€	3€	1€	**4€**
XY334	2€	5€	3€	1€	4€	2€	5€	3€	1€	4€	**2€**	5€
XY445	3€	1€	4€	2€	5€	3€	1€	4€	**2€**	5€	3€	1€
XY556	4€	2€	5€	3€	1€	4€	2€	**5€**	3€	1€	4€	2€
XY667	5€	3€	1€	4€	2€	**5€**	3€	1€	4€	2€	5€	3€
XZ000	1€	4€	**2€**	5€	3€	1€	4€	2€	5€	3€	1€	4€
XZ001	2€	**5€**	3€	1€	4€	2€	5€	3€	1€	4€	2€	5€
XZ112	3€	1€	4€	2€	**5€**	3€	1€	4€	2€	5€	3€	1€
XZ223	4€	2€	5€	3€	1€	4€	2€	5€	**3€**	1€	4€	2€
XZ334	5€	3€	1€	4€	2€	5€	3€	1€	4€	2€	**5€**	3€
XZ445	1€	4€	2€	5€	3€	1€	**4€**	2€	5€	3€	1€	4€
XZ556	2€	5€	3€	**1€**	4€	2€	5€	3€	1€	4€	2€	5€
XZ667	3€	1€	4€	2€	5€	3€	1€	**4€**	2€	5€	3€	1€
YX000	4€	2€	5€	3€	1€	4€	2€	5€	3€	1€	4€	**2€**
YX001	5€	3€	1€	4€	2€	**5€**	3€	1€	4€	2€	5€	3€
YX112	1€	4€	2€	5€	3€	1€	4€	2€	5€	**3€**	1€	4€
YX223	2€	5€	3€	1€	4€	2€	**5€**	3€	1€	4€	2€	5€
YX334	3€	1€	4€	**2€**	5€	3€	1€	4€	2€	5€	**3€**	1€
YX445	4€	2€	5€	3€	1€	4€	2€	5€	3€	1€	4€	**2€**
YX556	5€	3€	1€	4€	2€	5€	**3€**	1€	4€	2€	5€	3€
YX667	1€	4€	2€	5€	3€	1€	4€	2€	5€	3€	**1€**	4€
YZ000	2€	5€	3€	1€	4€	**2€**	5€	3€	1€	4€	2€	5€
YZ001	3€	1€	4€	2€	5€	3€	1€	4€	2€	5€	3€	1€
YZ112	4€	2€	5€	3€	**1€**	4€	2€	5€	3€	1€	4€	2€
YZ223	5€	3€	1€	4€	2€	5€	3€	1€	**4€**	2€	5€	3€
YZ334	1€	**4€**	2€	5€	3€	1€	4€	2€	5€	3€	1€	4€
YZ445	2€	5€	3€	1€	4€	2€	5€	3€	1€	**4€**	2€	5€
YZ556	3€	1€	4€	2€	**5€**	3€	1€	4€	2€	5€	3€	1€
YZ667	4€	2€	5€	3€	1€	**4€**	2€	5€	3€	1€	4€	2€
ZX000	5€	3€	1€	4€	2€	5€	3€	**1€**	4€	2€	5€	3€
ZX001	1€	4€	2€	5€	3€	1€	4€	2€	5€	**3€**	1€	4€
ZX112	2€	5€	3€	1€	4€	**2€**	5€	3€	1€	4€	2€	5€
ZX223	3€	1€	4€	2€	5€	3€	1€	**4€**	2€	5€	3€	1€
ZX334	4€	2€	5€	3€	1€	4€	2€	5€	3€	1€	**4€**	2€
ZX445	5€	3€	**1€**	4€	2€	5€	3€	1€	4€	2€	5€	3€
ZX556	1€	4€	2€	5€	3€	1€	4€	**2€**	5€	3€	1€	4€
ZX667	2€	5€	3€	1€	1€	2€	5€	3€	1€	1€	2€	**5€**

Lösung

Aufgabe	Artikelschlüssel	Herstellerschlüssel	Preisgruppe
651.	XY000	YX11	5 €
652.	XY001	YZ22	2 €
653.	XY112	ZX22	2 €
654.	XY223	ZY33	4 €
655.	XY334	ZY22	2 €
656.	XY445	ZX11	2 €
657.	XY556	YZ33	5 €
658.	XY667	YX33	5 €
659.	XZ000	XZ11	2 €
660.	XZ001	XY33	5 €
661.	XZ112	YX11	5 €
662.	XZ223	ZX11	3 €
663.	XZ334	ZY22	5 €
664.	XZ445	YZ22	4 €
665.	XZ556	XZ22	1 €
666.	XZ667	YZ33	4 €
667.	YX000	ZY33	2 €
668.	YX001	YX33	5 €
669.	YX112	ZX22	3 €
670.	YX223	YZ22	5 €
671.	YX334	ZY22	3 €
672.	YZ334	XY33	4 €
673.	ZX000	YZ33	1 €
674.	ZX334	ZY22	4 €
675.	YZ000	YX33	2 €
676.	ZX667	ZY33	5 €
677.	YZ556	YX11	5 €
678.	ZX112	YX33	2 €
679.	ZX556	YZ33	2 €
680.	YZ223	ZX11	4 €
681.	YX334	XZ22	2 €
682.	YZ112	YX11	1 €
683.	YZ445	ZX22	4 €
684.	ZX223	YZ33	4 €
685.	ZX001	ZX22	3 €
686.	ZX445	XZ11	1 €
687.	YZ667	YX33	4 €
688.	YX556	YZ22	3 €
689.	YX667	ZY22	1 €
690.	YX445	ZY33	2 €

Erinnerungs- und Konzentrationsvermögen

„p“ und „q“-Test

In diesem Abschnitt werden Ihre Schnelligkeit und Genauigkeit geprüft.

Lösung

Aufgabe	1	2	3	4	5	6	7	8	9	10	11	12	13	14	15	16	17	18	19	20	Anzahl
691.	p	p	**q**	b	p	**q**	p	b	**q**	p	p	**q**	b	**q**	p	d	p	**q**	p	**q**	7
692.	p	p	b	d	p	p	**q**	p	d	**q**	p	**q**	d	**q**	p	b	p	**q**	p	**q**	6
693.	p	b	p	**q**	p	d	d	p	**q**	p	b	p	**q**	d	**q**	p	d	p	**q**	p	5
694.	p	d	p	b	p	**q**	p	p	b	p	**q**	p	**q**	**q**	p	d	**q**	p	**q**	**q**	7
695.	p	d	**q**	p	d	**q**	p	b	**q**	p	**q**	b	**q**	d	**q**	p	**q**	d	**q**	p	8
696.	d	p	p	d	p	b	b	p	d	p	**q**	p	**q**	**q**	**q**	p	**q**	p	**q**	**q**	7
697.	b	p	d	**q**	p	**q**	p	d	p	p	**q**	d	**q**	**q**	p	b	**q**	p	**q**	**q**	8
698.	d	p	d	p	p	**q**	p	**q**	b	**q**	**q**	p	b	d	p	p	**q**	p	d	p	5
699.	p	p	**q**	**q**	d	**q**	**q**	p	**q**	p	d	p	b	p	**q**	b	p	d	p	d	6
700.	p	d	d	p	**q**	p	b	**q**	p	b	**q**	p	**q**	p	b	p	**q**	p	**q**	b	6
701.	p	p	d	p	d	p	**q**	p	**q**	p	d	p	**q**	**q**	b	p	b	p	**q**	**q**	6
702.	p	**q**	**q**	p	**q**	p	d	p	d	p	p	d	**q**	p	p	d	p	b	**q**	p	5
703.	p	b	p	d	d	p	d	p	p	**q**	p	d	p	**q**	p	b	p	b	p	**q**	3
704.	p	b	b	p	d	p	d	p	p	**q**	d	**q**	p	**q**	**q**	d	p	**q**	p	**q**	6
705.	p	p	d	p	b	p	b	b	p	d	p	p	**q**	**q**	p	d	d	p	**q**	**q**	4
706.	p	d	p	b	**q**	p	b	**q**	p	**q**	p	b	**q**	**q**	p	d	d	p	**q**	**q**	7
707.	p	p	**q**	p	**q**	p	**q**	b	p	**q**	**q**	d	**q**	p	**q**	d	**q**	p	**q**	p	9
708.	p	p	b	b	p	d	**q**	p	**q**	**q**	**q**	p	d	d	p	b	**q**	p	b	p	5
709.	p	p	p	b	p	b	d	p	d	p	**q**	p	b	p	**q**	p	**q**	b	p	p	3
710.	p	p	b	p	b	p	d	**q**	p	**q**	p	p	**q**	**q**	p	d	b	p	**q**	**q**	6
711.	p	p	b	**q**	p	b	**q**	p	**q**	**q**	p	**q**	p	d	p	d	p	**q**	p	p	6
712.	p	p	**q**	**q**	p	b	**q**	**q**	p	b	**q**	**q**	p	d	d	p	**q**	**q**	p	p	8
713.	p	p	p	b	p	b	p	**q**	b	**q**	p	**q**	d	**q**	p	d	p	**q**	p	**q**	6
714.	p	d	p	b	p	d	p	p	b	p	p	**q**	**q**	**q**	p	b	p	**q**	**q**	**q**	6
715.	b	p	b	p	d	p	d	p	d	p	p	b	p	**q**	**q**	p	p	b	d	**q**	3
716.	p	b	p	b	b	p	p	d	**q**	p	**q**	b	**q**	**q**	p	d	**q**	p	**q**	**q**	7
717.	p	d	p	b	p	p	b	p	**q**	p	**q**	p	**q**	p	d	p	**q**	p	**q**	p	5
718.	**q**	p	**q**	**q**	p	p	**q**	p	p	**q**	p	p	p	**q**	p	p	p	p	p	**q**	7
719.	p	**q**	p	d	p	d	p	b	b	p	**q**	p	**q**	p	b	d	**q**	p	**q**	p	5
720.	p	**q**	p	**q**	b	**q**	p	b	p	d	**q**	d	**q**	**q**	p	b	**q**	p	**q**	**q**	9
721.	p	p	b	d	d	**q**	b	**q**	p	**q**	p	d	**q**	p	d	b	p	p	**q**	p	5
722.	p	p	p	p	d	b	d	p	b	**q**	p	b	**q**	**q**	**q**	p	b	p	**q**	**q**	6
723.	p	p	p	b	p	b	d	p	d	p	p	d	p	p	**q**	p	d	p	p	p	1
724.	**q**	p	**q**	**q**	**q**	**q**	p	d	p	**q**	p	p	p	**q**	p	p	d	b	b	**q**	8
725.	p	**q**	**q**	p	p	**q**	**q**	p	d	**q**	p	**q**	p	d	b	b	p	**q**	p	p	7
726.	p	d	p	**q**	**q**	p	**q**	**q**	**q**	p	b	d	p	p	**q**	p	b	d	d	p	6
727.	**q**	**q**	**q**	p	**q**	p	**q**	d	**q**	d	**q**	b	**q**	p	b	p	**q**	p	**q**	p	10
728.	p	**q**	p	p	**q**	**q**	p	p	**q**	p	**q**	p	b	p	**q**	b	**q**	p	b	p	7
729.	p	p	**q**	**q**	**q**	p	p	**q**	p	b	p	b	d	d	**q**	p	p	d	p	p	5
730.	p	p	**q**	p	p	p	p	p	b	d	b	p	b	p	**q**	p	d	d	p	p	2

3

Prüfung · Teil 3

Mathematisches Verständnis

Grundrechenarten ohne Taschenrechner

731. 179 + 820 + 0,5 × 3 =

Antwort: 1.000,5

732. (25 + 7) × ((0,7 × (2 – 2)) =

Antwort: 0

733. 2 + (5 + 7) × 1,5 =

Antwort: 20

734. 57,6 ÷ 2 ÷ 4 ÷ 9 =

Antwort: 0,8

735. 999 – 3,33 + 6,6 =

Antwort: 1.002,27

736. (8 ÷ (4 ÷ 0,5)) – 66,75 =

Antwort: -65,75

737. (3,1 + 1,72 – 0,5) ÷ 2 =

Antwort: 2,16

738. 24,25 + 2,6 – 7 ÷ 4 =

Antwort: 25,1

739. 4,2 ÷ (3,5 × 2) + 4,3 =

Antwort: 4,9

740. 7,6 ÷ ((0,4 + 1,5) × 2) =

Antwort: 2

Mathematisches Verständnis

Kettenaufgaben ohne Punkt vor Strich

Bei dieser Aufgabe geht es darum, einfache Rechnungen im Kopf zu lösen.

741. 27 ÷ 3 + 18 ÷ 3 × 2 + 118 – 30 ÷ 2 + 3 ÷ 7 ÷ 2 + 16 = ?

- **A.** 25,5
- **B.** 20
- **C.** 18
- **D.** 15
- **E.** Keine Antwort ist richtig.

Antwort: **B**

---

742. 30 ÷ 6 + 23 + 46 – 2 ÷ 8 × 9 + 9 + 909 ÷ 3 = ?

- **A.** 46
- **B.** 333
- **C.** 1.240,67
- **D.** 87
- **E.** Keine Antwort ist richtig.

Antwort: **B**

---

743. 1550 – 26 + 12 ÷ 3 × 2 ÷ 4 – 156 – 20 ÷ 16 = ?

- **A.** 125
- **B.** 86
- **C.** 10
- **D.** 5
- **E.** Keine Antwort ist richtig.

Antwort: **D**

---

744. 6 × 5 – 12 ÷ 2 + 27 – 3 ÷ 11 + 5 × 40 ÷ 2 – 50 ÷ 2 = ?

- **A.** 55
- **B.** 49
- **C.** 86
- **D.** 99
- **E.** Keine Antwort ist richtig.

Antwort: **A**

745. $18 + 7 \div 5 \times 8 + 12 \div 4 + 3 \div 4 - 2 \times 9 - 10 \times 11 = ?$

- **A.** 110
- **B.** 99
- **C.** 88
- **D.** 121
- **E.** Keine Antwort ist richtig.

Antwort: **C**

---

746. $9 \times 2 + 9 \div 3 \times 9 - 3 \div 6 + 15 \div 4 \times 5 + 11 \div 2 - 5 \div 6 + 78 \div 9 = ?$

- **A.** 9
- **B.** 12
- **C.** 11
- **D.** 10
- **E.** Keine Antwort ist richtig.

Antwort: **A**

---

747. $84 + 14 \div 7 + 12 \div 2 \times 7 + 8 \div 3 - 5 \times 2 + 44 = ?$

- **A.** 75
- **B.** 63
- **C.** 100
- **D.** 56
- **E.** Keine Antwort ist richtig.

Antwort: **C**

---

748. $24 + 17 \times 2 + 3 \div 5 + 4 \div 7 \times 2 + 19 \div 5 + 1 \times 8 + 7 = ?$

- **A.** 63
- **B.** 59
- **C.** 47
- **D.** 55
- **E.** Keine Antwort ist richtig.

Antwort: **D**

749. $57 - 12 \div 9 + 12 - 3 \div 2 - 3 \times 5 + 6 \div 2 \times 3 - 3 \div 6 = ?$

- **A.** 9
- **B.** 11
- **C.** 12
- **D.** 6
- **E.** Keine Antwort ist richtig.

Antwort: **D**

---

750. $2 \times 2 + 2 \div 2 + 2 \times 2 - 2 + 22 \div 2 + 2 \times 2 - 2 \times 2 + 2 = ?$

- **A.** 58
- **B.** 66
- **C.** 28
- **D.** 39
- **E.** Keine Antwort ist richtig.

Antwort: **B**

Mathematisches Verständnis

Schätzaufgaben

In diesem Abschnitt erhalten Sie Rechenaufgaben, die Sie nicht ausrechnen, sondern schätzen sollen.

751. **23.888 – 13.966 – 712 = ?**

A. 9.210
B. 10.120
C. 9.046
D. 11.228
E. Keine Antwort ist richtig.

Antwort: **A**

Die letzte Ziffer der Lösung lässt sich berechnen, indem man nur die Endziffern der einzelnen Werte betrachtet:

$8 - 6 - 2 = 0$

Die letzte Ziffer des Endergebnisses lautet also 0. Per Überschlag stellt man außerdem fest, dass die gesuchte Zahl kleiner als 10.000 sein muss (23.8xx – 13.9xx < 10.000). Beide dieser Bedingungen erfüllt nur Antwort A.

---

752. **4,7 × 3,9 = ?**

A. 18,78
B. 20,12
C. 18,33
D. 13,31
E. Keine Antwort ist richtig.

Antwort: **C**

Die letzte Ziffer der Lösung lässt sich berechnen, indem man nur die Endziffern der einzelnen Werte betrachtet:

$7 \times 9 = 63$

Die letzte Ziffer des Endergebnisses lautet also 3. Per Überschlag stellt man außerdem fest, dass der gesuchte Wert kleiner als 20 (5 x 4) sein muss. Beide dieser Bedingungen erfüllt nur Antwort C.

753. $6{,}7^2 - 1{,}4^2 = ?$

- A. 42,93
- B. 37,65
- C. 32,78
- D. 10,77
- E. Keine Antwort ist richtig.

Antwort: **A**

Die letzte Ziffer der Lösung lässt sich berechnen, indem man nur die Endziffern der einzelnen Werte betrachtet: Diese Endziffern lauten 9 ($7 \times 7 = 49$) und 6 ($4 \times 4 = 16$). Die letzte Ziffer des Endergebnisses ergibt sich demnach aus der Rechnung:

$9 - 6 = 3$

---

754. 11.249 + 22.336 + 908 = ?

- A. 34.383
- B. 34.493
- C. 35.344
- D. 34.954
- E. Keine Antwort ist richtig.

Antwort: **B**

Die letzte Ziffer der Lösung lässt sich berechnen, indem man nur die Endziffern der einzelnen Werte betrachtet:

$9 + 6 + 8 = 23$

Die letzte Ziffer des Endergebnisses ist also 3. Per Überschlag mit gerundeten Tausenderwerten stellt man außerdem fest, dass die Lösung größer sein muss als 34,4 (11,2 + 22,3 + 0,9). Beide dieser Bedingungen erfüllt nur Antwort B.

---

755. 1.645 × 3.987 = ?

- A. 3.661.196
- B. 6.558.615
- C. 111.965.515
- D. 987.435
- E. Keine Antwort ist richtig.

Antwort: **B**

Die letzte Ziffer der Lösung lässt sich berechnen, indem man nur die Endziffern der einzelnen Werte betrachtet:

$5 \times 7 = 35$

Die letzte Ziffer des Endergebnisses ist also 5. Da zwei vierstellige Zahlen multipliziert werden, muss der gesuchte Wert außerdem mindestens siebenstellig, kann aber höchstens achtstellig sein. Beide dieser Bedingungen erfüllt nur Antwort B.

---

756. 26,8 % von 480 = ?

- **A.** 98,44
- **B.** 210,02
- **C.** 118,98
- **D.** 128,64
- **E.** Keine Antwort ist richtig.

Antwort: **D**

Für die Schätzung kann statt 26,8 ein handlicherer Wert von 25 % – das entspricht $^1/_4$ – angenommen werden. Ein Viertel von 480 ist 120. Das Endergebnis muss leicht darüber liegen.

---

757. $4,3^3$ = ?

- **A.** 125,89
- **B.** 84,388
- **C.** 63,797
- **D.** 79,507
- **E.** Keine Antwort ist richtig.

Antwort: **D**

Die letzte Ziffer der Lösung lässt sich berechnen, indem man nur die Endziffern der einzelnen Werte betrachtet:

$3 \times 3 \times 3 = 27$ (dritte Potenz)

Die letzte Ziffer des Endergebnisses lautet also 7. Per Überschlag stellt man außerdem fest, dass der gesuchte Wert zwischen 64 (4^3) und 125 (5^3) liegen muss. Beide dieser Bedingungen erfüllt nur Antwort D

---

758. (243 ÷ 2,105) × $^3/_4$ = ?

- **A.** 54,63
- **B.** 86,579
- **C.** 99,754
- **D.** 112,867
- **E.** Keine Antwort ist richtig.

Antwort: **B**

Die Klammer ist in dieser Aufgabe eigentlich überflüssig – lassen Sie sich daher von ihr nicht irritieren. Die Lösung lässt sich einfacher schätzen, wenn man statt von 243 vom handlicheren Wert 240 ausgeht und ihn durch 2 teilt. Demnach ist zu berechnen:

$240 \div 2 \times 3/4 = 120 \times 3/4 = 360/4 = 90$

Dieser Wert ist eine ausreichende Annäherung an das genaue Endergebnis.

---

759. $5/14 + 4/27 = ?$

- **A.** 0,992
- **B.** 1,202
- **C.** 0,848
- **D.** 0,505
- **E.** Keine Antwort ist richtig.

Antwort: **D**

Für die Schätzung kann statt $4/27$ der Wert $4/28$ – oder $2/14$ – verwendet werden. Als Annäherung erhält man so:

$5/14 \times 2/14 = 7/14 = 0{,}5$

---

760. 467,45 – 276,5 + 1.235,55 = ?

- **A.** 1.508,65
- **B.** 1.492
- **C.** 1.426,5
- **D.** 1.284,5
- **E.** Keine Antwort ist richtig.

Antwort: **C**

Die Nachkommastellen lassen sich geschickt umgruppieren und gesondert berechnen:

$0{,}45 - 0{,}5 + 0{,}55 = 0{,}45 + 0{,}55 - 0{,}5 = 0{,}5$

Die Nachkommastelle der Lösung lautet also 0,5. Mit gerundeten Hunderterwerten lässt sich das Ergebnis außerdem wie folgt überschlagen:

$4{,}7 - 2{,}8 + 12{,}3 = 14{,}2$

Beide dieser Bedingungen erfüllt nur Antwort C.

Mathematisches Verständnis

Rechenoperationen ergänzen

761. $7 \square 2 \square 3 = 1$

Antwort:

$7 - 2 \times 3 = 7 - 6 = 1$

762. $15 \square 3 \square 4 = 9$

Antwort:

$15 \div 3 + 4 = 5 + 4 = 9$

763. $2 \square 8 \square 7 = 9$

Antwort:

$2 \times 8 - 7 = 9$

764. $9 \square 3 \square 4 = 12$

Antwort:

$9 \div 3 \times 4 = 3 \times 4 = 12$

765. $6 \square 4 \square 5 = 19$

Antwort:

$6 \times 4 - 5 = 19$

766. $1 \square 4 \square 4 = 17$

Antwort:

$1 + 4 \times 4 = 17$

767. $7 \square 9 \square 3 = 10$

Antwort:

$7 + 9 \div 3 = 7 + 3 = 10$

768. $8 \square 2 \square 1 = 7$

Antwort:

$8 - 2 + 1 = 7$

769. $14 \square 2 \square 7 = 4$

Antwort:

$14 \times 2 \div 7 = 28 \div 7 = 4$

770. $18 \square 3 \square 2 = 4$

Antwort:

$18 \div 3 - 2 = 6 - 2 = 4$

771. $12 \square 2 \square 8 = 16$

Antwort:

$12 \times 2 - 8 = 24 - 8 = 16$

772. $3 \square 6 \square 2 = 9$

Antwort:

$3 \times 6 \div 2 = 18 \div 2 = 9$

773. $17 \square 9 \square 3 = 11$

Antwort:

$17 - 9 + 3 = 11$

777. $8 \square 7 \square 4 = 14$

Antwort:

$8 \times 7 \div 4 = 56 \div 4 = 14$

774. $11 \square 6 \square 2 = 8$

Antwort:

$11 - 6 \div 2 = 11 - 3 = 8$

778. $9 \square 3 \square 5 = 8$

Antwort:

$9 \div 3 + 5 = 3 + 5 = 8$

775. $7 \square 2 \square 9 = 5$

Antwort:

$7 \times 2 - 9 = 14 - 9 = 5$

779. $7 \square 8 \square 4 = 5$

Antwort:

$7 - 8 \div 4 = 7 - 2 = 5$

776. $2 \square 3 \square 2 = 12$

Antwort:

$2 \times 3 \times 2 = 6 \times 2 = 12$

780. $16 \square 2 \square 6 = 14$

Antwort:

$16 \div 2 + 6 = 8 + 6 = 14$

Mathematisches Verständnis

Rechnen mit vertauschten Operatoren

Bei dieser Aufgabe geht es um die Grundrechenarten, jedoch haben die mathematischen Zeichen eine andere Bedeutung.

Es gilt:

– bedeutet ×

+ bedeutet ÷

÷ bedeutet –

× bedeutet +

781. $1 \times 5 =$

Antwort: $1 + 5 = 6$

782. $4 - 6 =$

Antwort: $4 \times 6 = 24$

783. $7 \div 2 =$

Antwort: $7 - 2 = 5$

784. $15 + 3 =$

Antwort: $15 \div 3 = 5$

785. $3 \times 8 =$

Antwort: $3 + 8 = 11$

786. $8 \times 2 =$

Antwort: $8 + 2 = 10$

787. $35 + 5 =$

Antwort: $35 \div 5 = 7$

788. $8 - 8 =$

Antwort: $8 \times 8 = 64$

789. $96 + 4 =$

Antwort: $96 \div 4 = 24$

790. $102 \div 17 =$

Antwort: $102 - 17 = 85$

Mathematisches Verständnis

Bruchrechnen

In diesem Abschnitt werden die wesentlichen Zusammenhänge der Bruchrechnung geprüft, wobei der Bruchstrich nichts anderes als ein Geteiltzeichen darstellt.

791. $\frac{3}{5} \div \frac{2}{5} = ?$

A. $1\frac{1}{4}$

B. $1\frac{1}{2}$

C. $1\frac{3}{4}$

D. $1\frac{4}{5}$

E. Keine Antwort ist richtig.

Antwort: **B**

Brüche werden dividiert, indem man mit dem Kehrwert multipliziert. Nenner mit Nenner und Zähler mit Zähler multiplizieren. Brüche müssen so weit wie möglich gekürzt werden.

$$\frac{3}{5} \div \frac{2}{5} = \frac{3}{5} \times \frac{5}{2} = \frac{15}{10} = \frac{3}{2} = 1\frac{1}{2}$$

---

792. $\frac{18}{8} - \frac{3}{2} = ?$

A. $\frac{2}{3}$

B. $\frac{3}{4}$

C. $\frac{4}{5}$

D. $\frac{15}{8}$

E. Keine Antwort ist richtig.

Antwort: **B**

Brüche werden subtrahiert, indem man den gemeinsamen Nenner findet, die Zähler subtrahiert und den Nenner beibehält. Anschließend muss das Ergebnis so weit wie möglich gekürzt werden.

$$\frac{18}{8} - \frac{3}{2} = \frac{18}{8} - \frac{12}{8} = \frac{6}{8} = \frac{3}{4}$$

793. $\frac{8}{4} \times \frac{5}{4} = ?$

A. $\frac{5}{2}$

B. $\frac{13}{8}$

C. $\frac{13}{16}$

D. 10

E. Keine Antwort ist richtig.

Antwort: **A**

Brüche werden multipliziert, indem man Zähler und Nenner miteinander multipliziert. Anschließend muss das Ergebnis so weit wie möglich gekürzt werden.

$$\frac{8}{4} \times \frac{5}{4} = \frac{40}{16} = \frac{5}{2}$$

794. $\frac{8}{3} \div \frac{6}{2} = ?$

A. $\frac{48}{5}$

B. 8

C. $\frac{8}{9}$

D. $\frac{10}{9}$

E. Keine Antwort ist richtig.

Antwort: **C**

Brüche werden dividiert, indem man mit dem Kehrwert multipliziert. Anschließend muss das Ergebnis so weit wie möglich gekürzt werden.

$$\frac{8}{3} \div \frac{6}{2} = \frac{8}{3} \times \frac{2}{6} = \frac{16}{18} = \frac{8}{9}$$

795. $\frac{12}{4}+\frac{3}{2}=?$

- **A.** $\frac{5}{2}$
- **B.** $\frac{7}{2}$
- **C.** $\frac{9}{2}$
- **D.** $\frac{11}{2}$
- **E.** Keine Antwort ist richtig.

Antwort: **C**

Brüche werden addiert, indem man den gemeinsamen Nenner findet, die Zähler addiert und den Nenner beibehält. Anschließend muss das Ergebnis so weit wie möglich gekürzt werden.

$$\frac{12}{4}+\frac{3}{2}=\frac{6}{2}+\frac{3}{2}=\frac{9}{2}$$

Mathematisches Verständnis

Umrechnen (Maße und Einheiten)

796. Wie viele Zentimeter sind 435 Millimeter?

A. 4.350
B. 0,435
C. 217,5
D. 43,5
E. Keine Antwort ist richtig.

Antwort: **D**

Ein Millimeter entspricht 0,1 Zentimetern, also ergeben 435 Millimeter 43,5 Zentimeter:

$435 \times 0{,}1 \text{ cm} = 43{,}5 \text{ cm}$

---

797. Wie viele Quadratdezimeter sind 0,9 Hektar?

A. 900.000
B. 9 Mio.
C. 90.000
D. 9.000
E. Keine Antwort ist richtig.

Antwort: **A**

Ein Hektar entspricht 10.000 Quadratmetern bzw. 1.000.000 Quadratdezimetern, also ergeben 0,9 Hektar 900.000 Quadratdezimeter:

$0{,}9 \times 1.000.000 \text{ dm}^2 = 900.000 \text{ dm}^2$

---

798. Wie viele Millimeter sind 34,7 Zentimeter?

A. 347.000
B. 34.700
C. 3.470
D. 347
E. Keine Antwort ist richtig.

Antwort: **D**

Ein Zentimeter entspricht 10 Millimetern, also ergeben 34,7 Zentimeter 347 Millimeter:

$34{,}7 \times 10 \text{ mm} = 347 \text{ mm}$

799. Wie viele Gramm sind 5 Pfund und 75 Gramm?

A. 1.150
B. 5.075
C. 575
D. 2.575
E. Keine Antwort ist richtig.

Antwort: **D**

Ein Pfund entspricht 0,5 Kilogramm bzw. 500 Gramm, also entsprechen 5 Pfund 2.500 Gramm:

$5 \times 500\ g = 2.500\ g$

Nimmt man die weiteren 75 Gramm hinzu, ergibt sich ein Gesamtgewicht von 2.575 Gramm.

---

800. Wie viele Quadratdezimeter sind 48 Quadratmillimeter?

A. 0,48
B. 4,8
C. 0,00048
D. 0,0048
E. Keine Antwort ist richtig.

Antwort: **D**

Ein Quadratmillimeter umfasst 0,0001 Quadratdezimeter, also ergeben 48 Quadratmillimeter 0,0048 Quadratdezimeter:

$48 \times 0{,}0001\ dm^2 = 0{,}0048\ dm^2$

Mathematisches Verständnis

Prozentrechnen

Bei der Prozentrechnung gibt es drei Größen, die zu beachten sind: den Prozentsatz, den Prozentwert und den Grundwert. Zwei dieser Größen müssen gegeben sein, um die dritte Größe berechnen zu können.

801. Herr Mayer kauft einen Sonderposten für 18.000 € und möchte diesen für 25.200 € weiterverkaufen. Wie viel Prozent Gewinn würde Herr Mayer erzielen?

A. 30 %
B. 35 %
C. 40 %
D. 50 %
E. Keine Antwort ist richtig.

Antwort: **C**

Herr Mayer würde einen Gewinn von 40 Prozent erzielen.

$$\text{Prozentsatz} = \frac{\text{Prozentwert} \times 100}{\text{Grundwert}}$$

Gewinn = 25.200 € - 18.000 € = 7.200 €

$$\text{Prozentsatz} = \frac{7.200\,€ \times 100}{18.000\,€} = 40\,\%$$

---

802. Nach Abzug von 15 % Rabatt zahlt Herr Mayer nur noch 11.900 € für eine Maschine. Wie viel hätte die Maschine regulär ohne Rabatt gekostet?

A. 14.000 €
B. 14.500 €
C. 15.000 €
D. 15.500 €
E. Keine Antwort ist richtig.

Antwort: **A**

Ohne Abzug von Rabatt hätte die Maschine 14.000 € gekostet.

$$\text{Grundwert} = \frac{\text{Prozentwert} \times 100}{\text{Prozentsatz}}$$

$$\text{Grundwert} = \frac{11.900\,€ \times 100}{85} = 14.000\,€$$

803. Bei einer 20 % Rabattaktion möchte Herr Mayer richtig zuschlagen. Er will einen Posten über 20.000 € erwerben. Wie viel Euro würde Herr Mayer bei dem Rabatt von 20 % sparen?

A. 3.000 €
B. 3.500 €
C. 4.000 €
D. 4.500 €
E. Keine Antwort ist richtig.

Antwort: **C**

Herr Mayer würde einen Betrag von 4.000 € einsparen.

$$\text{Prozentwert} = \frac{\text{Grundwert} \times \text{Prozentsatz}}{100}$$

$$\text{Prozentwert} = \frac{20.000\ € \times 20}{100} = 4.000\ €$$

804. Nach Abzug von 20 % Rabatt zahlt ein Kunde nur noch 2.400 €. Wie viel Euro hätte er ohne einen Rabattabzug zahlen müssen?

A. 2.500 €
B. 2.600 €
C. 2.700 €
D. 3.000 €
E. Keine Antwort ist richtig.

Antwort: **D**

Ohne Rabatt hätte der Kunde einen Preis von 3.000 € zahlen müssen.

$$\text{Grundwert} = \frac{\text{Prozentwert} \times 100}{\text{Prozentsatz}}$$

$$\text{Grundwert} = \frac{2.400\ € \times 100}{80} = 3.000\ €$$

805. Herr Mayer möchte den Einkauf eines Sonderpostens über die Bank finanzieren. Nach einem Jahr würde er inklusive Zinsen einen Betrag von 16.960 € zurückzahlen bei einem Zinssatz von sechs Prozent. Wie viel hat Herr Mayer beim Einkauf für den Sonderposten bezahlt?

A. 15.000 €

B. 16.000 €

C. 17.000 €

D. 18.000 €

E. Keine Antwort ist richtig.

Antwort: **B**

Der Sonderposten hat beim Einkauf 16.000 € gekostet.

$$\text{Grundwert} = \frac{\text{Prozentwert} \times 100}{\text{Prozentsatz}}$$

$$\text{Grundwert} = \frac{16.960\ € \times 100}{106} = 16.000\ €$$

Mathematisches Verständnis

Zinsrechnen

Bei der kaufmännischen Zinsrechnung werden dem Monat 30 Tage und dem Jahr 360 Tage zugrunde gelegt.

**806. Um eine weitere Maschine erwerben zu können, muss Herr Mayer eine Geldanlage in Höhe von 24.000 € nach vier Monaten auflösen, die er zu sieben Prozent angelegt hatte.
Wie viel Zinsen erhält er für vier Monate?**

A. 350 €
B. 440 €
C. 560 €
D. 650 €
E. Keine Antwort ist richtig.

Antwort: **C**

Herr Mayer würde für die vier Monate Zinsen in Höhe von 560 € erhalten.

$$\text{Zinsen} = \frac{\text{Kapital} \times \text{Zinssatz} \times \text{Tage}}{100 \times 360\text{ d}}$$

$$\text{Zinsen} = \frac{24.000\text{ €} \times 7 \times 120\text{ d}}{100 \times 360\text{ d}} = 560\text{ €}$$

807. Welchen Betrag muss Herr Mayer zu einem Zinssatz von fünf Prozent anlegen, um monatlich einen Zins von 500 € zu erhalten?

A. 60.000 €
B. 80.000 €
C. 100.000 €
D. 120.000 €
E. Keine Antwort ist richtig.

Antwort: **D**

Herr Mayer muss einen Betrag von 120.000 € anlegen, um monatlich 500 € Zinsen zu erhalten.

$$\text{Kapital} = \frac{\text{Zinsen} \times 100 \times 360\text{ d}}{\text{Zinssatz} \times \text{Tage}}$$

$$\text{Kapital} = \frac{500\text{ €} \times 100 \times 360\text{ d}}{5 \times 30\text{ d}} = 120.000\text{ €}$$

808. Herr Mayer möchte eine neue Maschine zum Preis von 40.000 € kaufen. Er bekommt von der Bank einen Kredit zu einem Zinssatz von sechs Prozent. Herr Mayer möchte den Kredit nach 90 Tagen abzahlen. Wie viel Prozent des Anschaffungspreises machen die Zinsen für 90 Tage aus?

A. 1,0 %
B. 1,5 %
C. 2,0 %
D. 2,5 %
E. Keine Antwort ist richtig.

Antwort: **B**

Herr Mayer müsste 600 € Zinsen zahlen, das sind 1,5 % von 40.000 €.

$$\text{Zinsen} = \frac{\text{Kapital} \times \text{Zinssatz} \times \text{Tage}}{100 \times 360\ \text{d}}$$

$$\text{Zinsen} = \frac{40.000 \times 6 \times 90\ \text{d}}{100 \times 360\ \text{d}} = 600\ €$$

$$\text{Prozentsatz} = \frac{\text{Prozentwert} \times 100}{\text{Grundwert}}$$

$$\text{Prozentsatz} = \frac{600\ € \times 100}{40.000\ €} = 1{,}5\ \%$$

809. Herr Mayer hat eine Maschine, die er vor einem Jahr für 20.000 € erworben hatte, nun abzahlen können. Insgesamt hat er nach einem Jahr für die Maschine 21.800 € bezahlt. Wie hoch war der Zinssatz, den Herr Mayer erhalten hat?

A. 4 %
B. 5 %
C. 6 %
D. 9 %
E. Keine Antwort ist richtig.

Antwort: **D**

Der Zinssatz betrug neun Prozent.

$$\text{Zinssatz} = \frac{\text{Zinsen} \times 100 \times 360\ \text{d}}{\text{Kapital} \times \text{Tage}}$$

$$\text{Zinssatz} = \frac{1.800\ € \times 100 \times 360\ \text{d}}{20.000\ € \times 360\ \text{d}} = 9\ \%$$

810. Für eine Geldanlage in Höhe von 50.000 €, die mit sieben Prozent verzinst wurde, hat Herr Mayer insgesamt einen Betrag in Höhe von 53.500 € erhalten. Wie lange war das Geld angelegt?

- **A.** $\frac{1}{4}$ Jahr
- **B.** $\frac{1}{2}$ Jahr
- **C.** 1 Jahr
- **D.** 1,5 Jahre
- **E.** Keine Antwort ist richtig.

Antwort: **C**

Das Geld war genau ein Jahr angelegt.

$$\text{Tage} = \frac{\text{Zinsen} \times 100 \times 360\,\text{d}}{\text{Kapital} \times \text{Zinssatz}}$$

$$\text{Tage} = \frac{3.500\,€ \times 100 \times 360\,\text{d}}{50.000\,€ \times 7} = 360\,\text{d}$$

Mathematisches Verständnis

Gemischte Textaufgaben

**811. Herr Mayer möchte seinen 14-tägigen Urlaub planen. Seine Ersparnisse reichen, um pro Tag 40 € auszugeben. Nun möchte er den geplanten Urlaub um 2 Tage verlängern.
Wie viel Geld steht Herrn Mayer pro Tag zu Verfügung, wenn er statt 14 Tage nun 16 Tage Urlaub planen möchte?**

A. 25 €
B. 23 €
C. 32 €
D. 35 €
E. Keine Antwort ist richtig.

Antwort: **D**

Für 16 Tage Urlaub stünden Herrn Mayer pro Tag 35 € zur Verfügung.

Budget = 14 d × 40 € = 560 €

560 € ÷ 16 d = 35 € pro Tag

---

812. Mit seinem alten Moped benötigt Herr Mayer für den Weg zu seinem Ferienhaus mit einer Durchschnittsgeschwindigkeit von 60 km/h genau 6 Stunden. Nun möchte Herr Mayer ein neues Moped erwerben, womit er 80 km/h fahren kann. Wie viel Minuten benötigt Herr Mayer, wenn er im Durchschnitt 60 km/h fährt?

A. 300 min
B. 350 min
C. 360 min
D. 400 min
E. Keine Antwort ist richtig.

Antwort: **C**

Herr Mayer würde für die Strecke bei 60 km/h Fahrtgeschwindigkeit 360 Minuten benötigen.

6 h × 60 = 360 min

---

813. Wie lautet die Fahrtzeit mit dem neuen Moped, wenn er seine Durchschnittsgeschwindigkeit auf 80 km/h erhöht?

A. 250 min
B. 260 min
C. 270 min
D. 280 min
E. Keine Antwort ist richtig.

Antwort: **C**

Herr Mayer würde mit einer Geschwindigkeit von 80 km/h für die Strecke 270 Minuten benötigen.

6 h × 60 km/h = 360 km

360 km ÷ 80 km/h × 60 = 270 min

---

814. Das alte Moped von Herrn Mayer hat einen Verbrauch von 3,2 Liter pro 100 km. Das neue Moped verbraucht dagegen nur 2,4 Liter pro 100 km.
Wie viel % Benzin verbraucht das neue Moped weniger?

A. 10 %
B. 15 %
C. 20 %
D. 25 %
E. Keine Antwort ist richtig.

Antwort: **D**

Das neue Moped verbraucht 25 % weniger Benzin als das alte.

---

815. Der Liter Sprit kostet 1,40 €. Nach wie vielen Kilometern ergibt sich für Herrn Mayer eine Spritersparnis von 4,48 € im Vergleich zum alten Moped?

A. 400 km
B. 410 km
C. 420 km
D. 430 km
E. Keine Antwort ist richtig.

Antwort: **A**

Bei einer Strecke von 400 km würde Herr Mayer eine Spritersparnis von 4,48 € erzielen.

0,8 l × 1,40 € = 1,12 € Ersparnis pro 100 km

(4,48 € ÷ 1,12 €) × 100 km = 4 × 100 km = 400 km

816. Herr Mayer und zwei weitere Mitarbeiter haben einen Handelspreis in Höhe von 2.000 € gewonnen. Der Preis soll nun nach dem Engagement der einzelnen Personen aufgeteilt werden. Insgesamt haben sie 20 Stunden in das Projekt investiert. Herr Mayer hat daran mit 10 Stunden doppelt so lange gearbeitet wie die beiden anderen Mitarbeiter. Wie viele Stunden haben die beiden anderen Mitarbeiter jeweils gearbeitet?

A. 3 Stunden
B. 4 Stunden
C. 5 Stunden
D. 6 Stunden
E. Keine Antwort ist richtig.

Antwort: **C**

Jeder der beiden anderen Mitarbeiter hat 5 Stunden an dem Projekt gearbeitet.

$(20\text{ h} - 10\text{ h}) \div 2 = 5\text{ h}$

---

817. Eine Mathematik-Prüfung hat insgesamt 60 Aufgaben. $^2/_6$ der Rechenaufgaben sind einfach, $^2/_{12}$ der Rechenaufgaben sind sehr schwer.
Wie viele Rechenaufgaben sind weder leicht noch sehr schwer?

A. Ein Drittel
B. Zwei Drittel
C. Die Hälfte
D. Drei Viertel
E. Keine Antwort ist richtig.

Antwort: **C**

Die Hälfte aller Aufgaben ist weder leicht noch sehr schwer.

---

818. Wie viele Aufgaben sind entweder leicht oder sehr schwer?

A. 20
B. 30
C. 40
D. 50
E. Keine Antwort ist richtig.

Antwort: **B**

50 % von 60 Aufgaben sind 30 Aufgaben.

819. Herr Mayer möchte einen Teppichboden für sein Wohnzimmer kaufen. Der Preis für den Teppichboden beträgt 360 €. Das Wohnzimmer ist 6 Meter breit, 5 Meter lang und 3 Meter hoch. Wie viel Quadratmeter Fläche hat das Wohnzimmer?

- **A.** 90 m^2
- **B.** 36 m^2
- **C.** 30 m^2
- **D.** 15 m^2
- **E.** Keine Antwort ist richtig.

Antwort: **C**

Das Wohnzimmer hat eine Fläche von 30 m^2.

6 m Breite × 5 m Länge = 30 m^2

---

820. Welches Volumen hat das Wohnzimmer?

- **A.** 90 m^3
- **B.** 36 m^3
- **C.** 30 m^3
- **D.** 15 m^3
- **E.** Keine Antwort ist richtig.

Antwort: **A**

Das Wohnzimmer hat ein Volumen von 90 Kubikmetern.

6 m Breite × 5 m Länge × 3 m Höhe = 90 m^3

Mathematisches Verständnis

Textaufgaben mit Diagramm

Bundestagswahl 2009

Ergebnisse der Bundestagswahl am 27. September 2009, Zweitstimmenanteile in Prozent. Wahlberechtigt waren rund 62,17 Millionen Menschen.

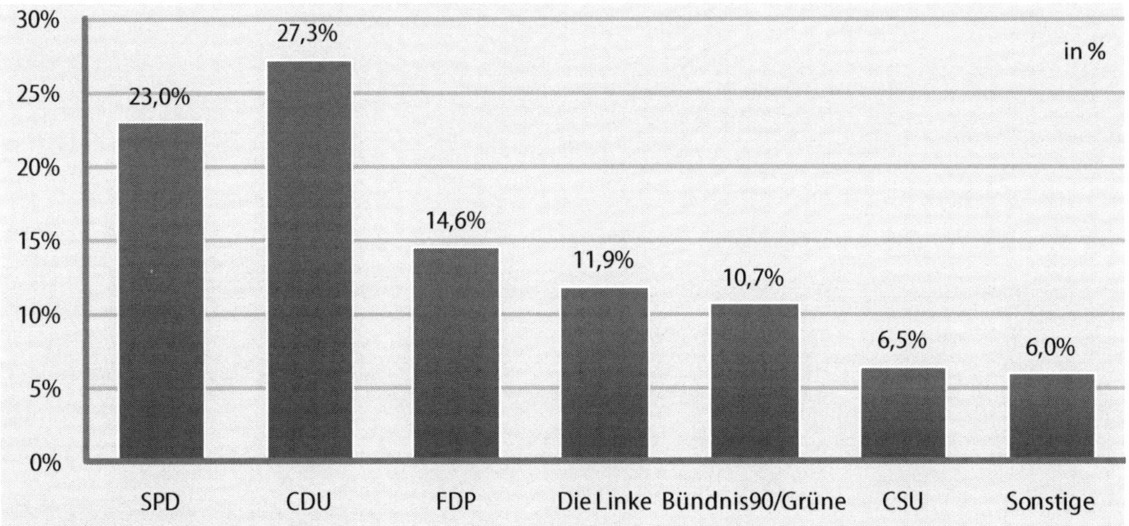

Quelle: Bundeswahlleiter

821. Die Wahlbeteiligung lag bei rund 70,8 %. Wie viele Menschen haben demnach ihre Stimme abgegeben? Runden Sie das Ergebnis bitte auf zwei Nachkommastellen.

- A. 44,01 Mio.
- B. 56,23 Mio.
- C. 38,45 Mio.
- D. 47,91 Mio.
- E. Keine Antwort ist richtig.

Antwort: **A**

Die Zahl der Wähler lässt sich nach folgender Rechnung bestimmen:

$$\text{Prozentwert} = \frac{\text{Prozentsatz} \times \text{Grundwert}}{100}$$

$$\text{Prozentwert} = \frac{70{,}8 \times 62{,}17 \text{ Mio.}}{100} = 44{,}01 \text{ Mio.}$$

Insgesamt haben bei der Bundestagswahl 2009 rund 44,01 Millionen Wahlberechtigte ihre Stimme abgegeben.

822. Wie viele Wahlberechtigte haben für eine Partei gestimmt, die den Sprung über die Fünf-Prozent-Hürde zum Einzug in den Bundestag nicht geschafft hat? Runden Sie das Ergebnis bitte auf zwei Nachkommastellen.

A. 5,89 Mio.
B. 2,64 Mio.
C. 6,35 Mio.
D. 3,48 Mio.
E. Keine Antwort ist richtig.

Antwort: **B**

Die nicht im Bundestag vertretenen Parteien werden unter „Sonstige" aufgeführt. Zu berechnen ist also, wie groß ein 6 %-Anteil an den 44,01 Millionen abgegebenen Stimmen ist:

$$\text{Prozentwert} = \frac{\text{Prozentsatz} \times \text{Grundwert}}{100}$$

$$\text{Prozentwert} = \frac{6 \times 44{,}01\,\text{Mio.}}{100} = 2{,}64\ \text{Mio.}$$

Etwa 2,64 Millionen Wahlberechtigte haben für eine Partei gestimmt, die nicht im Bundestag vertreten ist.

---

823. Die CDU kam als stärkste Partei auf einen Zweitstimmenanteil von 27,3 %. Wie groß wäre der Anteil, wenn die Zahl der CDU-Wähler auf die Gesamtzahl aller Wahlberechtigten bezogen würde? Runden Sie das Ergebnis bitte auf zwei Nachkommastellen.

A. 14,64 %
B. 28,52 %
C. 25,44 %
D. 19,32 %
E. Keine Antwort ist richtig.

Antwort: **D**

Bei einer Gesamtzahl von 44,01 Millionen Stimmen kommt die CDU auf einen Anteil von 27,3 %. Das entspricht einer Stimmenzahl, die sich wie folgt berechnen lässt:

$$\text{Prozentwert} = \frac{\text{Prozentsatz} \times \text{Grundwert}}{100}$$

$$\text{Prozentwert} = \frac{27{,}3 \times 44{,}01\,\text{Mio.}}{100} = 12{,}01\,\text{Mio.}$$

Wie hoch ist nun der prozentuale Anteil dieser 12,01 Millionen CDU-Wähler an 62,17 Millionen Wahlberechtigten?

$$\text{Prozentsatz} = \frac{\text{Prozentwert} \times 100}{\text{Grundwert}}$$

$$\text{Prozentsatz} = \frac{12{,}01\,\text{Mio.} \times 100}{62{,}17\,\text{Mio.}} = 19{,}32\,\%$$

Bezogen auf die Gesamtzahl aller Wahlberechtigten, kommt die CDU auf einen Stimmanteil von 19,32 %. Anders formuliert: Die CDU erhielt bei der Bundestagswahl 2009 rund 19,32 % der Stimmen aller Wahlberechtigten.

---

824. **Bei der Bundestagswahl 2005 erhielt die CDU 27,8 % der abgegebenen Stimmen. Wahlberechtigt waren damals 61,87 Millionen Bundesbürger, die Wahlbeteiligung lag bei 77,7 %. Wie viele Wählerstimmen hat die Partei im Vergleich von 2005 zu 2009 absolut verloren? Runden Sie das Ergebnis bitte auf zwei Nachkommastellen.**

A. 0,68 Mio. Stimmen
B. 0,95 Mio. Stimmen
C. 1,35 Mio. Stimmen
D. 1,86 Mio. Stimmen
E. Keine Antwort ist richtig.

Antwort: **C**

Die Gesamtzahl der bei der Bundestagswahl 2005 abgegebenen Stimmen lässt sich nach folgender Rechnung bestimmen:

$$\text{Prozentwert} = \frac{\text{Prozentsatz} \times \text{Grundwert}}{100}$$

$$\text{Prozentwert} = \frac{77{,}7 \times 61{,}87\,\text{Mio.}}{100} = 48{,}07\,\text{Mio.}$$

Insgesamt haben 2005 48,07 Millionen Wahlberechtigte ihre Stimme abgegeben. Der Anteil von 27,8 % der CDU entspricht folgender Stimmenzahl:

$$\text{Prozentwert} = \frac{\text{Prozentsatz} \times \text{Grundwert}}{100}$$

$$\text{Prozentwert} = \frac{27{,}8 \times 48{,}07\,\text{Mio.}}{100} = 13{,}36\,\text{Mio.}$$

2005 gab es rund 13,36 Millionen CDU-Stimmen. Die Differenz zu 2009 beträgt:

12,01 Mio. – 13,36 Mio. = –1,35 Mio.

2009 stimmten rund 1,35 Millionen Wähler weniger für die CDU als noch 2005.

825. Ohne die so genannten Überhangmandate verfügt der Bundestag über 598 Sitze. Wie viele Sitze entfallen dem Zweitstimmenanteil nach auf die SPD?

A. 123
B. 146
C. 85
D. 234
E. Keine Antwort ist richtig.

Antwort: **B**

Da die 6 % der „Sonstigen" für die Kräfteverteilung im Bundestag keine Rolle spielen – sie ziehen schließlich gar nicht erst ein – müssen nun die Verhältnisse der im Parlament vertretenen Parteien neu berechnet werden. Die ins Parlament eingezogenen Parteien repräsentieren 94 % aller Wählerstimmen, teilen jedoch 100 % der Sitze im Bundestag unter sich auf. Der 23 %-Anteil der SPD vergrößert sich dadurch leicht:

$$\text{Prozentsatz} = \frac{\text{Prozentwert} \times 100}{\text{Grundwert}}$$

$$\text{Prozentsatz} = \frac{23 \times 100}{94} = 24{,}47\,\%$$

24,47 % der Sitze im Bundestag entfallen demnach auf die SPD. Bezogen auf die Gesamtzahl von 598 Sitzen, entspricht das:

$$\text{Prozentwert} = \frac{\text{Prozentsatz} \times \text{Grundwert}}{100}$$

$$\text{Prozentwert} = \frac{24{,}47 \times 598}{100} = 146{,}33 \text{ Sitze}$$

Es gibt nur ganze Sitze, daher wird gerundet. Die SPD ist im Bundestag demnach mit 146 Sitzen vertreten.

Kann eine Partei Überhangmandate gewinnen, darf sie mehr Kandidaten in den Bundestag schicken, als ihr nach Anteil der Zweitstimmen zustehen würde. Überhangmandate entstehen, wenn eine Partei sehr viele Wahlkreise gewinnt und daher mehr erfolgreiche Kandidaten direkt in den Bundestag schicken darf, als ihr Zweitstimmenanteil zuließe. Derzeit besitzt die CDU/CSU-Fraktion 24 solcher Überhangmandate. Der Bundestag ist dadurch von 598 auf 622 Sitze angewachsen. Die Berechnungsgrundlage für die Sitzverteilung bleibt jedoch 598.

Trinkwasserverwendung im Haushalt

Durchschnittswerte in Deutschland pro Einwohner und Tag, Angaben in Liter.

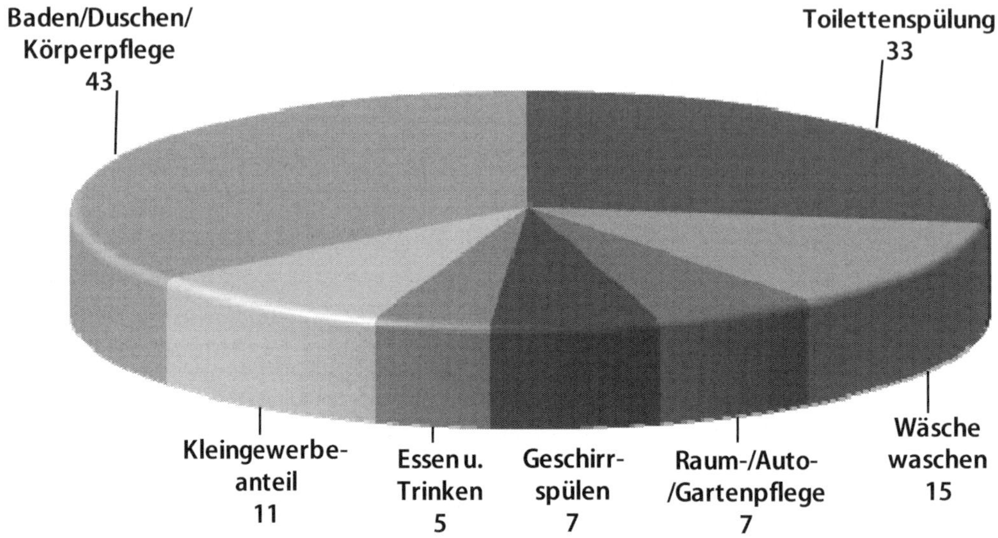

Quelle: Bundesverband der Energie- und Wasserwirtschaft e. V. 2008

826. Wie viele Liter Wasser werden pro Kopf und Tag durchschnittlich verbraucht?

A. 121 l
B. 95 l
C. 143 l
D. 105 l
E. Keine Antwort ist richtig.

Antwort: **A**

Der Gesamtverbrauch berechnet sich durch die Addition der Einzelposten:

43 l + 11 l + 5 l + 7 l + 7 l + 15 l + 33 l = 121 l

Im Durchschnitt werden pro Kopf und Tag 121 Liter Wasser verbraucht.

827. Wie groß ist der Anteil der Toilettenspülung am durchschnittlichen Wasserverbrauch (in Prozent)? Runden Sie das Ergebnis bitte auf zwei Nachkommastellen.

A. 30,25 %
B. 19,75 %
C. 23,54 %
D. 27,27 %
E. Keine Antwort ist richtig.

Antwort: **D**

Der Gesamtverbrauch liegt bei 121 Litern täglich, die Toilettenspülung verbraucht im Schnitt 33 Liter davon. Der Prozentanteil berechnet sich wie folgt:

$$\text{Prozentsatz} = \frac{\text{Prozentwert} \times 100}{\text{Grundwert}}$$

$$\text{Prozentsatz} = \frac{33 \times 100}{121} = 27{,}27\,\%$$

Die Toilettenspülung verbraucht im Schnitt 27,27 % des insgesamt pro Kopf und Tag verbrauchten Wassers.

---

828. Wie viele Liter Wasser verbraucht eine vierköpfige Familie im Monat (30 Tage) allein zum Essen und Trinken?

A. 450 l
B. 600 l
C. 720 l
D. 780 l
E. Keine Antwort ist richtig.

Antwort: **B**

Der Durchschnittswert des Verbrauchs für Essen und Trinken pro Kopf und Tag wird mit der Anzahl der Köpfe (4) und Tage (30) multipliziert:

$5\text{ l} \times 4 \text{ x } 30 = 600\text{ l}$

In einem Monat verbraucht die Familie im Schnitt 600 Liter Wasser zum Essen und Trinken.

---

829. Der Wasserpreis liegt bei 3,90 € pro Kubikmeter. Wie viel Geld gibt eine vierköpfige Familie durchschnittlich am Tag für Baden, Duschen und Körperpflege aus? Runden Sie bitte auf $^1/_{10}$ Cent.

A. 101,5 Cent
B. 84,8 Cent
C. 76,4 Cent
D. 67,1 Cent
E. Keine Antwort ist richtig.

Antwort: **D**

Eine vierköpfige Familie verbraucht im Schnitt 4×43 Liter = 172 Liter pro Tag für Baden, Duschen und Körperpflege. Ein Kubikmeter entspricht 1.000 Litern; die Ausgaben berechnen sich wie folgt:

$172 \div 1.000 \times 3{,}90\text{ €} = 0{,}6708\text{ €}$

Die Familie hat pro Tag rund 67,1 Cent Wasserkosten für Baden, Duschen und Körperpflege.

830. Wie hoch sind die Ausgaben der Familie für den jährlichen Wasserverbrauch (365 Tage)?

A. 753,60 €
B. 688,97 €
C. 430,36 €
D. 980,67 €
E. Keine Antwort ist richtig.

Antwort: **B**

Pro Jahr verbraucht die Familie 176.600 Liter bzw. 176,6 Kubikmeter Wasser.

$121\ l \times 4 \times 365 = 176.600\ l = 176{,}66\ m^3$

$176{,}66 \times 3{,}90\ € = 688{,}97\ €$

Die Familie zahlt 688,97 € für ihren Jahreswasserverbrauch.

Mathematisches Verständnis

Zahlenmatrizen und -pyramiden

Die Zahlen in den folgenden Matrizen und Pyramiden sind nach festen Regeln zusammengestellt.

831. **Durch welche Zahl muss das Fragezeichen ersetzt werden, damit die Zahlen in der Tabelle in einem sinnvollen Verhältnis zueinander stehen?**

?	11	4	16
14	6	12	5
14	6	13	4
3	14	8	12

A. 3
B. 6
C. 9
D. 12
E. Keine Antwort ist richtig.

Antwort: **B**

Das Fragezeichen wird durch die Zahl 6 sinnvoll ersetzt.

Sie erhalten bei der Addition der Zahlen einer Spalte, einer Zeile oder einer Diagonalen immer die Zahl 37.

832. Durch welche Zahl muss das Fragezeichen ersetzt werden, damit die Zahlen in der Tabelle in einem sinnvollen Verhältnis zueinander stehen?

3	7	9	15
10	14	16	22
20	?	32	44
5	7	8	11

A. 28
B. 24
C. 26
D. 32
E. Keine Antwort ist richtig.

Antwort: **A**

Das Fragezeichen wird durch die Zahl 28 sinnvoll ersetzt. Die Reihen werden senkrecht nach folgendem Prinzip gebildet:

Addieren Sie 7 zur jeweils oben stehenden Zahl. Multiplizieren Sie anschließend mit 2 und teilen Sie den erhaltenen Wert schließlich durch 4.

$+7 \mid \times 2 \mid \div 4$

(Rechnung in senkrechter Richtung)

833. Durch welche Zahl muss das Fragezeichen ersetzt werden, damit die Zahlen in der Tabelle in einem sinnvollen Verhältnis zueinander stehen?

143	145	147	149
23	21	19	17
64	32	16	8
6	12	?	48

A. 16
B. 18
C. 24
D. 32
E. Keine Antwort ist richtig.

Antwort: **C**

Das Fragezeichen wird durch die Zahl 19 sinnvoll ersetzt.

Die Reihen werden waagerecht nach folgendem Prinzip gebildet: In der obersten Reihe wird von links nach rechts immer 2 addiert, in der zweiten Reihe zwei subtrahiert, in der dritten Reihe durch 2 geteilt und in der vierten Reihe stets mit 2 multipliziert.

---

834. Durch welche Zahl muss das Fragezeichen ersetzt werden, damit die Zahlen in der Tabelle in einem sinnvollen Verhältnis zueinander stehen?

48	39	47
40	?	41
45	42	44

- **A.** 54
- **B.** 46
- **C.** 36
- **D.** 26
- **E.** Keine Antwort ist richtig.

Antwort: **B**

Das Fragezeichen wird durch die Zahl 46 sinnvoll ersetzt. Die Reihen werden nach folgendem Prinzip gebildet:

Es wird abwechselnd subtrahiert und addiert, wobei die zu addierende bzw. subtrahierende Zahl stets um 1 geringer ist als die zuvor addierte bzw. subtrahierte Zahl. Begonnen wird links oben mit der Subtraktion von 9, die Schritte laufen über die Zeilengrenzen hinweg.

−9 | +8

−7 | +6 | −5

+4 | −3 | +2

835. Durch welche Zahl muss das Fragezeichen ersetzt werden, damit die Zahlen in der Tabelle in einem sinnvollen Verhältnis zueinander stehen?

12	14	16	18
112	109	106	103
13	17	21	25
?	42	37	32

A. 143
B. 37
C. 24
D. 47
E. Keine Antwort ist richtig.

Antwort: **D**

Das Fragezeichen wird durch die Zahl 47 sinnvoll ersetzt. Die Reihen werden waagerecht nach folgendem Prinzip gebildet:

Von Reihe zu Reihe wird abwechselnd addiert und subtrahiert, wobei der zu addierende bzw. subtrahierende Wert von Reihe zu Reihe um 1 größer wird. Also: In der ersten Reihe wird von links nach rechts immer 2 addiert, in der zweiten Reihe 3 subtrahiert, in der dritten Reihe 4 addiert und in der letzten Reihe stets 5 subtrahiert.

836. Durch welche Zahl muss das Fragezeichen ersetzt werden, damit die Zahlen in der Tabelle in einem sinnvollen Verhältnis zueinander stehen?

5	45	15	21
7	63	21	27
?	72	24	30
11	99	33	39

A. 9
B. 8
C. 13
D. 6
E. Keine Antwort ist richtig.

Antwort: **B**

Das Fragezeichen wird durch die Zahl 8 sinnvoll ersetzt. Die Reihen werden waagerecht nach folgendem Prinzip gebildet:

Die jeweils linke Zahl jeder Reihe wird mit 9 multipliziert, anschließend durch 3 geteilt und zum erhaltenen Wert wird schließlich 6 addiert.

$\times 9 \mid \div 3 \mid + 6$

837. Folgende Zahlenpyramide ist nach einer festen Regel aufgebaut. Durch welche Zahl muss das Fragezeichen ersetzt werden, damit die Pyramide sinnvoll aufgestellt ist?

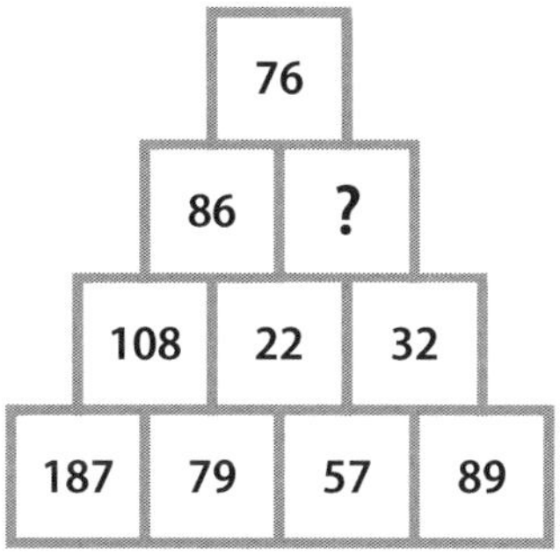

A. 10
B. 14
C. 28
D. 46
E. Keine Antwort ist richtig.

Antwort: **A**

Das Fragezeichen wird durch die Zahl 10 sinnvoll ersetzt. Die Pyramide ist nach folgendem Prinzip aufgebaut:

Der Wert einer Zelle ergibt sich, in dem der kleinere von beiden Werten der darunter liegenden Zellen vom größeren Wert abgezogen wird.

1. Reihe: $76 = 86 - 10$

2. Reihe: $86 = 108 - 22$; $10 = 32 - 22$

3. Reihe: $108 = 187 - 79$; $22 = 79 - 57$; $32 = 89 - 57$

838. Durch welche Zahl muss das Fragezeichen ersetzt werden, damit die Zahlen in der Tabelle in einem sinnvollen Verhältnis zueinander stehen?

10	5	5	4
2	10	10	5
5	4	?	5
10	5	2	10

A. 5
B. 4
C. 2
D. 10
E. Keine Antwort ist richtig.

Antwort: **D**

Das Fragezeichen wird durch die Zahl 10 sinnvoll ersetzt. Sie erhalten bei Multiplikation der Zahlen einer Reihe oder Spalte immer das Ergebnis 1000.

839. Durch welche Zahl muss das Fragezeichen ersetzt werden, damit die Zahlen in der Tabelle in einem sinnvollen Verhältnis zueinander stehen?

2	3	4	5
7	5	7	9
16	12	12	16
32	?	24	28

A. 24
B. 28
C. 30
D. 32
E. Keine Antwort ist richtig.

Antwort: **B**

Das Fragezeichen wird durch die Zahl 28 sinnvoll ersetzt. Die obere Zahlenreihe ist vorgegeben. Die Zahlen darunter werden durch eine Addition gebildet, indem zu der Zahl darüber die vorstehende Zahl hinzugerechnet wird. So berechnet sich die gesuchte Zahl aus $16 + 12 = 28$.

840. Durch welche Zahl muss das Fragezeichen ersetzt werden, damit die Zahlen in der Tabelle in einem sinnvollen Verhältnis zueinander stehen?

2/3	1/2	3/2	3/4
1/2	3/4	10/5	1/2
1/2	3/2	1/4	6/3
9/4	?	1/2	1/2

A. 1/3
B. 1/2
C. 2/3
D. 3/4
E. Keine Antwort ist richtig.

Antwort: **C**

Das Fragezeichen wird durch die Zahl 2/3 sinnvoll ersetzt. Sie erhalten bei Multiplikation der Zahlen einer Reihe oder Spalte immer das Ergebnis 3/8.

Mathematisches Verständnis

Symbolrechnen

841. Für welche Zahl steht das Symbol Δ?

ΠΠ + Π = ΠΔ

- **A.** 1
- **B.** 7
- **C.** 5
- **D.** 4
- **E.** Keine Antwort ist richtig.

Antwort: **D**

Das Symbol Π kann nur für 1, 2, 3 oder 4 stehen, da bei allen größeren Werte das Ergebnis über die jeweilige „Zehnergrenze" springen würde. Für Π = 1, Π = 3 oder Π = 4 führt die Rechnung jedoch zu einem Ergebnis von Δ, das nicht als Antwortmöglichkeit angegeben ist:

11 + 1 = 12

33 + 3 = 36

44 + 4 = 48

Das Symbol Δ steht demnach für die Zahl 4:

22 + 2 = 24

---

842. Für welche Zahl steht das Symbol Δ?

Δ2 – 1Δ = ¥8

- **A.** 1
- **B.** 2
- **C.** 4
- **D.** 8
- **E.** Keine Antwort ist richtig.

Antwort: **C**

Setzt man die möglichen Antworten für Δ in die Rechnung ein, erkennt man, dass die gesuchte Zahl 4 lauten muss. Denn nur so ergibt die zweite Ziffer des Ergebnisses 8. Die Rechnung lautet:

42 – 14 = 28

843. Für welche Zahl steht das Symbol Π?

$(\Omega + 1) \times \Pi = \Omega + 2 + \Omega$

A. 1
B. 9
C. 2
D. 3
E. Keine Antwort ist richtig.

Antwort: **C**

Die Multiplikation des Ausgangswerts $(\Omega + 1)$ mit dem gesuchten Wert Π ergibt:

$(\Omega + 1) \times \Pi = \Pi\Omega + \Pi$

Die Addition der Ω ergibt:

$\Omega + 2 + \Omega = 2\Omega + 2$

Setzt man nun die beiden Ergebnisse gleich, sieht man, dass Π eine 2 symbolisiert.

$\Pi\Omega + \Pi = 2\Omega + 2$

---

844. Für welche Zahl steht das Symbol Ω?

$\Omega 4 + \Delta\Delta = \Pi\Pi$

A. 7
B. 2
C. 9
D. 4
E. Keine Antwort ist richtig.

Antwort: **D**

Bestehen der zweistellige Summand ΔΔ und das Ergebnis ΠΠ aus den gleichen Ziffern (11, 22 usw.), so muss auch der erste Summand Ω4 zwei gleiche Ziffern haben, so dass die Zahl 4 für Ω einzusetzen ist.

---

845. Für welche Zahl steht das Symbol Δ?

$(2 + ¥) \times \Delta = \Delta$

A. 1
B. 3
C. 5
D. 0
E. Keine Antwort ist richtig.

Antwort: **D**

Bei der Multiplikation zweier Faktoren entspricht das Produkt nur dann einem dieser beiden Faktoren, wenn einer der Faktoren 0 oder 1 lautet:

$1 \times 2 = 2$; $1 \times 4 = 4$ usw. (wenn ein Faktor 1 ist)

$1 \times 0 = 0$; $2 \times 0 = 0$ usw. (wenn ein Faktor 0 ist)

Da der erste Faktor durch die Addition gleich oder größer als 2 ist, entfällt die erste Möglichkeit. Somit kann nur Lösung D stimmen. Das Symbol Δ steht für 0.

---

846. Für welche Zahl steht das Symbol Ψ?

$$\sqrt{\Omega\Lambda\Lambda} = \Omega\Psi$$

- **A.** 9
- **B.** 3
- **C.** 2
- **D.** 1
- **E.** Keine Antwort ist richtig.

Antwort: **C**

Zieht man die Wurzel der dreistelligen Zahl ΩΛΛ, so entspricht die erste Ziffer des Ergebnisses der ersten Ziffer der dreistelligen Quadratzahl (Ω). Dies kann nur dann der Fall sein, wenn dieser Wert 1 ist. Gesucht wird also nach einer Quadratzahl zwischen 100 und 199, deren zweite und dritte Ziffern gleich ist (Λ). Diese Bedingungen treffen nur zu, wenn die Wurzel 12 ist. Die Rechnung lautet:

$12 \times 12 = 144$

$\sqrt{144} = 12$

Das Symbol Ψ steht also für die Zahl 2.

---

847. Für welche Zahl steht das Symbol Π?

$$\Delta\Delta \times \Omega = \Omega\Pi + \Omega$$

- **A.** 0
- **B.** 3
- **C.** 6
- **D.** 8
- **E.** Keine Antwort ist richtig.

Antwort: **A**

Ω kann nicht für 1 stehen, da sonst das Ergebnis aus der Multiplikation (ΔΔ × Ω) zu hoch wird, da Δ mindestens 2 sein müsste. $22 \times 1 = 22$ aber ΩΠ + Ω kann dann höchstens $19 + 1 = 20$ sein. Ω kann aber nur 2 oder größer sein, wenn Δ genau 1 entspricht, da sonst ebenfalls das Ergebnis der Multiplikation zu (ΔΔ × Ω) zu hoch wird. $22 \times 3 = 66$, $33 \times 2 = 66$ aber ΩΠ + Ω = $29 + 2 = 31$ bzw. $39 + 3 = 42$. Um so größer Ω ist, um so weiter liegt das Ergebnis der beiden Seiten der Gleichung auseinander. So entspricht Δ genau 1. Wird die 11 (ΔΔ) mit einer einstelligen Zahl Ω multipliziert, ist das Ergebnis ΩΩ:

$11 \times 5 = 55$

$11 \times 3 = 33$

Die Addition ΩΠ + Ω muss also zum Ergebnis ΩΩ führen. Folglich steht das Symbol Π für die Zahl 0. Ω0 + Ω wobei sich für Ω alle Ziffern von 2 – 9 einsetzen lassen.

848. Für welche Zahl steht das Symbol Δ?

Π9 – Π = 2Δ

- **A.** 9
- **B.** 7
- **C.** 6
- **D.** 3
- **E.** Keine Antwort ist richtig.

Antwort: **B**

Wird eine beliebige einstellige Zahl von einer zweistelligen Zahl mit der Endziffer 9 abgezogen, kann sich hierdurch nicht die erste Ziffer ändern. So besitzt das Ergebnis (2Δ) dieselbe erste Ziffer wie die Zahl, von der subtrahiert wurde. Das Symbol Π steht demnach für den Wert 2; die Rechnung lautet:

$29 - 2 = 27$

Das Symbol Δ steht für die Zahl 7.

849. Für welche Zahl steht das Symbol ¥?

4¥ ÷ ¥ = ¥ – 2

- **A.** 8
- **B.** 7
- **C.** 5
- **D.** 9
- **E.** Keine Antwort ist richtig.

Antwort: **A**

Die Subtraktion ¥ – 2 führt auf jeden Fall zu einem einstelligen Ergebnis. Die Zahl 4¥ ist also das Produkt zweier einstelliger Zahlen (4¥ = ¥ × (¥ – 2)). Infrage kommen folgende Gleichungen:

$5 \times 9 = 45$

$6 \times 7 = 42$ $6 \times 8 = 48$

$7 \times 7 = 49$

Da ¥ sowohl die Endziffer des Ausgangswerts ist als auch der Divisor, durch den geteilt wird, bleiben nur die Möglichkeiten 45 ÷ 5 und 48 ÷ 8. Die Aufgabenstellung lässt nur eine richtige Lösung zu – das Symbol steht für die Zahl 8:

48 ÷ 8 = 6 = 8 – 2

---

850. Für welche Zahl steht das Symbol ¥?

∂¥ – ∂ = ¥∂

- **A.** 3
- **B.** 6
- **C.** 8
- **D.** 1
- **E.** Keine Antwort ist richtig.

Antwort: **C**

Die Rechnung lautet:

Beim Ergebnis sind erste und zweite Ziffer des Ausgangswerts ∂¥ vertauscht. Da der abgezogene Wert ∂ zwischen 0 und 9 liegt, kann die erste Ziffer des Ergebnisses nur um 1 geringer sein als diejenige des Ausgangswerts, wenn beide nicht identisch sind:

71 – 9 = 62 (die erste Ziffer verringert sich von 7 auf 6)

68 – 9 = 59 (die erste Ziffer verringert sich von 6 auf 5)

Demnach liegen ∂ und ¥ genau um 1 auseinander. Die Differenz zwischen ∂¥ und ¥∂ beträgt daher für alle beliebigen Werte immer 9:

32 – 23 = 9

54 – 45 = 9

87 – 78 = 9

Das Symbol ∂ steht also für die Zahl 9. Die Rechnung lautet nun:

9¥ – 9 = ¥9

Das Symbol ¥ repräsentiert folgerichtig die Zahl 8:

98 – 9 = 89

Prüfung · Teil 4

4

Logisches Denkvermögen

Zahlenreihen

In diesem Abschnitt haben Sie Zahlenfolgen, die nach bestimmten Regeln aufgestellt sind.

851.

10	**16**	**21**	**25**	**28**	**?**

A. 29
B. 31
C. 36
D. 30
E. Keine Antwort ist richtig.

Antwort: **D**

+6 | +5 | +4 | +3 | +2

852.

4	**8**	**24**	**96**	**?**

A. 28
B. 240
C. 30
D. 480
E. Keine Antwort ist richtig.

Antwort: **D**

×2 | ×3 | ×4 | ×5

853.

40	**20**	**80**	**40**	**160**	**?**

A. 80
B. 240
C. 420
D. 120
E. Keine Antwort ist richtig.

Antwort: **A**

÷2 | ×4 | ÷2 | ×4 | ÷2

854.

6	**18**	**19**	**57**	**58**	**?**

- **A.** 59
- **B.** 174
- **C.** 196
- **D.** 278
- **E.** Keine Antwort ist richtig.

Antwort: **B**

×3 | +1 | ×3 | +1 | ×3

855.

4	**7**	**12**	**19**	**?**

- **A.** 26
- **B.** 27
- **C.** 28
- **D.** 32
- **E.** Keine Antwort ist richtig.

Antwort: **C**

+3 | +5 | +7 | +9

856.

80	**8**	**70**	**16**	**60**	**24**	**?**

- **A.** –12
- **B.** 60
- **C.** 50
- **D.** 40
- **E.** Keine Antwort ist richtig.

Antwort: **C**

x | y | x–10 | y×2 | x–20 | y×3 | x–30

857.

4	**8**	**14**	**18**	**24**	**?**

A. 30
B. 26
C. 28
D. 32
E. Keine Antwort ist richtig.

Antwort: **C**

+4 | +6 | +4 | +6 | +4

858.

40	**5**	**42**	**6**	**44**	**7**	**?**

A. –30
B. 28
C. 8
D. 46
E. Keine Antwort ist richtig.

Antwort: **D**

40 | 5 | 40+2 | 5+1 | 42+2 | 6+1 | 44+2

859.

–8	**–10**	**–14**	**–16**	**–20**	**?**

A. –24
B. –22
C. –20
D. –26
E. Keine Antwort ist richtig.

Antwort: **B**

–2 | –4 | –2 | –4 | –2

860.

3	4	6	10	18	?

A. 26
B. 34
C. 22
D. 20
E. Keine Antwort ist richtig.

Antwort: **B**

×2 –2 | ×2 –2 | ×2 –2 | ×2 –2 | ×2 –2

Logisches Denkvermögen

Buchstabenreihen

In diesem Abschnitt haben Sie Buchstabenfolgen, die nach festen Regeln aufgestellt sind.

861.

C	F	I	L	O	?

A. N
B. M
C. Q
D. R
E. Keine Antwort ist richtig.

Antwort: **D**

Beginnend vom Buchstaben C wird jeweils der drittnächste Buchstabe in die Reihe aufgenommen.

862.

A	Z	B	Y	C	?

A. D
B. X
C. F
D. W
E. Keine Antwort ist richtig.

Antwort: **B**

Es ist eine vom A ausgehende aufwärts zählende Buchstabenreihe abwechselnd mit einer vom Z abwärts laufenden Buchstabenreihe verschachtelt.

863.

P	Q	P	R	P	?

A. P
B. T
C. S
D. Z
E. Keine Antwort ist richtig.

Antwort: **C**

Das P ist abwechselnd mit einer vom Q ausgehenden im Alphabet aufwärts laufenden Buchstabenreihe verschachtelt.

864.

K	K	L	M	M	N	O	?

A. P
B. O
C. Q
D. J
E. Keine Antwort ist richtig.

Antwort: **B**

Es wird ausgehend vom K im Alphabet aufwärts gezählt. Dabei wird jeder zweite Buchstabe ausgehend vom K doppelt aufgeführt.

865.

F	E	D	I	H	G	L	K	J	?

A. M
B. N
C. O
D. P
E. Keine Antwort ist richtig.

Antwort: **C**

Ausgehend vom F wird zweimal ein Schritt im Alphabet zurückgezählt, um dann fünf Schritte vorwärts zu gehen. Diese Abfolge wird dann zweimal wiederholt.

Bewegung in alphabetischer Reihenfolge:

–1 | –1 | +5 | –1 | –1 | +5 | –1 | –1 | +5 |

866.

M	N	O	O	N	M	P	Q	R	?

A. M
B. R
C. N
D. O
E. Keine Antwort ist richtig.

Antwort: **B**

Ausgehend vom M wird zweimal ein Schritt im Alphabet vorwärtsgezählt, dann zweimal rückwärts, um dann drei Schritte vorwärts zu gehen. Dieses ist die Grundabfolge, die sich wiederholt.

Bewegung in alphabetischer Reihenfolge:

+1 | +1 | 0 | −1 | −1 | +3 | +1 | +1 | 0

867.

Q	O	M	K	I	G	E	?

A. D
B. H
C. C
D. F
E. Keine Antwort ist richtig.

Antwort: **C**

Beginnend vom Buchstaben Q wird alphabetisch rückwärtsgehend jeweils ein Buchstabe übersprungen.

Bewegung in alphabetischer Reihenfolge:

−2 | −2 | −2 | −2 | −2 | −2 | −2

868.

A	B	F	G	J	K	?

A. P
B. Q
C. N
D. M
E. Keine Antwort ist richtig.

Antwort: **D**

Startend mit dem Buchstaben A wechseln hier zwei Operationen einander ab. 1. Gehe zum nächsten Buchstaben. 2. Gehe startend mit vier Schritten im Alphabet voran und reduziere die Schrittweite mit jeder Ausführung um eins.

Bewegung in alphabetischer Reihenfolge:

+1 | +4 | +1 | +3 | +1 | +2

869.

E	H	F	G	J	H	?

A. I
B. L
C. J
D. K
E. Keine Antwort ist richtig.

Antwort: **A**

Gehe startend mit dem Buchstaben E abwechselnd alphabetisch drei Buchstaben vorwärts, zwei zurück und dann wieder einen vor.

Bewegung in alphabetischer Reihenfolge:

+3 | –2 | +1 | +3 | –2 | +1

870.

K	**H**	**E**	**K**	**H**	**E**	**?**

A. F
B. H
C. E
D. K
E. Keine Antwort ist richtig.

Antwort: **D**

Starten Sie mit dem Buchstaben K und gehen Sie zweimal drei Buchstaben zurück und dann zurück auf die Ausgangsposition K.

Bewegung in alphabetischer Reihenfolge:

–3 | –3 | +6 | –3 | –3 | +6

Logisches Denkvermögen

Wörter erkennen

In diesem Abschnitt haben Sie durcheinander gewürfelte Buchstaben, die in die richtige Reihenfolge gebracht ein Wort ergeben.

871.

S	**G**	**A**	**S**	**E**

A. S
B. G
C. A
D. S
E. E

Antwort: **B**

Gasse

872.

I	**E**	**H**	**L**	**F**

A. I
B. E
C. H
D. L
E. F

Antwort: **C**

Hilfe

873.

T	**A**	**F**	**H**	**R**

A. T
B. A
C. F
D. H
E. R

Antwort: **C**

Fahrt

874.

D	B	N	O	E

A. D
B. B
C. N
D. O
E. E

Antwort: **B**

Boden

875.

L	E	K	O	W

A. L
B. E
C. K
D. O
E. W

Antwort: **E**

Wolke

876.

P	F	R	E	O

A. P
B. F
C. R
D. E
E. O

Antwort: **E**

Opfer

877.

S	E	W	E	P

A. S
B. E
C. W
D. E
E. P

Antwort: **C**

Wespe

878.

R	U	N	G	D

A. R
B. U
C. N
D. G
E. D

Antwort: **D**

Grund

879.

C	H	I	M	L

A. C
B. H
C. I
D. M
E. L

Antwort: **D**

Milch

880.

R	E	T	S	N

A. R
B. E
C. T
D. S
E. N

Antwort: **D**

Stern

Logisches Denkvermögen

Doppelte Sprachanalogien

In diesem Abschnitt wird Ihre Fähigkeit zu logischem Denken im sprachlichen Bereich geprüft.

881. ____________ verhält sich zu **Brot** wie **Ei** zu ____________

A. Teig
B. Mehl
C. Butter
D. Scheibe

1. Huhn
2. Küken
3. Schale
4. Omelett

Antwort: **B4**

Mehl verhält sich zu *Brot* wie *Ei* zu ***Omelett***.

---

882. ____________ verhält sich zu **Haus** wie **Tor** zu ____________

A. Zimmer
B. Fenster
C. Tür
D. Wohnung

1. Platz
2. Schloss
3. Hof
4. Keller

Antwort: **C3**

Tür verhält sich zu *Haus* wie *Tor* zu ***Hof***.

---

883. ____________ verhält sich zu **Schule** wie **Trainer** zu ____________

A. Eltern
B. Klassensprecher
C. Rektor
D. Lehrer

1. Verein
2. Platz
3. Mannschaft
4. Training

Antwort: **D1**

Lehrer verhält sich zu *Schule* wie *Trainer* zu ***Verein***.

---

884. ____________ verhält sich zu **Wüste** wie **Insel** zu ____________

A. Oase
B. Kamel
C. Karawane
D. Sand

1. Schiff
2. Wasser
3. Meer
4. Salz

Antwort: **A3**

Oase verhält sich zu *Wüste* wie *Insel* zu ***Meer***.

---

885. ____________ verhält sich zu **Pflicht** wie **dürfen** zu ____________

A. Paragraph	1. wollen
B. Gesetz	2. sollen
C. Verordnung	3. müssen
D. Recht	4. können

Antwort: **D3**

Recht verhält sich zu *Pflicht* wie *dürfen* zu ***müssen***.

---

886. ____________ verhält sich zu **Sonne** wie **Planet** zu ____________

A. Stern	1. Mond
B. Galaxie	2. Komet
C. All	3. Sternschnuppe
D. Raumfahrt	4. Erde

Antwort: **A4**

Stern verhält sich zu *Sonne* wie *Planet* zu ***Erde***.

---

887. ____________ verhält sich zu **Rose** wie **Gemüse** zu ____________

A. Pflanze	1. Gurke
B. Veilchen	2. Wurzel
C. Blüte	3. Suppe
D. Blume	4. Obst

Antwort: **D1**

Blume verhält sich zu *Rose* wie *Gemüse* zu ***Gurke***.

---

888. ____________ verhält sich zu **Apfel** wie **Strauch** zu ____________

A. Kompott	1. Beere
B. Baum	2. Blatt
C. Kern	3. Dornen
D. Stiel	4. Frucht

Antwort: **B1**

Baum verhält sich zu *Apfel* wie *Strauch* zu ***Beere***.

889. ____________ verhält sich zu **Liebe** wie **Feind** zu ____________

A. Freund
B. Frau
C. Gefühl
D. Herz

1. Krieg
2. Streit
3. Rache
4. Hass

Antwort: **A4**

Freund verhält sich zu *Liebe* wie *Feind* zu ***Hass***.

---

890. ____________ verhält sich zu **Gebäude** wie **Komponist** zu ____________

A. Plan
B. Architekt
C. Bauherr
D. Stein

1. Dirigent
2. Oper
3. Sänger
4. Konzert

Antwort: **B2**

Architekt verhält sich zu *Gebäude* wie *Komponist* zu ***Oper***.

---

891. ____________ verhält sich zu **Fluss** wie **Weg** zu ____________

A. Bach
B. Teich
C. Meer
D. Küste

1. Straße
2. Kreuzung
3. Zebrastreifen
4. Autobahn

Antwort: **A1**

Bach verhält sich zu *Fluss* wie *Weg* zu ***Straße***.

---

892. ____________ verhält sich zu **wissen** wie **Grund** zu ____________

A. Anlass
B. Behauptung
C. Tatsache
D. Vermutung

1. lernen
2. beschreiben
3. glauben
4. erklären

Antwort: **C4**

Tatsache verhält sich zu *wissen* wie *Grund* zu ***erklären***.

893. ____________ verhält sich zu **Wolf** wie **Schwarm** zu ____________

A. Herde
B. Gruppe
C. Familie
D. Rudel

1. Löwe
2. Kuh
3. Wellensittich
4. Kaninchen

Antwort: **D3**

Rudel verhält sich zu *Wolf* wie *Schwarm* zu ***Wellensittich***.

---

894. ____________ verhält sich zu **Tisch** wie **Fuß** zu ____________

A. Bein
B. Wade
C. Zeh
D. Knie

1. Stuhl
2. Schrank
3. Hocker
4. Kissen

Antwort: **A2**

Bein verhält sich zu *Tisch* wie *Fuß* zu ***Schrank***.

---

895. ____________ verhält sich zu **Pflaume** wie **Kern** zu ____________

A. Dorn
B. Stein
C. Kai
D. Stiel

1. Mango
2. Birne
3. Kiwi
4. Banane

Antwort: **B2**

Stein verhält sich zu *Pflaume* wir *Kern* zu ***Birne***.

---

896. ____________ verhält sich zu **Kuchen** wie **Tomate** zu ____________

A. Pflaume
B. Geburtstag
C. Marmor
D. Hund

1. Dünger
2. Soße
3. Salat
4. Pflanze

Antwort: **A3**

Pflaume verhält sich zu *Kuchen* wie *Tomate* zu ***Salat***.

897. ____________ verhält sich zu **gehen** wie **war** zu ____________

A. ging
B. gegangen
C. gehst
D. geht

1. bin
2. sein
3. wäre
4. sei

Antwort: **A2**

Ging verhält sich zu *gehen* wie *war* zu ***sein***.

898. ____________ verhält sich zu **Bier** wie **Traube** zu ____________

A. Gerste
B. Hirse
C. Apfel
D. Birne

1. Saft
2. Nektar
3. Sirup
4. Wein

Antwort: **A4**

Gerste verhält sich zu *Bier* wie *Traube* zu ***Wein***.

899. ____________ verhält sich zu **kommst** wie **wüsste** zu ____________

A. kommt
B. kämst
C. käme
D. kämen

1. wusste
2. wissen
3. weiß
4. wüssten

Antwort: **B3**

Kämst verhält sich zu *kommst* wie *wüsste* zu ***weiß***.

900. ____________ verhält sich zu **Urteil** wie **Arzt** zu ____________

A. Anwalt
B. Kläger
C. Richter
D. Zeuge

1. Diagnose
2. Behandlung
3. Medikament
4. Operation

Antwort: **C1**

Richter verhält sich zu *Urteil* wie *Arzt* zu ***Diagnose***.

Logisches Denkvermögen

Oberbegriffe

Nun wird Ihre Fähigkeit zu logischem Denken im sprachlichen Bereich getestet.

901. Fichte, Tanne

- A. Nadelbäume
- B. Sträucher
- C. Laubbäume
- D. Zimmerpflanzen
- E. Keine Antwort ist richtig.

Antwort: **A**

Fichten und Tannen haben Nadeln und zählen zur Gruppe der Nadelbäume.

---

902. Gelb, Rot

- A. Primärfarben
- B. Sonne
- C. Kontrast
- D. Fahne
- E. Keine Antwort ist richtig.

Antwort: **A**

Gelb und Rot zählen – wie auch Blau – zur Gruppe der Primärfarben, aus denen sich alle anderen Farben mischen lassen.

---

903. Betrieb, Geschäft

- A. Supermarkt
- B. Institut
- C. Unternehmen
- D. Einzelhandel
- E. Keine Antwort ist richtig.

Antwort: **C**

Der Betrieb und das Geschäft sind Unternehmen.

904. Nil, Donau

- A. Meer
- B. Fluss
- C. Bach
- D. See
- E. Keine Antwort ist richtig.

Antwort: **B**

Der Nil ist ein afrikanischer und die Donau ein europäischer Fluss.

905. Libelle, Biene

- A. Säugetier
- B. Fisch
- C. Insekt
- D. Reptil
- E. Keine Antwort ist richtig.

Antwort: **C**

Libellen und Bienen gehören zur Gruppe der Insekten.

906. Ampere, Volt

- A. Widerstand
- B. Elektrizität
- C. Spannung
- D. Leitung
- E. Keine Antwort ist richtig.

Antwort: **B**

Ampere und Volt sind Maßeinheiten aus dem Bereich der Elektrizität: In Ampere werden Stromstärken angegeben, in Volt Spannungen.

907. Krone, Rubel

- A. König
- B. Währung
- C. Land
- D. Politik
- E. Keine Antwort ist richtig.

Antwort: **B**

Die Krone ist die schwedische Währung und der Rubel die russische.

908. Zugspitze, K2

A. Eisenbahn
B. Berge
C. Gebirge
D. Alpen
E. Keine Antwort ist richtig.

Antwort: **B**

Die Zugspitze ist ein europäischer Berg und der K2 ein asiatischer.

---

909. Bodensee, Main

A. Binnengewässer
B. Fluss
C. See
D. Meer
E. Keine Antwort ist richtig.

Antwort: **A**

Der Bodensee ist ein See und der Main ein Fluss. Flüsse und Seen zählen zu den Binnengewässern.

---

910. Knall, Krach

A. Bild
B. Visuell
C. Schall
D. Musik
E. Keine Antwort ist richtig.

Antwort: **C**

Der Knall und der Krach sind jeweils Geräusche. Schall ist eine allgemeine Bezeichnung für Geräusche.

---

911. Kiefer, Eiche

A. Nadelbäume
B. Sträucher
C. Laubbäume
D. Zimmerpflanzen
E. Keine Antwort ist richtig

Antwort: **E**

Die Kiefer ist ein Nadelbaum und die Eiche ein Laubbaum. Eine gemeinsame Kategorie lässt sich unter den angegebenen Begriffen nicht finden.

---

912. Blende, Objektiv

- A. Fernglas
- B. Mikroskop
- C. Stethoskop
- D. Fotoapparat
- E. Keine Antwort ist richtig

Antwort: **D**

Die Blende und das Objektiv sind Bestandteile eines Fotoapparats.

---

913. schwer, leicht

- A. Bauteil
- B. Spiel
- C. Gewicht
- D. Geschmack
- E. Keine Antwort ist richtig

Antwort: **C**

Schwer und leicht sind Adjektive, die eine ungefähre Gewichtsangabe machen.

---

914. Asien, Europa

- A. Afrika
- B. Länder
- C. Kontinente
- D. Bevölkerung
- E. Keine Antwort ist richtig

Antwort: **C**

Asien und Europa sind Kontinente.

---

915. Bundespräsident, Bundeskanzler

- A. Selbstständige
- B. Arbeiter
- C. Politiker
- D. Minister
- E. Keine Antwort ist richtig

Antwort: **C**

Der Bundespräsident und der Bundeskanzler sind Politiker.

---

916. Zentimeter, Meter

A. Weite
B. Maßeinheiten
C. Breite
D. Fläche
E. Keine Antwort ist richtig

Antwort: **B**

Zentimeter und Meter sind Maßeinheiten zur Bestimmung von Längen.

---

917. Morgen, Abend

A. Uhrzeit
B. Schlafen
C. Tageszeit
D. Nacht
E. Keine Antwort ist richtig

Antwort: **C**

Der Morgen und der Abend sind Tageszeiten, die sich nur auf ungefähre Uhrzeiten beziehen.

---

918. Eiche, Buche

A. Laubbäume
B. Nadelbäume
C. Zweig
D. Tannenbäume
E. Keine Antwort ist richtig

Antwort: **A**

Eichen und Buchen sind Laubbäume.

919. LKW, PKW

- A. Fortbewegung
- B. Abgase
- C. Fahren
- D. Kraftfahrzeuge
- E. Keine Antwort ist richtig

Antwort: **D**

LKWs (Lastkraftwagen) und PKWs (Personenkraftwagen) sind Kraftfahrzeuge, d.h. maschinell angetriebene Landfahrzeuge.

920. Zink, Blei

- A. Leichtmetalle
- B. Metalle
- C. Eisen
- D. Elemente
- E. Keine Antwort ist richtig

Antwort: **B**

Zink und Blei gehören im Periodensystem der Elemente zu den Metallen.

Logisches Denkvermögen

Meinung oder Tatsache

In diesem Abschnitt erhalten Sie verschiedene Aussagen, die Sie dahingehend überprüfen sollen, ob es sich um eine Meinung oder eine Tatsache handelt.

921. **Hunde sind die idealen Haustiere**

M. Meinung
T. Tatsache

Antwort: **M**

Hunde werden seit Tausenden von Jahren von Menschen gezüchtet und gezähmt. Allerdings ist die Frage, ob ein Tier als Haustier ideal geeignet ist, immer abhängig von vielen verschiedenen Faktoren, so dass sich darauf keine allgemeingültige Antwort geben lässt. Somit handelt es sich hier um eine Meinung.

---

922. **Vitamin-C-Mangel kann schlimmstenfalls zum Tod führen.**

M. Meinung
T. Tatsache

Antwort: **T**

Ein Mangel an Vitamin C (Ascorbinsäure), meist durch zu wenig frisches Obst/Gemüse in der Ernährung, löst die Krankheit Skorbut aus. Oft ist allgemeine Unterernährung die Ursache, z. B. trat Skorbut gehäuft in den Weltkriegen auf, früher waren Seeleute auf längeren Seereisen oft davon betroffen. Skorbut schwächt den gesamten Körper und das Immunsystem und kann zum Tod durch Herzschwäche führen. Es handelt sich also um eine Tatsache.

---

923. **Die ersten Menschen hießen Adam und Eva.**

M. Meinung
T. Tatsache

Antwort: **M**

Dass die ersten Menschen Adam und Eva hießen, steht in der Bibel und gehört somit in den Bereich des Glaubens. Da es aber keine wissenschaftlichen Untersuchungen gibt, die die Version der Bibel stützen, handelt es sich hier um eine Meinung.

---

924. **Der Mondstand hat Auswirkungen auf die Erde.**

M. Meinung
T. Tatsache

Antwort: **T**

Auch wenn viele astrologische Thesen über die Wirkung des Mondes auf die Erde und ihre Bewohner heutzutage eher als Meinung gelten, so ist doch bewiesen, dass der Mond die Erde beeinflusst und z. B. für Ebbe und Flut verantwortlich ist. Also handelt es sich hier um eine Tatsache.

---

925. Menschen, die nicht lesen und schreiben können, sind dumm.

M. Meinung
T. Tatsache

Antwort: **M**

Es gibt viele Umstände, die dazu führen können, dass jemand weder lesen noch schreiben kann. Wer beispielsweise in einem Entwicklungsland oder im Krieg aufwächst, hat vielleicht einfach keine Gelegenheit, zur Schule zu gehen. Das ist aber völlig unabhängig von der Intelligenz eines Menschen. Hier handelt es sich offensichtlich um eine Meinung, die außerdem falsch ist.

---

926. Männer können im Allgemeinen höhere sportliche Leistungen erbringen als Frauen.

M. Meinung
T. Tatsache

Antwort: **T**

Dies ist offensichtlich zutreffend, nicht umsonst gibt es bei allen Sportarten getrennte Wettkämpfe für Männer und Frauen. Die unterschiedliche Leistungsfähigkeit der Geschlechter ist durch die körperlichen Unterschiede begründet und somit eine Tatsache.

---

927. Der menschliche Körper besteht zum größten Teil aus Wasser.

M. Meinung
T. Tatsache

Antwort: **T**

Diese Aussage ist korrekt, es handelt sich demnach um eine Tatsache.

---

928. Muskeln wiegen mehr als Fett.

M. Meinung
T. Tatsache

Antwort: **T**

Ein Kilogramm Muskeln hat weniger Volumen als ein Kilogramm Körperfett. Das bedeutet, dass bei gleichem Volumen das Muskelgewebe schwerer ist. Also handelt es sich um eine Tatsache.

929. Chlorophyll sorgt dafür, dass Pflanzen grün sind.

- **M.** Meinung
- **T.** Tatsache

Antwort: **T**

Als Chlorophyll oder Blattgrün bezeichnet man eine Klasse natürlicher Farbstoffe, die bei der Photosynthese eine wichtige Rolle spielen. Sie sind verantwortlich für die Grünfärbung der Pflanzen. Die Aussage trifft also zu.

930. Jeder ist sich selbst der Nächste.

- **M.** Meinung
- **T.** Tatsache

Antwort: **M**

Diese Aussage trifft ein fragwürdiges Pauschalurteil über alle Menschen und behauptet, dass alle Menschen egoistisch wären. Damit es eine subjektive Meinung.

Logisches Denkvermögen

Flussdiagramme

In diesem Abschnitt soll geprüft werden, wie gut Sie verschiedene Lösungswege nachvollziehen und Probleme lösen können. Hierzu erhalten Sie ein Flussdiagramm, in dem die verschiedenen Lösungswege grafisch dargestellt werden.

Um die Aufgaben leichter lösen zu können, sollten Sie folgende Hinweise beachten:

Die einzelnen Symbole aus dem Flussdiagramm sind mit Pfeilen verbunden und beschriftet, wobei diese senkrecht oder waagerecht geführt sind. Die Symbole lassen sich in fünf Gruppen einordnen.

- Prozessbeginn und -ende sind zumeist durch Rechtecke mit abgerundeten Ecken symbolisiert.
- Entscheidungen werden durch ovale Symbole gekennzeichnet.
- Verzweigungen und Bedingungen sind als Rauten dargestellt.
- Prozesse sind als Rechtecke visualisiert.
- Eingabe und Ausgabe sind zumeist als Parallelogramme repräsentiert.

Päckchen- und Paketversand

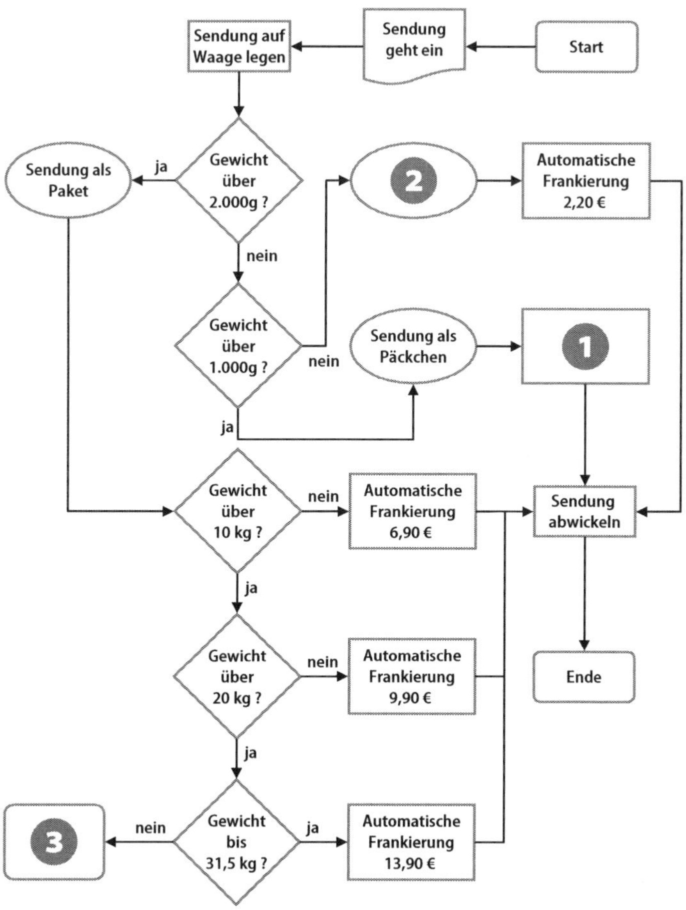

Berücksichtigen Sie zur Lösung der Aufgaben folgende Tabelle:

Artikel	Maxibrief	Päckchen	Paket 1	Paket 2	Paket 3	Dienstleister
Gewicht	über 500 g bis 1.000 g	bis 2.000 g	bis 10 kg	bis 20 kg	bis 31,5 kg	über 31,5 kg
Preis	2,20 €	3,90 €	6,90 €	9,90 €	13,90 €	24,90 €

931. Durch welche der Antworten wird die Zahl 1 im Flussdiagramm sinnvoll ersetzt?

- A. Sendung nachwiegen.
- B. Automatische Frankierung 2,20 €.
- C. Automatische Frankierung 3,90 €.
- D. Gewicht unter 2.000g?
- E. Sendung abwickeln.

Antwort: **C**

Möglichkeit D fällt weg, denn die Lösung muss ein Prozess sein (durch Rechteck gekennzeichnet). Das Gewicht wurde bereits bestimmt: Die Sendung ist schwerer als 1.000g, aber leichter als 2.000g. Abwickeln lässt sich die Sendung erst nach der Frankierung. Der richtige Frankierwert ergibt sich schließlich aus dem Diagramm und der oben angegebenen Tabelle – der korrekte Wert für ein Päckchen bis 2.000g beträgt 3,90 €.

932. Durch welche der Antworten wird die Zahl 2 im Flussdiagramm sinnvoll ersetzt?

- A. Gewicht über 500g ?
- B. Sendung als Päckchen.
- C. Sendung als Brief.
- D. Automatische Frankierung 2,20 €.
- E. Sendung als Paket.

Antwort: **C**

Die vorausgehende Bedingung unterscheidet Sendungen nach ihrem Gewicht und weist ihnen die entsprechende Versandart zu. Wie in der Tabelle angegeben, werden Sendungen als Brief verschickt, wenn sie 1.000g oder weniger wiegen.

933. Durch welche der Antworten wird die Zahl 3 im Flussdiagramm sinnvoll ersetzt?

- A. Automatische Frankierung 13,90 €.
- B. Sendung als Paket.
- C. Gewicht über 31,5 kg?
- D. Empfängeradresse auf Rechtschreibung prüfen.
- E. Externer Dienstleister.

Antwort: **E**

Laut Tabelle wird bei allen Sendungen, die schwerer sind als 31,5 kg, ein externer Dienstleister beauftragt. Dass der interne Ablauf hiermit beendet ist, symbolisiert das Rechteck mit abgerundeten Ecken.

---

934. Wie muss eine Sendung mit einem Gewicht von 1.300g frankiert werden?

A. Die Sendung muss als Paket mit 6,90 € frankiert werden.
B. Die Sendung muss als Paket mit 9,90 € frankiert werden.
C. Die Sendung muss als Päckchen mit 6,90 € frankiert werden.
D. Die Sendung muss als Päckchen mit 3,90 € frankiert werden.
E. Die Sendung muss als Brief mit 2,20 € frankiert werden.

Antwort: **D**

Folgt man dem Flussdiagramm, ist die erste Bedingung „Gewicht über 1.000g nicht erfüllt und die darauf folgende Bedingung „Gewicht über 2.000g erfüllt. Aus der Tabelle ergibt sich, dass eine Sendung mit diesem Gewicht als Päckchen verschickt und mit einem Wert von 3,90 € frankiert wird.

---

935. Wie muss eine Sendung mit einem Gewicht von 32,5 kg frankiert werden?

A. Die Sendung muss als Paket mit 6,90 € frankiert werden.
B. Die Sendung muss als Paket mit 9,90 € frankiert werden.
C. Die Sendung muss als Päckchen mit 6,90 € frankiert werden.
D. Die Sendung muss als Päckchen mit 3,90 € frankiert werden.
E. Die Sendung wird an einen externen Dienstleister übergeben.

Antwort: **E**

Sendungen mit einem Gewicht von mehr als 31,5 kg werden an einen externen Dienstleister übergeben. Der interne Versandablauf ist damit beendet.

Lösungshinweis: Das Diagramm stellt den Versandablauf einer Poststelle schematisch dar. Geht die Sendung ein, wird sie zunächst gewogen. Je nach Gewicht wird sie als Brief (bis 1kg), Päckchen (1kg - 2kg) oder Paket (über 2kg) mit den in der Tabelle angegebenen Werten frankiert und verschickt. Bei Sendungen, die schwerer sind als 31,5 kg, wird im hier angegebenen Beispiel ein externer Dienstleister beauftragt – der interne Arbeitsablauf ist dadurch beendet.

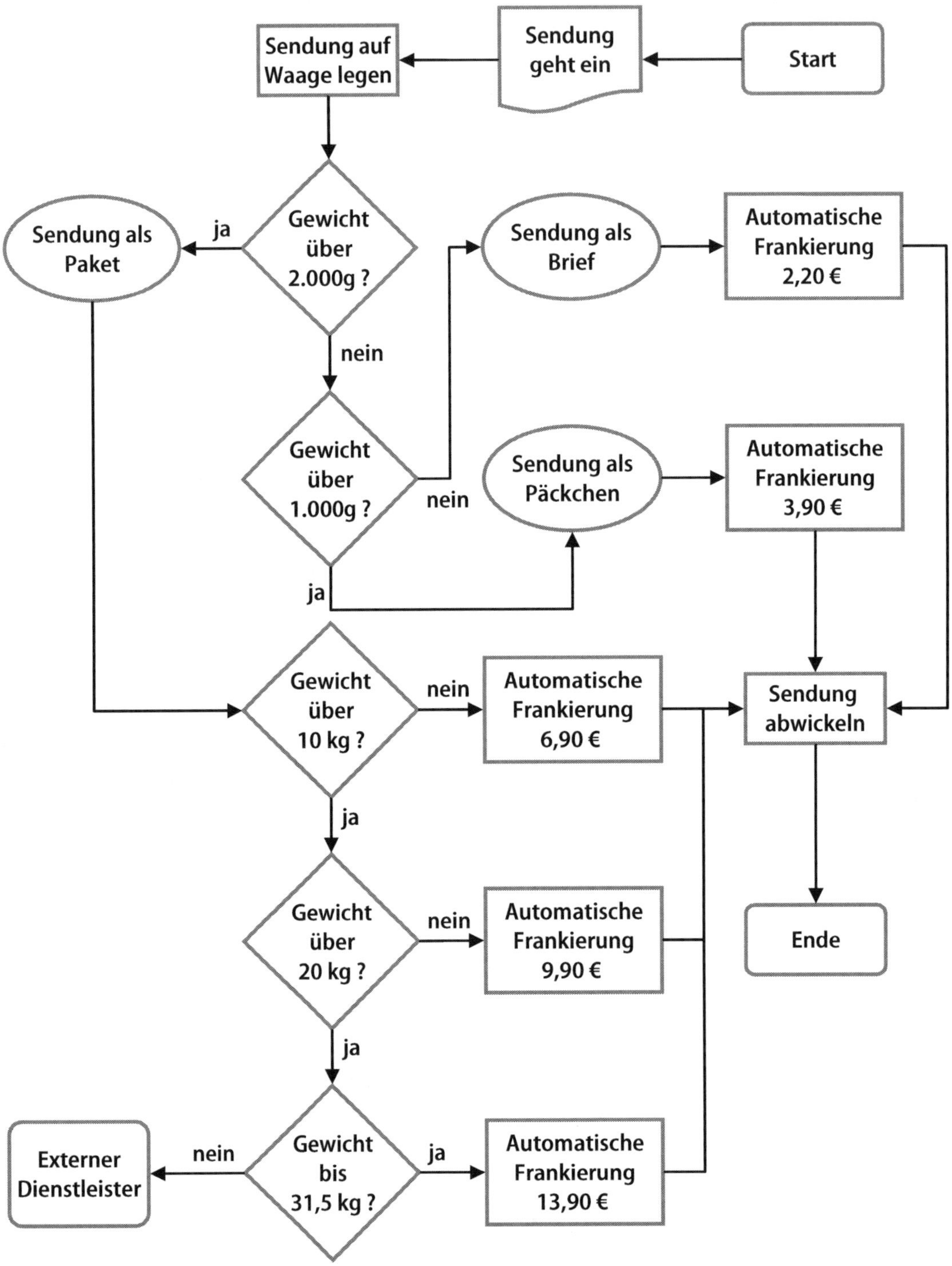

Logisches Denkvermögen

Logische Schlussfolgerung

In diesem Abschnitt wird Ihre Fähigkeit im Schlussfolgern geprüft.

936. **Die Aussage lautet: „Schuhe können lesen. Socken können nur schreiben. Hosen können beides." Daraus wird die Schlussfolgerung gezogen: „Also können die Socken von den Hosen nicht zum Lesen eingesetzt werden." Stimmt diese Behauptung?**

☐ stimmt
☐ stimmt nicht

Antwort: **stimmt**

Socken können nicht lesen, sondern nur schreiben – daher können sie von den Hosen auch nicht zum Lesen eingesetzt werden. Die Behauptung stimmt.

---

937. **Die Aussage lautet: „Alle Bilder sind Flaschen. Die meisten Flaschen sind Dosen. Dosen kann man mieten. Bilder kann man sowohl kaufen, als auch mieten, was bei Flaschen und Dosen nicht der Fall ist." Daraus wird die Schlussfolgerung gezogen: „Also kann man alle Flaschen mieten." Stimmt diese Behauptung?**

☐ stimmt
☐ stimmt nicht

Antwort: **stimmt nicht**

Es stimmt zwar, dass alle Bilder Flaschen sind (Satz 1) und dass man Bilder mieten kann (Satz 4). Dass alle Bilder Flaschen sind, heißt jedoch nicht, dass alle Flaschen zugleich auch Bilder sind. Es kann also auch Flaschen geben, die keine Bilder sind und möglicherweise nicht gemietet werden können. Dass die meisten Flaschen Dosen sind und Dosen gemietet werden können, bedeutet ebenfalls nicht, dass alle Flaschen Dosen sind und gemietet werden können. Die gegebene Schlussfolgerung ist also nicht zulässig.

---

938. **Die Aussage lautet: „Kühe können fliegen, weil sie Flügel haben. Vögel haben keine Flügel." Daraus wird die Schlussfolgerung gezogen: „Also können Vögel nicht fliegen". Stimmt diese Behauptung?**

☐ stimmt
☐ stimmt nicht

Antwort: **stimmt nicht**

Wenn Kühe fliegen können, weil sie Flügel haben (Satz 1), sagt das Fehlen der Flügel nichts über die Flugfähigkeit der Vögel aus. Es wird schließlich nicht festgestellt, dass Tiere nur mit Flügeln fliegen können. Möglicherweise bedienen sich Vögel anderer Hilfsmittel und Techniken, um zu fliegen. Daher ist die aufgestellte Behauptung falsch.

939. Die Aussage lautet: „Im Sommer werden nur montags Weihnachtsmänner verschenkt. Montags ist es immer kalt." Daraus wird die Schlussfolgerung gezogen: „ Im Sommer ist es kalt, wenn Weihnachtsmänner verschenkt werden."

☐ stimmt
☐ stimmt nicht

Antwort: **stimmt**

Wenn im Sommer nur montags Weihnachtsmänner verschenkt werden (Satz 1), und es montags immer kalt ist (Satz 2), dann ist es folgerichtig immer kalt, wenn im Sommer Weihnachtsmänner verschenkt werden. Die Behauptung stimmt also.

---

940. Die Aussage lautet: „Gegenstände, welche verschickt werden sollen, werden ins rote Fach abgelegt. Gegenstände im roten Fach sind zerbrechlich, im grünen Fach nicht." Daraus wird die Schlussfolgerung gezogen: „Wenn Gegenstände nicht zerbrechlich sind, dann sind sie nicht zu verschicken."

☐ stimmt
☐ stimmt nicht

Antwort: **stimmt**

Aus der Prämisse „Gegenstände im roten Fach sind zerbrechlich" und „Gegenstände sind nicht zerbrechlich" folgt im Umkehrschluss, sie sind nicht im roten Fach. Aus „Gegenstände, welche verschickt werden sollen, werden ins rote Fach abgelegt" und „Gegenstände sind nicht im roten Fach" folgt ebenfalls im Umkehrschluss, sie sind nicht zu verschicken. Die Behauptung stimmt.

---

941. Die Aussage lautet: „Wenn Peter das Spiel gewonnen hat, ist Klaus oder Max Zweiter geworden. Wenn Klaus Zweiter geworden ist, hat Peter das Spiel nicht gewonnen. Wenn Alberto Zweiter geworden ist, dann ist es nicht Max geworden. Peter hat das Spiel gewonnen. Daraus wird die Schlussfolgerung gezogen: „Also ist Alberto Zweiter geworden". Stimmt diese Behauptung?

☐ stimmt
☐ stimmt nicht

Antwort: **stimmt nicht**

Zunächst ist von der Feststellung in Satz 4 auszugehen: Peter hat das Spiel gewonnen. Die Bedingung aus Satz 1 ist demnach erfüllt, folgerichtig heißt der Zweite entweder Klaus oder Max. Aus dem Folgesatz erkennt man, dass Klaus aber keinesfalls der Zweite sein kann, denn in diesem Fall hätte Peter das Spiel nicht gewonnen. Also kann nur Max Zweiter geworden sein und nicht etwa Alberto.

942. Die Aussage lautet: „Nur schlechte Schüler bekommen Strafarbeiten oder schlechte Noten. Klaus ist ein guter Schüler." Daraus wird die Schlussfolgerung gezogen: „Also bekommt Klaus eine Strafarbeit." Stimmt die Behauptung?

☐ stimmt
☐ stimmt nicht

Antwort: **stimmt nicht**

In Satz 1 wird eindeutig festgestellt wird, dass ausschließlich („nur") schlechte Schüler Strafarbeiten oder schlechte Noten bekommen. Demnach kommen sowohl Strafarbeiten als auch schlechte Noten nur für schlechte Schüler in Frage. Da Klaus jedoch ein guter Schüler ist (Satz 2), gilt für ihn das weder-noch: Er hat weder schlechte Noten noch Strafarbeiten zu befürchten. Die Behauptung ist also falsch.

943. Die Aussage lautet: „Manche schlechten Schüler bekommen Strafarbeiten oder schlechte Noten. Klaus ist ein guter Schüler." Daraus wird die Schlussfolgerung gezogen: „Also bekommt Klaus keine Strafarbeiten oder schlechten Noten." Stimmt diese Behauptung?

☐ stimmt
☐ stimmt nicht

Antwort: **stimmt nicht**

Der in Satz 1 beschriebene Sachverhalt ist genau zu verstehen: Es ist nicht die Rede davon, dass ausschließlich schlechte Schüler Strafarbeiten oder schlechte Noten bekommen, sondern nur „manche". Daher kann es vorkommen, dass auch gute Schüler manchmal Strafarbeiten oder schlechte Noten bekommen. Also kann es auch Klaus treffen, obwohl er ein guter Schüler ist (Satz 2). Die Behauptung stimmt also nicht.

944. Die Aussage lautet: „Alle Gläser sind voll. Wer voll ist, wurde aufgefüllt. Wer aufgefüllt wurde, ist passiv." Daraus wird die Schlussfolgerung gezogen: „Also sind Gläser passiv." Stimmt diese Behauptung?

☐ stimmt
☐ stimmt nicht

Antwort: **stimmt**

Da festgestellt wird, dass alle Gläser voll sind (Satz 1), sind auch alle Gläser aufgefüllt (Satz 2). Da alle Gläser aufgefüllt sind, sind sie darüber hinaus zugleich passiv (Satz 3). Die Schlussfolgerung ist korrekt.

945. Die Aussage lautet: „Alle Würfel sind rund. Einige Würfel sind grün. Alle grünen Würfel haben ein Loch." Daraus wird die Schlussfolgerung gezogen: „Also kann es Würfel geben, die weder grün sind noch ein Loch haben." Stimmt diese Behauptung?

☐ stimmt
☐ stimmt nicht

Antwort: **stimmt**

Da in Satz 2 festgestellt wird, dass einige Würfel grün sind – das heißt, nicht alle –, kann es demnach auch Würfel in anderen Farben geben. Da nur ausgesagt wird, dass alle grünen Würfel ein Loch haben, bleibt unbekannt, ob die andersfarbigen Würfel ebenfalls ein Loch haben. Es kann also durchaus nicht-grüne Würfel ohne Loch geben: Die Schlussfolgerung ist korrekt.

Logisches Denkvermögen

Plausible Erklärung

In diesem Abschnitt wird Ihre Fähigkeit zu logischem Denken im sprachlichen Bereich geprüft.

946. Leo zieht sich warm an.

- A. Leo hat einen neuen Pullover.
- B. Leo muss nach draußen ins Kalte.
- C. Leo interessiert sich sehr für Kleidung.
- D. Leo zieht sich eine dicke Jacke an.
- E. Leo vermisst den Sommer.

Antwort: **B**

Leos neuer Pullover ist höchstens eine Voraussetzung, sich überhaupt warm anziehen zu können, aber noch kein Grund, es auch zu tun. „Eine dicke Jacke anziehen" ist eine konkretere Umschreibung von „sich warm anziehen", aber ebenfalls keine Begründung. Leo zieht sich vielmehr deswegen warm an, weil er ins Kalte muss – Antwort B stimmt. Dass Leo sich für Kleidung interessiert und den Sommer vermisst, ist nicht von Belang.

947. Stefans Fahrrad hat einen Platten.

- A. Stefans Rad ist frisch lackiert.
- B. Stefans Mofa ist auch defekt.
- C. Stefan hat eine neue Luftpumpe.
- D. Stefan fährt fast immer mit dem Rad.
- E. Stefan ist über einen Nagel gefahren.

Antwort: **E**

Dass der Lack von Stefans Fahrrad frisch und die Luftpumpe neu ist, stellt keinen Grund für einen Plattfuß dar. Die starke Nutzung des Rads erhöht vielleicht das Risiko eines Reifenschadens, verursacht ihn aber nicht – anders als ein eingefahrener Nagel: Antwort E stimmt. Dass Stefans Mofa auch defekt ist, spielt keine Rolle.

948. Nadine fährt heute mit der Bahn zur Arbeit.

- A. Nadine kommt etwas später zur Arbeit.
- B. Nadines Moped ist kaputt.
- C. Nadines Kollegen fahren mit dem Auto.
- D. Nadine kauft sich eine Wochenkarte.
- E. Nadine könnte auch mit dem Bus fahren.

Antwort: **B**

Der Kauf einer Wochenkarte und die Verspätung sind möglicherweise eine Folge von Nadines Entscheidung, mit der Bahn zu fahren – aber nicht deren Begründung. Und wenn ihre Kollegen mit dem Auto fahren, zwingt sie dies ebenso wenig zum Bahnfahren wie die alternative Fahrmöglichkeit mit dem Bus. Nadine fährt mit der Bahn, weil ihr Moped kaputt ist: Antwort C stimmt.

---

949. **Der Drucker druckt nicht.**

- A. Der Drucker hat keine Tinte mehr.
- B. Eine Warnanzeige blinkt.
- C. Es ist ein Tintenstrahldrucker.
- D. Das Papierfach ist aufgefüllt.
- E. Die Kollegen fluchen.

Antwort: **A**

Die blinkende Warnanzeige ist kein Grund dafür, dass der Drucker nicht druckt, sondern die Folge des eigentlichen Problems, das die Kollegen an der Arbeit hindert und sie fluchen lässt. Das aufgefüllte Papierfach ist aber kein solches Problem, und auch Tintenstrahldrucker sollten normalerweise einwandfrei funktionieren. Als Ursache des Druckerproblems kommt nur die leere Tintenpatrone in Frage: Antwort A stimmt.

---

950. **Der Laptop geht plötzlich aus.**

- A. Der Laptop war gerade in Betrieb.
- B. Der Laptop ist zwei Jahre alt.
- C. Der Laptop hat einen großen Arbeitsspeicher.
- D. Der Laptop-Akku ist alle.
- E. Der Laptop ist relativ groß.

Antwort: **D**

Wenn sich ein Laptop plötzlich ausschaltet, ist ein leerer Akku ein plausibler Grund dafür. Ein möglicherweise energiehungriger Arbeitsspeicher könnte zwar zu einer schnelleren Entladung des Akkus beitragen, ebenso wie ein hohes Alter des Geräts. Doch wenn dies die unmittelbaren Ursachen für das Abschalten des Laptops wären, müssten sich alle zwei und mehr Jahre alten Laptops mit großen Arbeitsspeichern plötzlich abschalten. Dass das Gerät gerade in Betrieb war und relativ groß ist, führt ebenfalls nicht unmittelbar zu dessen Abschaltung.

951. Der Gemüsehandel hat heute geschlossen.

- A. Gestern war Sonntag.
- B. Heute gehen viele Leute einkaufen.
- C. Der Gemüsehändler ist in Urlaub.
- D. Das Geschäft hat eine Mailadresse.
- E. Morgen hat es auch geschlossen.

Antwort: **C**

Wenn gestern Sonntag war, ist heute Montag. An einem Werktag sollte das Geschäft eigentlich geöffnet haben, ebenso wie am folgenden Dienstag. Dass viele Leute einkaufen gehen, spricht nicht gerade für eine Schließung des Ladens. Diese erklärt sich erst durch Antwort C plausibel: Das Geschäft hat geschlossen, weil sein Inhaber in Urlaub ist. Die Existenz einer geschäftlichen Mailadresse ist kein Grund, um ein Geschäft zu schließen.

---

952. Dirk stellt das Radio aus.

- A. Dirk hört oft Radio.
- B. Das Radio stört ihn beim Lernen.
- C. Dirk dreht den Regler auf „aus".
- D. Dirk gibt später eine Party.
- E. Dirk hat Schnupfen.

Antwort: **B**

Der Schnupfen hindert Dirk nicht am Radiohören, denn er hatte das Gerät ja bereits eingeschaltet. Auch die Party steht in keinem direkten Zusammenhang zum Ausschalten des Geräts. Dass er oft Radio hört spricht eher für eine lange Einschaltdauer – Dirk stellt das Gerät vielmehr deshalb aus, weil es ihn beim Lernen stört: Antwort B stimmt. Das Drehen des Reglers bezieht sich nur darauf, wie er das Radio ausschaltet.

---

953. Karla nimmt eine Tablette.

- A. Karla geht morgen zum Arzt.
- B. Karla war gerade in der Apotheke.
- C. Karla hat Halsschmerzen.
- D. Karla löst die Tablette in einem Glas Wasser auf.
- E. Karla nimmt morgen noch eine Tablette.

Antwort: **C**

Der Arztbesuch und der Gang zur Apotheke haben die gleiche Ursache wie die wiederholte Einnahme von Tabletten: nämlich Karlas Halsschmerzen (Antwort C). Das Auflösen der Tablette im Wasser bezieht sich lediglich darauf, wie sie das Medikament einnimmt.

954. Michael ist hungrig.

A. Michael hat ein Butterbrot gefrühstückt.
B. Michael freut sich aufs Abendessen.
C. Michael hat wenig gegessen.
D. Michaels Magen knurrt.
E. Michael ist auch durstig.

Antwort: **C**

Michaels verständliche Freude aufs Abendessen ist – ebenso wie sein knurrender Magen – eine Folge seines Hungers, aber nicht dessen Ursache. Auch sein Durst verursacht keinen Hunger: Dieser erklärt sich dadurch, dass er in den zurückliegenden Stunden wenig gegessen hat – Antwort C stimmt. Das Butterbrot zum Frühstück lässt nicht auf den gesamten Speiseplan des betreffenden Tages schließen.

---

955. Ich notiere den Termin im Kalender.

A. Der Kalender hat viel Raum für Notizen.
B. Ich nehme den Kalender überall mit hin.
C. Ich freue mich auf die Verabredung.
D. Ich bin sehr vergesslich.
E. Ich benutze dazu meinen Kugelschreiber.

Antwort: **D**

Dass der Kalender viel Platz bietet und jederzeit greifbar ist, erleichtert es zwar, darin verschiedenste Vermerke zu machen – ist aber kein Grund, es auch zu tun. Auch die Vorfreude auf die getroffene Verabredung führt nicht unmittelbar zu einer Notiz im Kalender – im Gegensatz zur Vergesslichkeit des Schreibers, die ihn zur Nutzung des Kalenders überhaupt erst motiviert: Antwort D stimmt. Die Benutzung des Kugelschreibers dagegen beschreibt lediglich, wie der Termin notiert wird.

5

Prüfung · Teil 5

Visuelles Denkvermögen

Dominosteine

In diesem Abschnitt wird Ihr visuelles Denkvermögen getestet.

956. Die Dominosteine sind nach einer bestimmten Logik angeordnet.

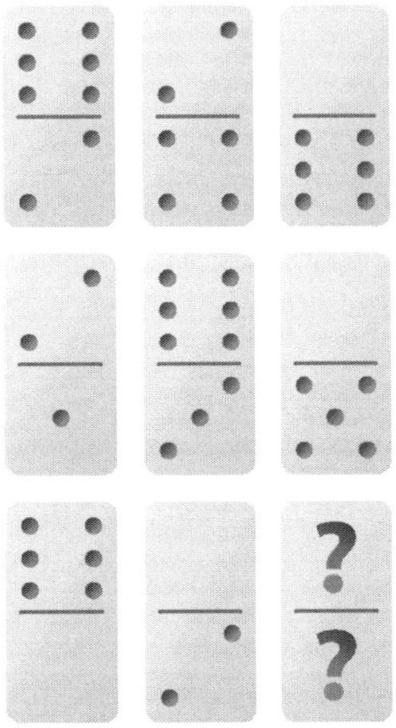

Welcher der Dominosteine A bis E ersetzt den Dominostein mit den zwei Fragezeichen sinnvoll?

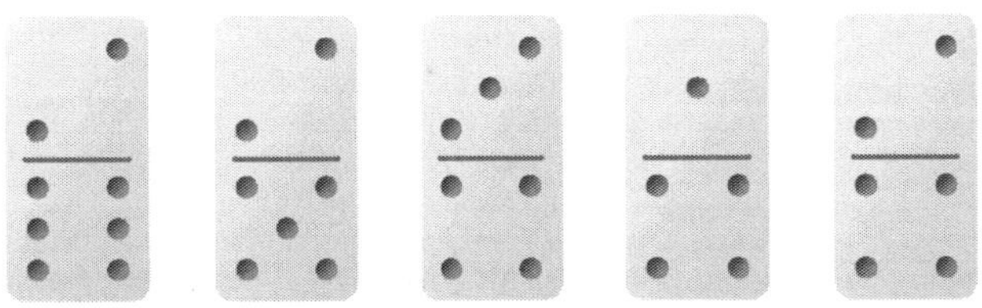

A **B** **C** **D** **E**

Antwort: **E**

Der gesuchte Stein zeigt oben eine 2 und unten eine 4:
Die untere Augenzahl der Dominosteine nimmt in jeder Reihe von links nach rechts um 2 zu. Pro Reihe kommen darüber hinaus in den oberen Feldern die Zahlen 0, 2 und 6 genau einmal vor.

957. Die Dominosteine sind nach einer bestimmten Logik angeordnet.

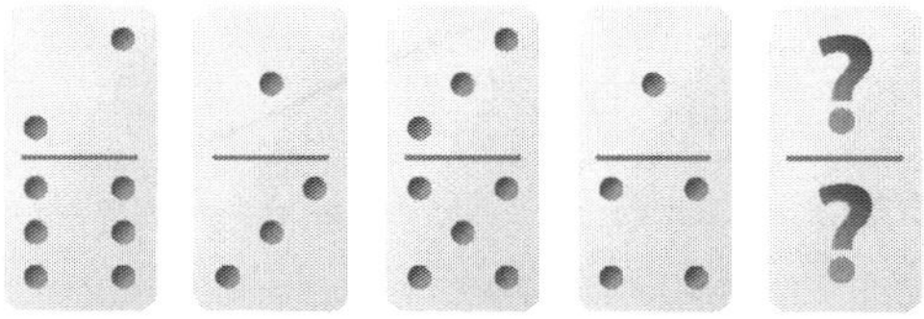

Welcher der Dominosteine A bis E ersetzt den Dominostein mit den zwei Fragezeichen sinnvoll?

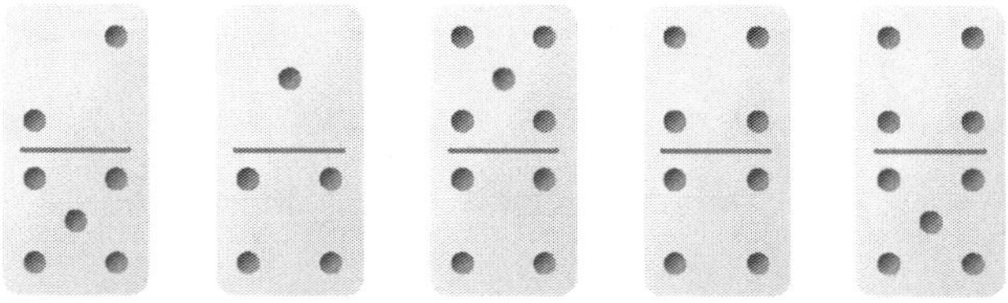

A **B** **C** **D** **E**

Antwort: **D**

Der gesuchte Stein zeigt oben und unten die Augenzahl 4.
Betrachtet man nur die oberen Felder der Steine, ergibt sich die logische Folge: (2)/1/(3)/1/(4)
Betrachtet man die unteren Felder, ergibt sich die logische Folge: (6)/3/(5)/4/(4)

958. Die Dominosteine sind nach einer bestimmten Logik angeordnet.

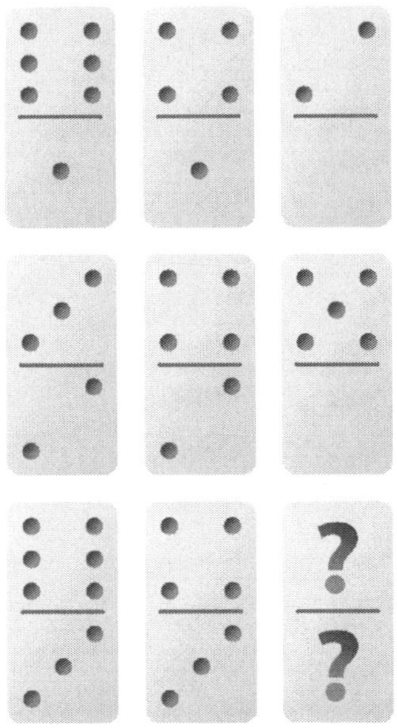

Welcher der Dominosteine A bis E ersetzt den Dominostein mit den zwei Fragezeichen sinnvoll?

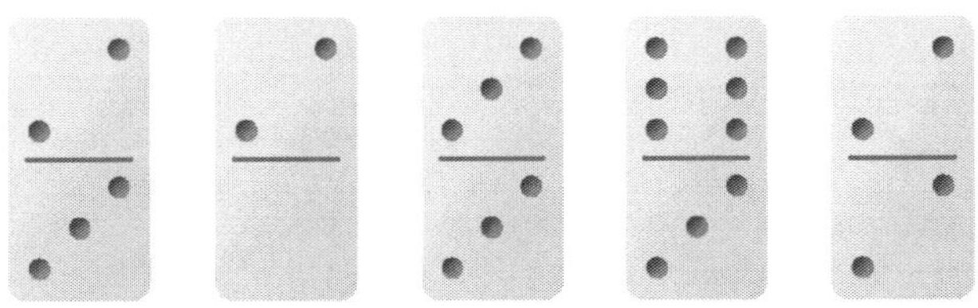

A B C D E

Antwort: **B**

Das untere Feld aller Dominosteine der rechten Spalte bleibt frei. Als richtige Antwort kommt somit nur Stein B infrage.

959. Die Dominosteine sind nach einer bestimmten Logik angeordnet.

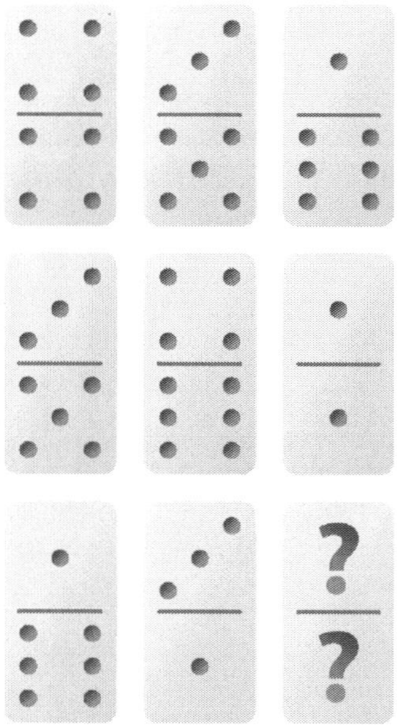

Welcher der Dominosteine A bis E ersetzt den Dominostein mit den zwei Fragezeichen sinnvoll?

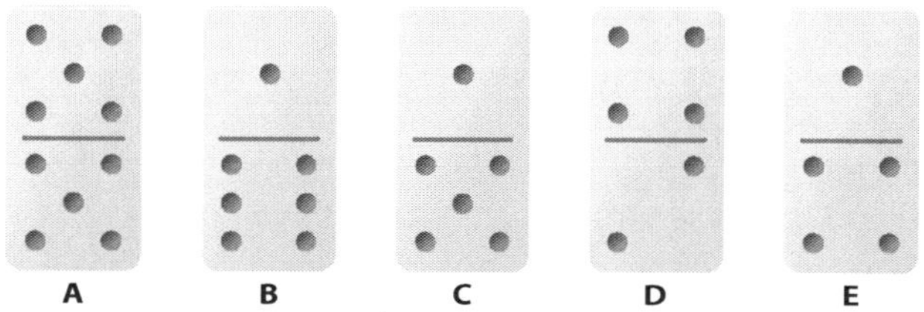

Antwort: **D**

In den oberen Feldern der Dominosteine kommen pro Reihe die Zahlen 1, 3 und 4 genau einmal vor. Das obere Feld des gesuchten Steins muss demnach die Augenzahl 4 zeigen. Darüber hinaus bilden die unteren Felder der Steine in jeder Reihe eine aufsteigende Zahlenfolge, bei der nach 6 wieder mit 1 begonnen wird: 4/5/6 (1. Reihe), 5/6/1 (2. Reihe), 6/1/2 (3. Reihe). Die untere Zahl des gesuchten Steins lautet also 2.

960. Die Dominosteine sind nach einer bestimmten Logik angeordnet.

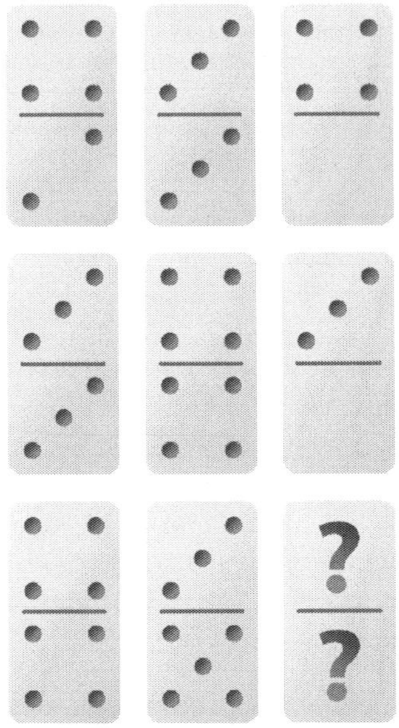

Welcher der Dominosteine A bis E ersetzt den Dominostein mit den zwei Fragezeichen sinnvoll?

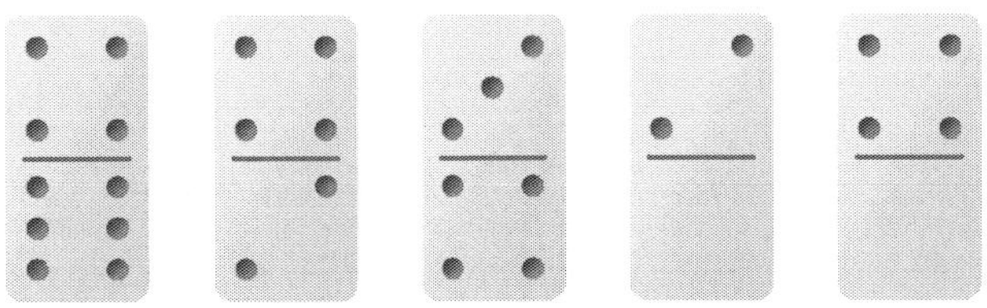

A B C D E

Antwort: **E**

Das untere Feld aller Dominosteine der rechten Spalte bleibt frei. Demnach kommen nur noch die Steine D und E infrage. Außerdem zeigen die oberen Felder des jeweils linken und rechten Steins einer Reihe stets die gleiche Augenzahl. Beide Bedingungen erfüllt nur Stein E.

Visuelles Denkvermögen

Figuren zuordnen

In diesem Abschnitt wird Ihre Fähigkeit zu logischem Denken im visuellen Bereich geprüft.

961. **Welche der fünf Aufgabenmuster A bis E gehören in die Gruppe 1 und welche in die Gruppe 2?**

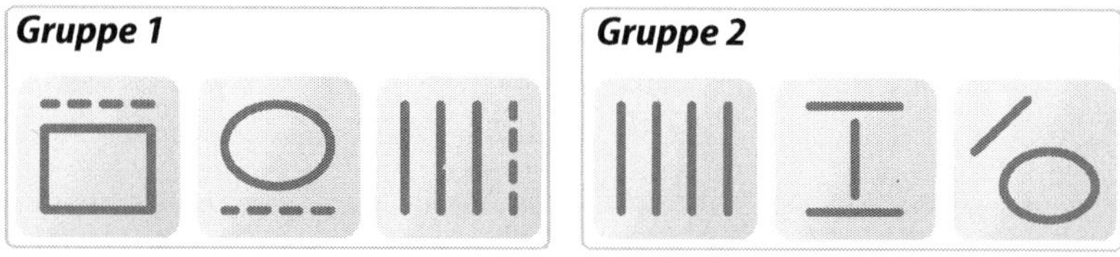

Aufgabenmuster

A **B** **C** **D** **E**

Gruppe 1: A · B · C · D · E

Gruppe 2: A · B · C · D · E

Antwort:
Gruppe 1: **A, B**
Gruppe 2: **C, D, E**

Nur in Gruppe 1 kommen gestrichelte Linien vor.

962. **Welche der fünf Aufgabenmuster A bis E gehören in die Gruppe 1 und welche in die Gruppe 2?**

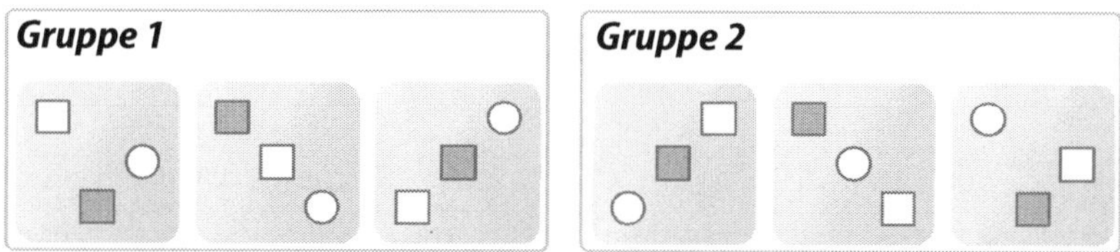

Aufgabenmuster

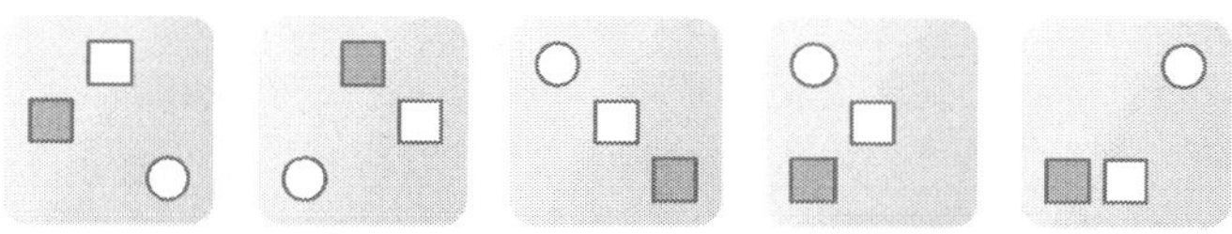

A **B** **C** **D** **E**

Gruppe 1: A · B · C · D · E

Gruppe 2: A · B · C · D · E

Antwort:
Gruppe 1: **A, E**
Gruppe 2: **B, C, D**

In Gruppe 1 steht das weiße Viereck immer links vom Kreis, in Gruppe 2 stets rechts davon.

---

963. Welche der fünf Aufgabenmuster A bis E gehören in die Gruppe 1 und welche in die Gruppe 2?

Aufgabenmuster

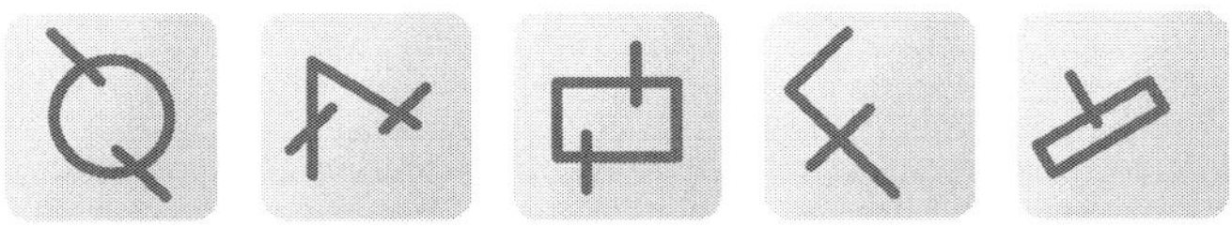

A **B** **C** **D** **E**

Gruppe 1: A · B · C · D · E **Gruppe 2:** A · B · C · D · E

Antwort:
Gruppe 1: **A, B, C**
Gruppe 2: **D, E**

In Gruppe 1 wird eine längere Linie von zwei parallel laufenden kurzen Linien gekreuzt, in Gruppe 2 kreuzt nur eine kürzere Linie.

---

964. Welche der fünf Aufgabenmuster A bis E gehören in die Gruppe 1 und welche in die Gruppe 2?

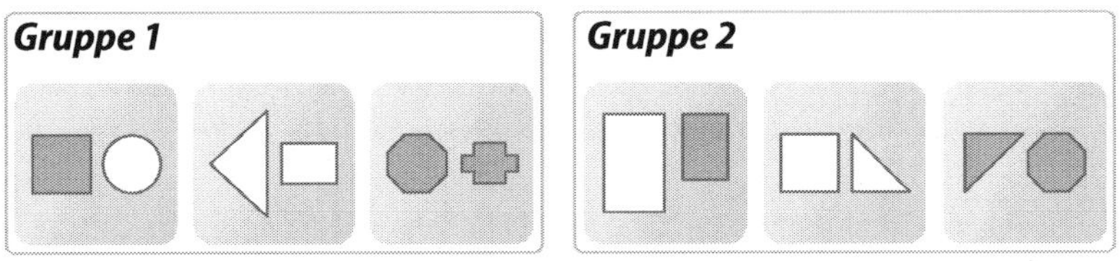

Aufgabenmuster

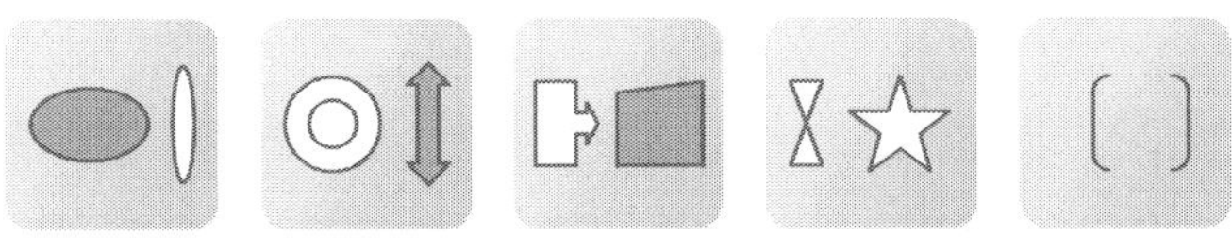

A **B** **C** **D** **E**

Gruppe 1: A · B · C · D · E **Gruppe 2:** A · B · C · D · E

Antwort:
Gruppe 1: **A, B, E**
Gruppe 2: **C, D**

Die Figuren in Gruppe 1 sind jeweils in der Mitte horizontal spiegelbildlich teilbar, in Gruppe 2 nicht.

---

965. Welche der fünf Aufgabenmuster A bis E gehören in die Gruppe 1 und welche in die Gruppe 2?

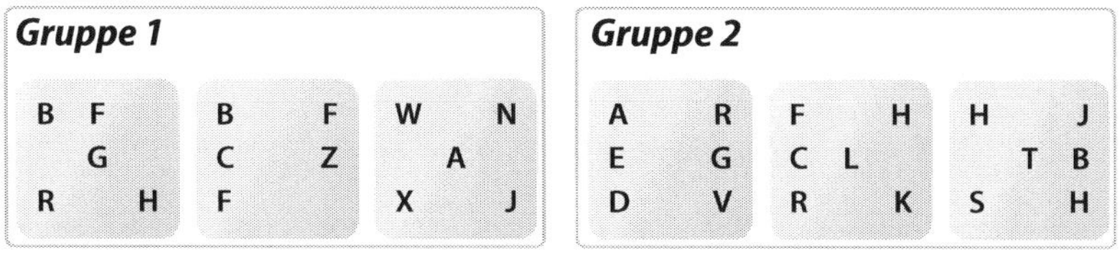

Aufgabenmuster

A **B** **C** **D** **E**

Gruppe 1: A · B · C · D · E **Gruppe 2:** A · B · C · D · E

Antwort:
Gruppe 1: **B, D**
Gruppe 2: **A, C, E**

In Figuren der Gruppe 1 sind immer fünf Buchstaben enthalten, bei Gruppe 2 sind es sechs.

Visuelles Denkvermögen

Figurenreihen fortsetzen

In diesem Abschnitt wird Ihre Fähigkeit zu logischem Denken im visuellen Bereich geprüft.

966. Sie sehen vier Abbildungen mit verschiedenen Mustern, wobei das Fragezeichen sinnvoll nach einer bestimmten Regel ersetzt werden soll.

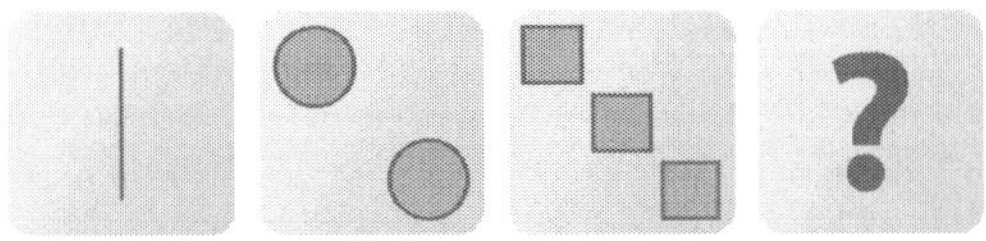

Durch welches der fünf Muster wird das Fragezeichen logisch ersetzt?

A B C D E

Antwort: **C**

Das Fragezeichen wird sinnvoll durch die Figur C ersetzt.
Jede Figur enthält ein Element mehr als ihr Vorgänger. Dabei finden sich in jeder Figur ausschließlich gleiche Elemente, doch keines von ihnen wird in einer anderen Figur wiederholt.

---

967. Sie sehen vier Abbildungen mit verschiedenen Mustern, wobei das Fragezeichen sinnvoll nach einer bestimmten Regel ersetzt werden soll.

Durch welches der fünf Muster wird das Fragezeichen logisch ersetzt?

A B C D E

Antwort: **C**

Das Fragezeichen wird sinnvoll durch die Figur C ersetzt.
Jede Figur ist im Vergleich zu ihrem Vorgänger um 135 Grad im Uhrzeigersinn gedreht, wobei die Lage der grauen Fläche stets wechselt.

968. Sie sehen vier Abbildungen mit verschiedenen Mustern, wobei das Fragezeichen sinnvoll nach einer bestimmten Regel ersetzt werden soll.

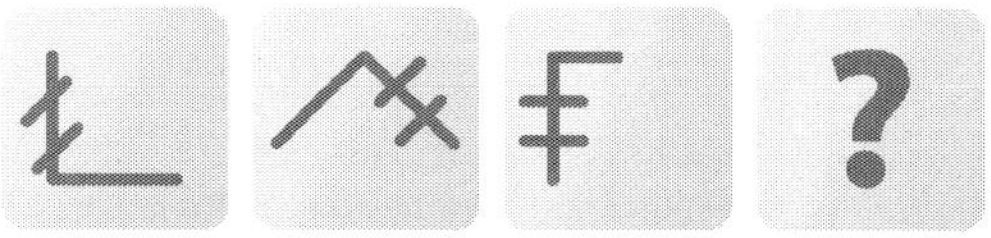

Durch welches der fünf Muster wird das Fragezeichen logisch ersetzt?

A **B** **C** **D** **E**

Antwort: **E**

Das Fragezeichen wird sinnvoll durch die Figur E ersetzt.
In jeder Figur wird eine von zwei Linien von zwei parallel laufenden kurzen Strichen gekreuzt.

969. Sie sehen vier Abbildungen mit verschiedenen Mustern, wobei das Fragezeichen sinnvoll nach einer bestimmten Regel ersetzt werden soll.

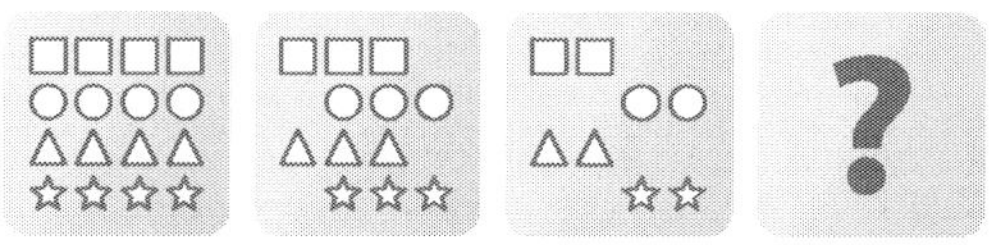

Durch welches der fünf Muster wird das Fragezeichen logisch ersetzt?

A **B** **C** **D** **E**

Antwort: **E**

Das Fragezeichen wird sinnvoll durch die Figur E ersetzt.
Bei allen abgebildeten Formationen nimmt die Anzahl der gezeigten Objekte – Viereck, Kreis, Dreieck, Stern – stetig um eins ab, wobei Vierecke und Dreiecke innerhalb der Abbildungen von rechts nach links, Kreise und Sterne von links nach rechts entfernt werden.

970. Sie sehen vier Abbildungen mit verschiedenen Mustern, wobei das Fragezeichen sinnvoll nach einer bestimmten Regel ersetzt werden soll.

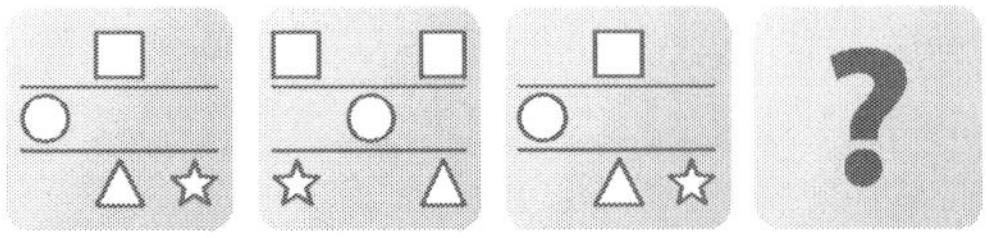

Durch welches der fünf Muster wird das Fragezeichen logisch ersetzt?

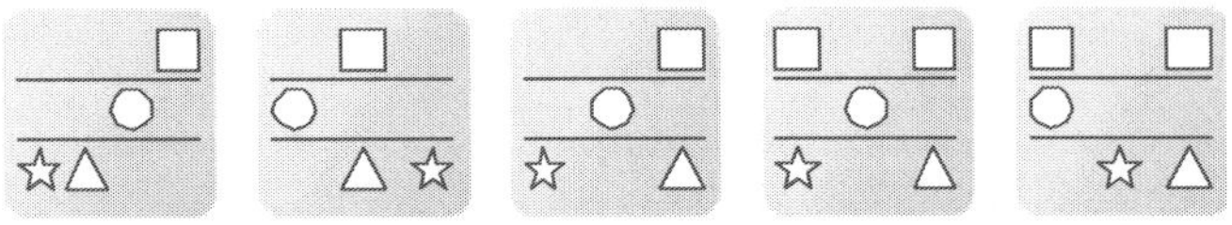

A **B** **C** **D** **E**

Antwort: **D**

Das Fragezeichen wird sinnvoll durch die Figur D ersetzt.
Die Reihe besteht aus zwei Abbildungen, die sich abwechselnd wiederholen.

Visuelles Denkvermögen

Spielwürfel drehen

In diesem Abschnitt wird Ihr visuelles Denkvermögen getestet.

971. **Der abgebildete Spielwürfel wird nach links gekippt und 90 Grad gegen den Uhrzeigersinn gedreht.**

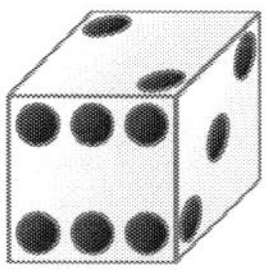

Welchen der Musterwürfel A bis E sehen Sie, nachdem der Aufgabenwürfel gedreht und gekippt wurde?

A B C D E

Antwort: **C**

Gegenprobe: Drehen Sie Würfel C 90 Grad im Uhrzeigersinn und kippen Sie ihn nach rechts.

972. **Der abgebildete Spielwürfel wird nach rechts gekippt und 90 Grad im Uhrzeigersinn gedreht.**

Welchen der Musterwürfel A bis E sehen Sie, nachdem der Würfel gedreht und gekippt wurde?

A B C D E

Antwort: **C**

Gegenprobe: Drehen Sie Würfel C 90 Grad gegen den Uhrzeigersinn und kippen Sie ihn nach links.

973. Der abgebildete Spielwürfel wird nach links gekippt und 90 Grad im Uhrzeigersinn gedreht.

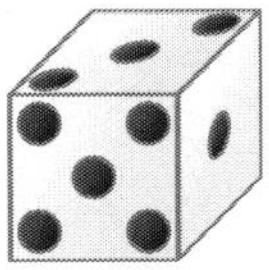

Welchen der Musterwürfel A bis E sehen Sie, nachdem der Würfel gedreht und gekippt wurde?

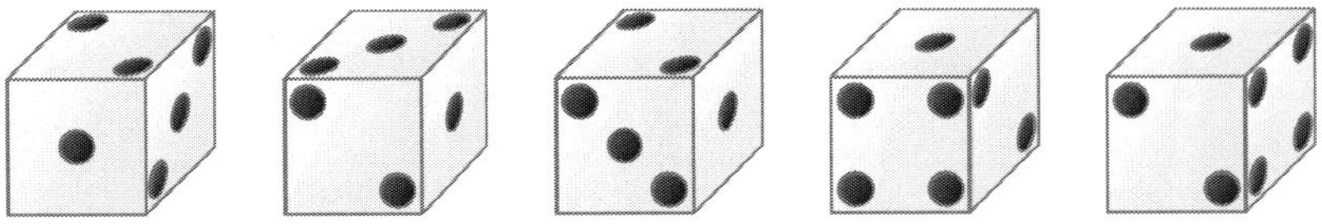

A B C D E

Antwort: **D**

Gegenprobe: Drehen Sie Würfel D 90 Grad gegen den Uhrzeigersinn und kippen Sie ihn nach rechts.

974. Der abgebildete Spielwürfel wird nach links gekippt und 90 Grad gegen den Uhrzeigersinn gedreht.

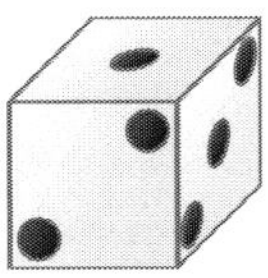

Welchen der Musterwürfel A bis E sehen Sie, nachdem der Würfel gedreht und gekippt wurde?

A B C D E

Antwort: **D**

Gegenprobe: Drehen Sie Würfel D 90 Grad im Uhrzeigersinn und kippen Sie ihn nach links.

975. **Der abgebildete Spielwürfel wird zweimal nach rechts gekippt und 90 Grad im Uhrzeigersinn gedreht.**

Welchen der Musterwürfel A bis E sehen Sie, nachdem der Würfel gedreht und gekippt wurde?

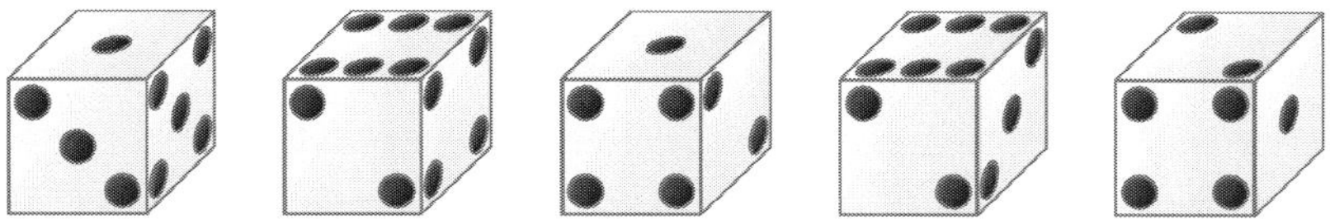

A B C D E

Antwort: **B**

Gegenprobe: Drehen Sie Würfel B 90 Grad gegen den Uhrzeigersinn und kippen Sie ihn zweimal nach links.

Visuelles Denkvermögen

Figur hat einen Fehler

In dieser Aufgabe wir Ihre Fähigkeit zur Erkennung von Details geprüft.

Lösung:

Welche der fünf Figuren unterscheidet sich von den anderen in der Reihe?

Block A: Gesichter

976.

A B C D E

977.

A B C D E

978.

A B C D E

979.

A B C D E

980.

A B C D E

Welche der fünf Figuren unterscheidet sich von den anderen in der Reihe?

Block B: Boote

981.

A B C D E

982.

A B C D E

983.

A B C D E

984.

A B C D E

985.

A B C D E

Visuelles Denkvermögen

Figuren ergänzen

In diesem Abschnitt wird Ihr visuelles Denkvermögen getestet.

986. Sie sehen ein Quadrat mit acht Figuren. Das Fragezeichen soll sinnvoll nach einer ersichtlichen Regel ersetzt werden.

Durch welche der fünf Figuren wird das Fragezeichen logisch ersetzt?

A B C D E

Antwort: **E**

Das Fragezeichen wird durch das Objekt E logisch ersetzt.

Gehen Sie in den einzelnen Reihen von links nach rechts vor. Von Feld zu Feld wird das jeweilige Objekt um 45° im Uhrzeigersinn gedreht. Zusätzlich wird auch der Strich innerhalb des Kreises, Vierecks oder Karos immer um 45° im Uhrzeigersinn gedreht, im Vergleich zum vorherigen Feld also um 90°.

987. Sie sehen ein Quadrat mit acht Figuren. Das Fragezeichen soll sinnvoll nach einer ersichtlichen Regel ersetzt werden.

Durch welche der fünf Figuren wird das Fragezeichen logisch ersetzt?

A **B** **C** **D** **E**

Antwort: **B**

Das Fragezeichen wird durch das Objekt B logisch ersetzt.

Gehen Sie in den einzelnen Spalten von oben nach unten vor. Das jeweils oberste Objekt wird mit dem darunter stehenden Objekt „addiert", d. h. beide Objekte werden übereinandergelegt, wobei das in der 2. Reihe stehende Objekt jedoch an der Schrägachse von links oben nach rechts unten gespiegelt wird. Das direkt über dem Fragezeichen stehende Objekt wird durch die Spiegelung identisch mit dem obersten Objekt der Spalte. Daher ist – wie schon in der linken Spalte – das Objekt des untersten Felds identisch mit dem Objekt des obersten Felds.

988. Sie sehen ein Quadrat mit acht Figuren. Das Fragezeichen soll sinnvoll nach einer ersichtlichen Regel ersetzt werden.

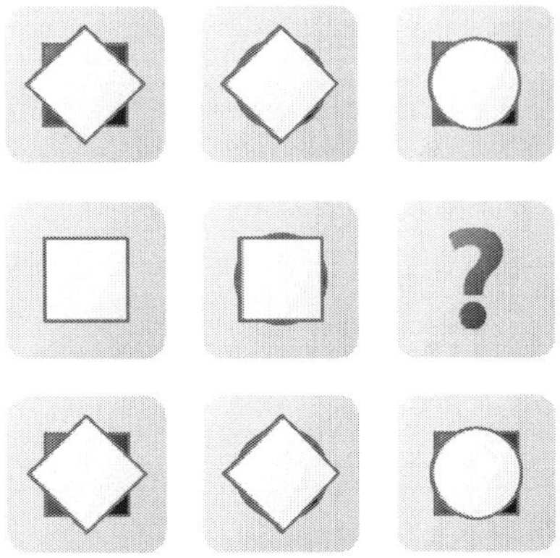

Durch welche der fünf Figuren wird das Fragezeichen logisch ersetzt?

A B C D E

Antwort: **A**

Das Fragezeichen wird durch das Objekt A logisch ersetzt.

Gehen Sie in den einzelnen Spalten von oben nach unten vor. In jedem Feld liegen zwei Objekte übereinander. Das jeweils obenauf liegende Objekt wird von Feld zu Feld um 45° im Uhrzeigersinn gedreht, das untere bleibt unverändert. Da in der rechten Spalte das obere Objekt ein Kreis ist, verändert sich das Objekt innerhalb der Spalte nicht.

989. Sie sehen ein Quadrat mit acht Figuren. Das Fragezeichen soll sinnvoll nach einer ersichtlichen Regel ersetzt werden.

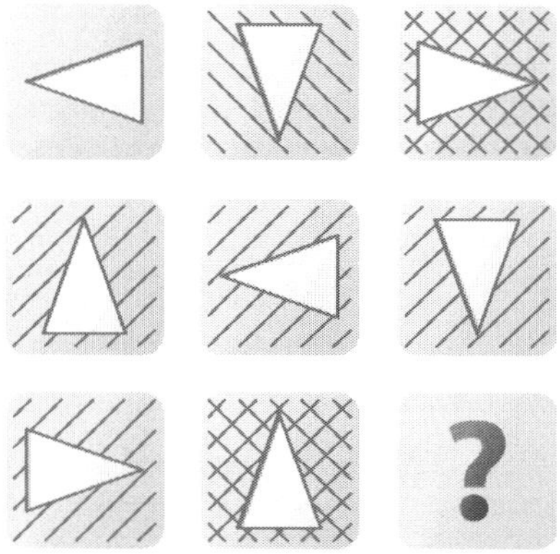

Durch welche der fünf Figuren wird das Fragezeichen logisch ersetzt?

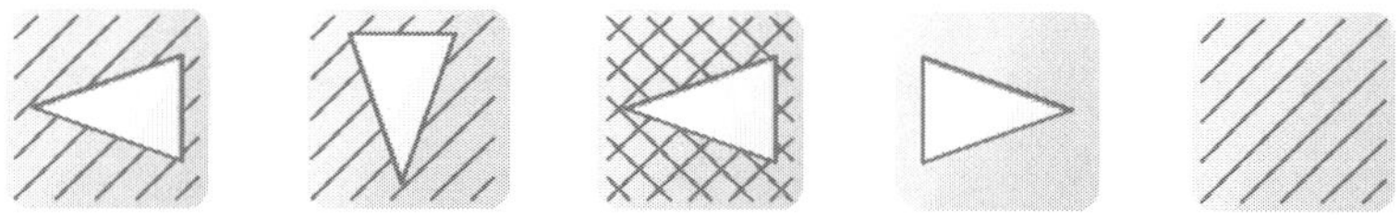

A **B** **C** **D** **E**

Antwort: **C**

Das Fragezeichen wird durch das Objekt C logisch ersetzt.

Gehen Sie in den einzelnen Spalten von oben nach unten vor. Jedes Feld zeigt ein keilförmiges Objekt vor einem Hintergrund. Von Feld zu Feld werden die Keile nun um 90° im Uhrzeigersinn gedreht. Der Hintergrund des jeweils untersten Feldes ergibt sich aus der „Addition" der beiden oberen Felder, die übereinandergelegt werden.

990. Sie sehen ein Quadrat mit acht Figuren. Das Fragezeichen soll sinnvoll nach einer ersichtlichen Regel ersetzt werden.

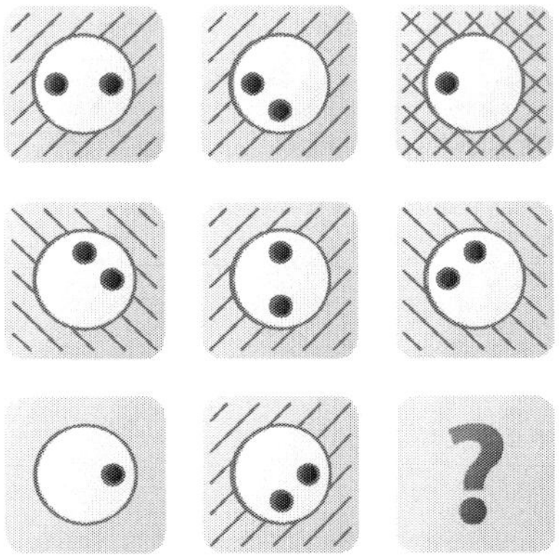

Durch welche der fünf Figuren wird das Fragezeichen logisch ersetzt?

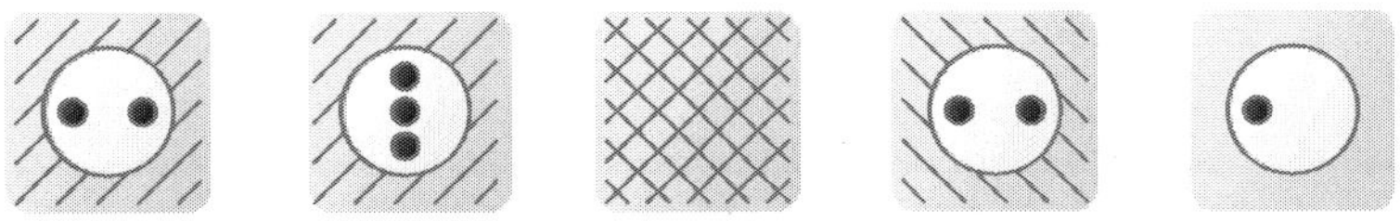

A B C D E

Antwort: **D**

Das Fragezeichen wird durch das Objekt D logisch ersetzt.

Gehen Sie von oben nach unten vor.

Jedes Feld zeigt ein Objekt vor einem Hintergrund. Von oben nach unten betrachtet, besteht der Hintergrund des untersten Feldes nur aus demjenigen Muster, das in beiden darüberliegenden Feldern ebenfalls vorkommt. In der linken Spalte sind beispielsweise die obersten Felder vollkommen unterschiedlich gemustert, so dass im untersten Feld als gemeinsames Muster nur eine leere Fläche übrigbleibt. Das Objekt ist ein Kreis mit zwei schwarzen Punkten. Von Feld zu Feld wird nun stets ein Punkt in derselben Position wiederholt, wobei der zweite Punkt um 90° im Uhrzeigersinn gedreht wird.

991. **Sie sehen ein Quadrat mit acht Figuren. Das Fragezeichen soll sinnvoll nach einer ersichtlichen Regel ersetzt werden.**

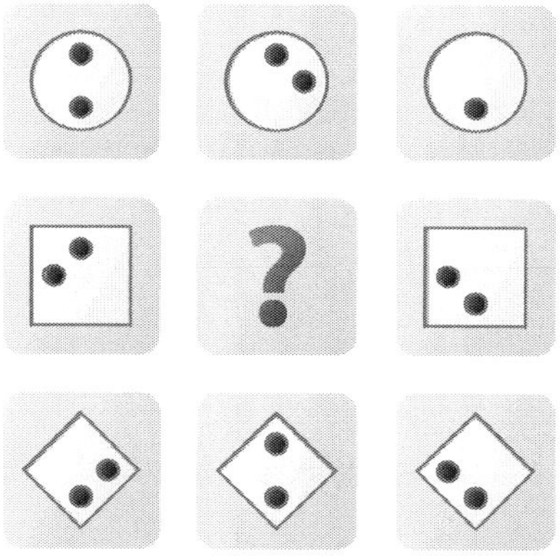

Durch welche der fünf Figuren wird das Fragezeichen logisch ersetzt?

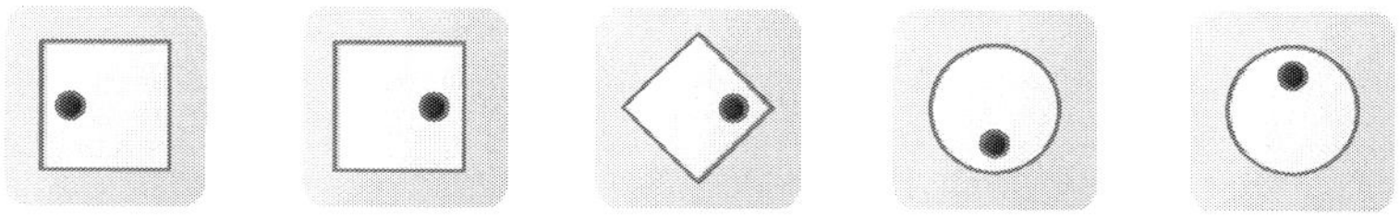

A B C D E

Antwort: **B**

Das Fragezeichen wird durch das Objekt B logisch ersetzt.

Gehen Sie in den einzelnen Reihen von links nach rechts. In jeder Reihe kommt nur ein Objekttyp (Viereck, Raute, Kreis) vor. In den Objekten befinden sich zwei Punkte, die mit verschiedenen Geschwindigkeiten innerhalb des Objekts umlaufen: Ein Punkt wandert um 90° im Uhrzeigersinn, der andere um 180°.

992. **Sie sehen ein Quadrat mit acht Figuren. Das Fragezeichen soll sinnvoll nach einer ersichtlichen Regel ersetzt werden.**

Durch welche der fünf Figuren wird das Fragezeichen logisch ersetzt?

A **B** **C** **D** **E**

Antwort: **D**

Das Fragezeichen wird durch das Objekt D logisch ersetzt.

Die Objekte unterscheiden sich nach Form (Kreis, Quadrat, Dreieck) und Anzahl ihrer Mäntel. In jeder Reihe und in jeder Spalte kommt nur ein Objekt eines Typs und einer bestimmten Anzahl von Mänteln vor. Das einzig noch fehlende Objekt ist ein Dreieck mit nur einem Mantel.

993. Sie sehen ein Quadrat mit acht Figuren. Das Fragezeichen soll sinnvoll nach einer ersichtlichen Regel ersetzt werden.

Durch welche der fünf Figuren wird das Fragezeichen logisch ersetzt?

Antwort: **A**

Das Fragezeichen wird durch das Objekt A logisch ersetzt.

Gehen Sie in den einzelnen Spalten von oben nach unten vor. Das Zackenmuster bleibt in allen Feldern unverändert. Die Objekte des jeweils obersten Felds werden mit denen des Felds darunter „addiert", d. h. sie werden übereinandergelegt, wobei jedoch das jeweils in der 2. Reihe stehende Objekt im untersten Feld die Lage verändert: Steht das Objekt oberhalb des Zackenmusters, wandert es nach unten, steht es darunter, wandert es nach oben.

994. **Sie sehen ein Quadrat mit acht Figuren. Das Fragezeichen soll sinnvoll nach einer ersichtlichen Regel ersetzt werden.**

Durch welche der fünf Figuren wird das Fragezeichen logisch ersetzt?

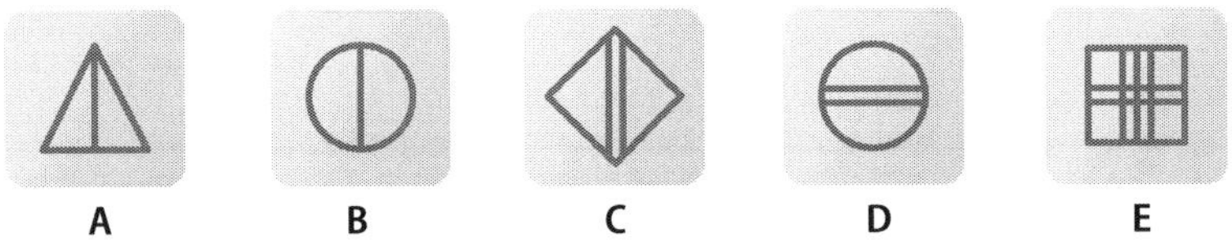

Antwort: **D**

Das Fragezeichen wird durch das Objekt D logisch ersetzt.

In jeder Spalte und in jeder Reihe wechseln sich waagerechte und senkrechte Linien von Feld zu Feld ab. Eine andere Regel gibt es hierbei nicht.

995. **Sie sehen ein Quadrat mit acht Figuren. Das Fragezeichen soll sinnvoll nach einer ersichtlichen Regel ersetzt werden.**

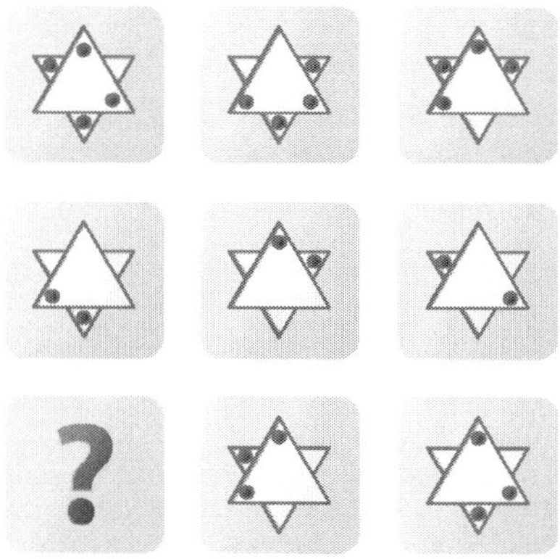

Durch welche der fünf Figuren wird das Fragezeichen logisch ersetzt?

A B C D E

Antwort: **D**

Das Fragezeichen wird durch das Objekt D logisch ersetzt.

Gehen Sie in den Reihen von links nach rechts vor. Die Punkte im inneren Dreieck wandern im Uhrzeigersinn, die im äußeren gegen den Uhrzeigersinn.

Visuelles Denkvermögen

Räumliches Grundverständnis

In diesem Abschnitt wird Ihr visuelles Denkvermögen getestet.

996. Bei dieser Faltvorlage handelt es sich um die Außenseite eines Körpers.

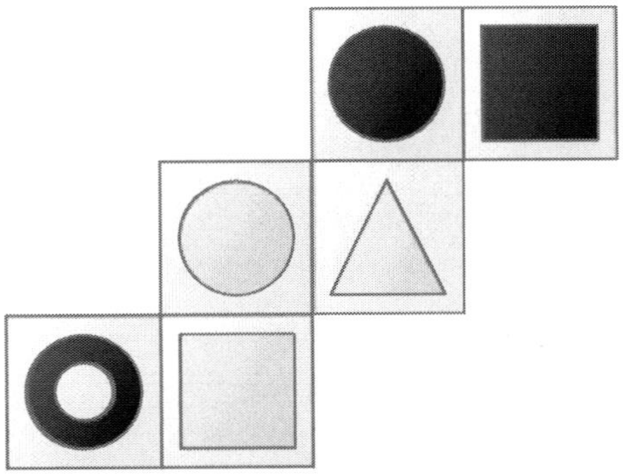

Welcher der Körper A bis E kann aus der Faltvorlage gebildet werden?

A B C D E

Antwort: **A**

Dreieck im Fokus behalten, Würfel zusammenfalten, nach vorne kippen und 90 Grad gegen den Uhrzeigersinn drehen.

997. Bei dieser Faltvorlage handelt es sich um die Außenseite eines Körpers.

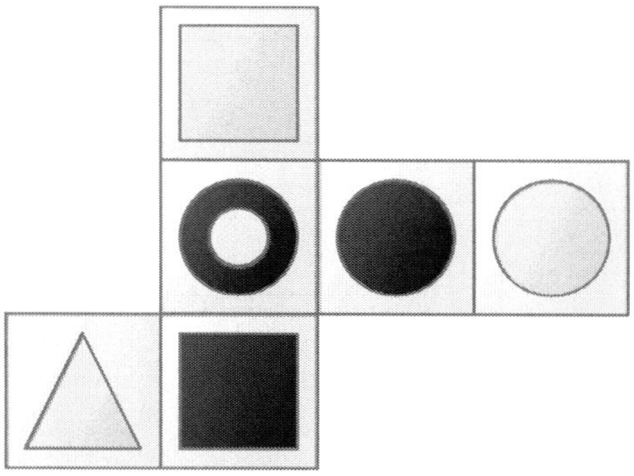

Welcher der Körper A bis E kann aus der Faltvorlage gebildet werden?

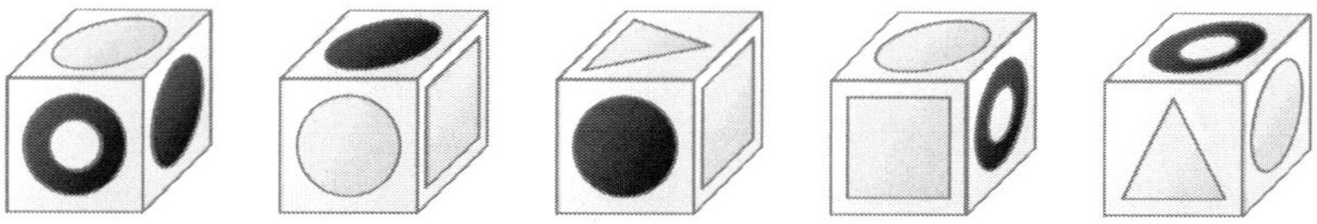

A B C D E

Antwort: **B**

Hellen Kreis im Fokus behalten, Würfel zusammenfalten, nach rechts kippen.

998. Aus wie vielen Flächen setzt sich diese Figur zusammen?

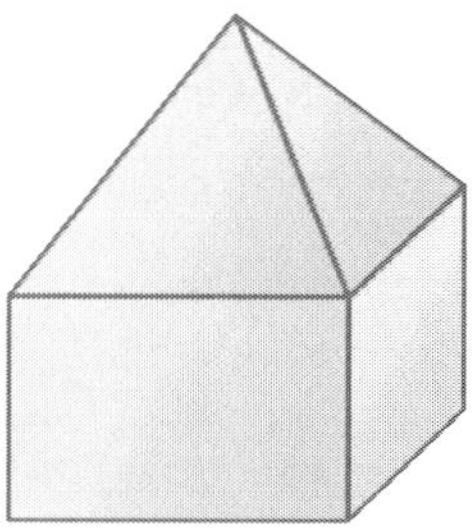

- **A.** 7
- **B.** 8
- **C.** 9
- **D.** 10
- **E.** Keine Antwort ist richtig.

Antwort: **C**

Die Figur besteht aus 9 Flächen.

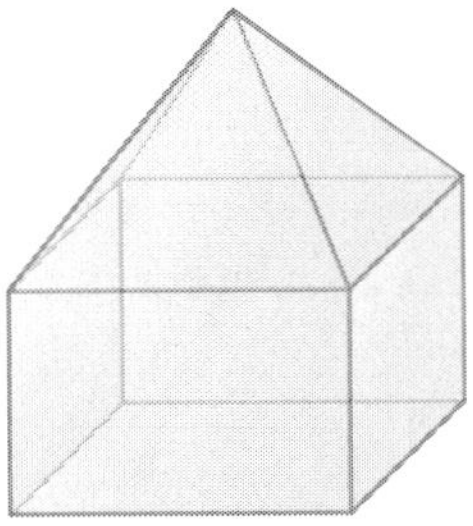

999. Aus wie vielen Flächen setzt sich diese Figur zusammen?

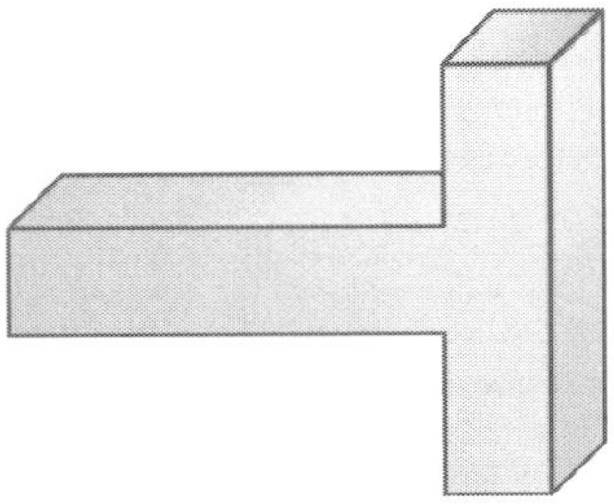

- **A.** 9
- **B.** 10
- **C.** 11
- **D.** 12
- **E.** Keine Antwort ist richtig.

Antwort: **B**

Die Figur besteht aus 10 Flächen.

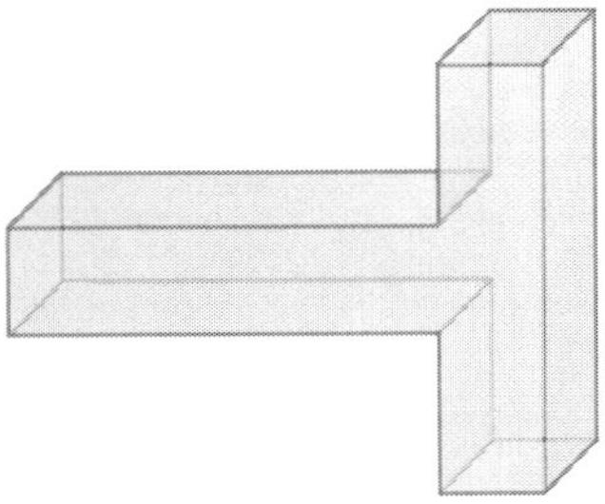

1000. Aus wie vielen Flächen setzt sich diese Figur zusammen?

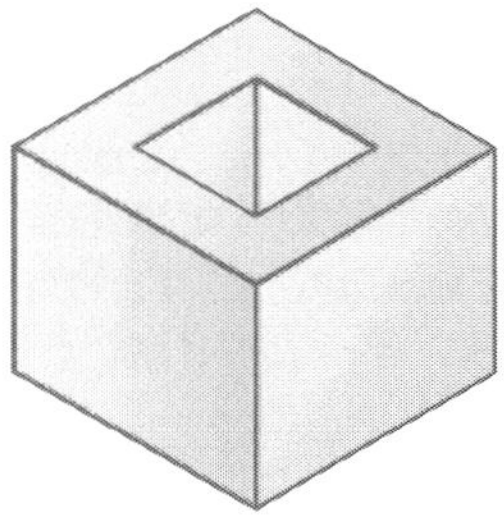

A. 9
B. 10
C. 11
D. 12
E. Keine Antwort ist richtig.

Antwort: **B**

Die Figur besteht aus 10 Flächen.

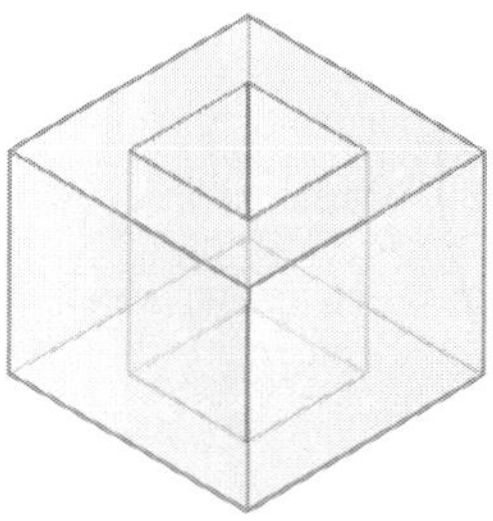

Visuelles Denkvermögen

Technisches Verständnis

1001. Welche Glühlampen leuchten, wenn die Schalter 1 und 4 geschlossen werden?

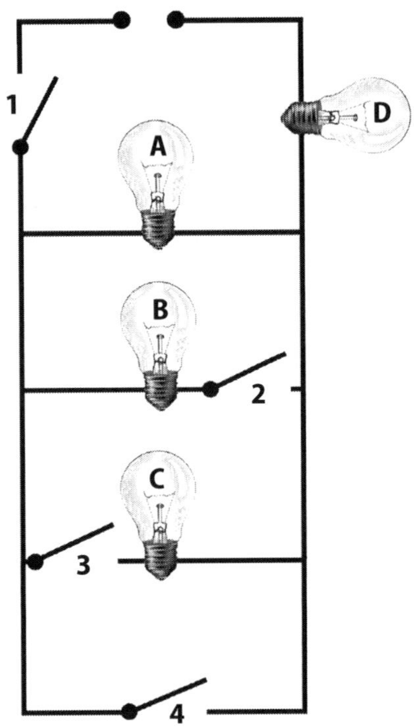

A. Glühlampen A und D
B. Glühlampen D und C
C. nur Glühlampe A
D. nur Glühlampe D
E. Keine Antwort ist richtig.

Antwort: **D**

Damit eine Lampe leuchten kann, muss sie sich in einem geschlossenen Stromkreis befinden. Um einen Stromkreis zu schließen, muss eine durchgängige Verbindung von und zu der durch zwei schwarze Punkte symbolisierten Spannungsquelle hergestellt werden. Sobald man die Schalter 1 und 4 schließt, befinden sich die Lampen A und D in einem funktionsfähigen Stromkreis; da aber Lampe A einen zusätzlichen Widerstand darstellt und der Strom diesen Widerstand durch die Schließung von Schalter 4 umgehen kann, leuchtet schließlich nur Glühlampe D.

1002. Welches Rad dreht sich am langsamsten?

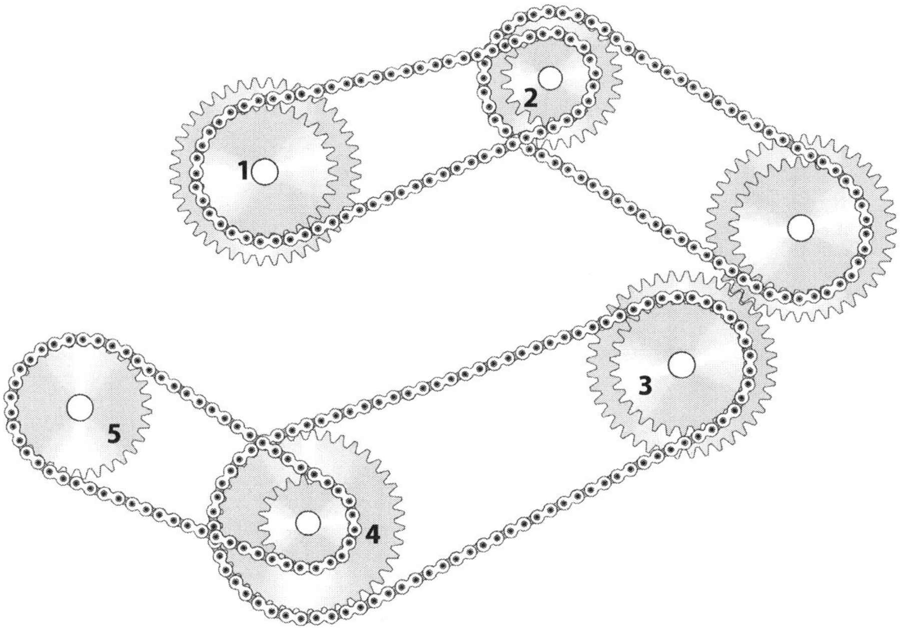

A. Rad 1
B. Rad 3
C. Rad 4
D. Rad 5
E. Keine Antwort ist richtig.

Antwort: **D**

Eine Antriebskette bewegt sich mit der gleichen Eigengeschwindigkeit um jedes der mit ihr verbundenen Zahnräder. Verbindet sie zwei gleich große Räder, laufen beide gleich schnell. Verbindet sie jedoch Räder unterschiedlicher Größe, läuft das kleinere stets schneller um die eigene Achse als das größere: Wenn sich beispielsweise ein Rad mit einem Umfang von einem Meter einmal um sich dreht, wird auch die Kette um einen Meter weiterbewegt. Überträgt sie nun diese Bewegung auf ein Rad mit einem Umfang von nur einem halben Meter, muss dieses Rad folgerichtig zweimal vollständig rotieren. Zusätzlich gilt: Ist ein Zahnrad starr an einem weiteren Zahnrad befestigt (wie z. B. Rad 2), bewegen sich beide in gleichen Zeiten um die eigene Achse, ihre Umdrehungsfrequenz ist also gleich.

Einen Größenunterschied findet man in der Skizze zunächst zwischen Rad 1 und Rad 2, das sich demnach schneller dreht. Da Rad 2 an einem größeren Rad befestigt ist, besitzen beide die gleiche Umdrehungsfrequenz. Darin entsprechen sie dem äußerst rechten Zahnrad, dem Rad, an dem Rad 3 befestigt ist, und schließlich auch Rad 3 selbst. Von Rad 3 nach 4 und besonders stark von 4 nach 5 nimmt die Geschwindigkeit durch den Größenunterschied allerdings ab. Somit rotiert Zahnrad 5 am langsamsten, noch langsamer als Rad 1.

1003. Auf welches Zahnrad muss der Treibriemen gespannt werden, damit sich die untere Achse schneller dreht als die obere?

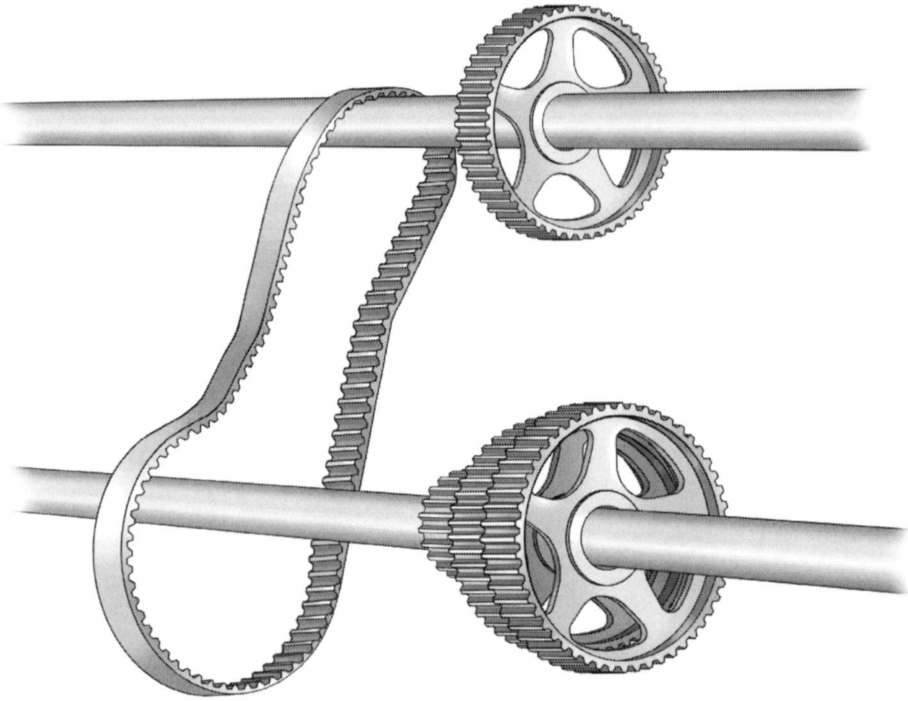

- **A.** das linke Zahnrad
- **B.** das mittlere Zahnrad
- **C.** das rechte Zahnrad
- **D.** Die Geschwindigkeit lässt sich nicht durch die Wahl der Zahnräder ändern.
- **E.** Keine Antwort ist richtig.

Antwort: **A**

Ein Antriebsriemen bewegt sich mit der gleichen Eigengeschwindigkeit um jedes der mit ihm verbundenen Antriebsräder. Verbindet er zwei gleich große Räder, laufen beide gleich schnell. Verbindet er jedoch Räder unterschiedlicher Größe, läuft das kleinere stets schneller um die eigene Achse als das größere: Wenn sich beispielsweise ein Rad mit einem Umfang von einem Meter einmal um sich dreht, wird auch der Riemen um einen Meter weiterbewegt. Überträgt er nun diese Bewegung auf ein Rad mit einem Umfang von nur einem halben Meter, muss dieses Rad folgerichtig zweimal vollständig rotieren. Damit sich die untere Achse schneller dreht, muss demnach das kleine Zahnrad links gewählt werden.

1004. Mit welchem Schraubenschlüssel lässt sich die Schraubenmutter am besten festziehen?

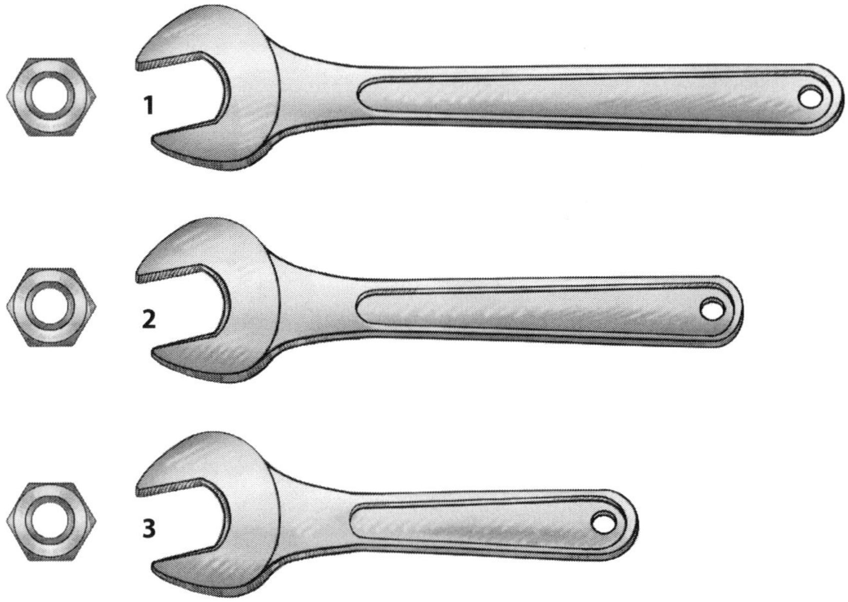

A. Mit Schraubenschlüssel 1
B. Mit Schraubenschlüssel 2
C. Mit Schraubenschlüssel 3
D. Die Schraube lässt sich mit den verschiedenen Schraubenschlüsseln gleich gut festziehen
E. Keine Antwort ist richtig.

Antwort: **A**

Um die Schraubenmutter mit möglichst wenig Mühe festzuziehen, benötigt man einen Schraubenschlüssel mit einer großen Hebelwirkung. Das heißt: Der Griff des Schraubenschlüssels sollte so lang wie möglich sein. Schraubenschlüssel 1 ist demnach der geeignetste.

1005. In welche Richtung bewegt sich das große Rad, wenn sich das Antriebsrad in Pfeilrichtung dreht?

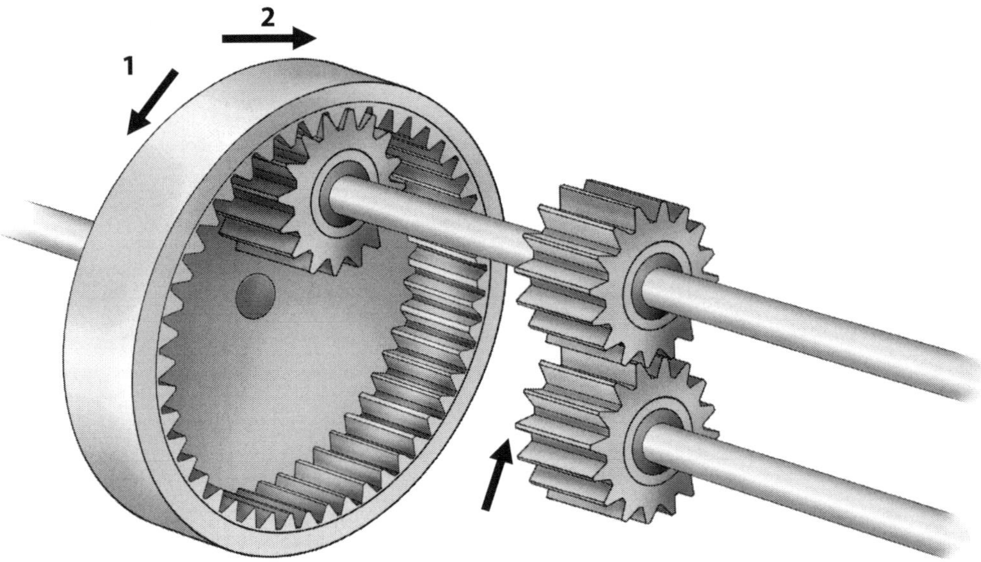

A. In Richtung 1
B. In Richtung 2
C. hin und her
D. gar nicht
E. Keine Antwort ist richtig.

Antwort: **A**

Wird das Antriebsrad in Pfeilrichtung gedreht, rotiert das Zahnrad darüber ebenso wie das zweite Zahnrad auf der Achse entgegen dem Uhrzeigersinn. Diese Drehrichtung wird auch auf das große Rad übertragen, es dreht sich schließlich in Richtung 1.

1006. Welche der Vasen 1 bis 4 fällt am leichtesten um?

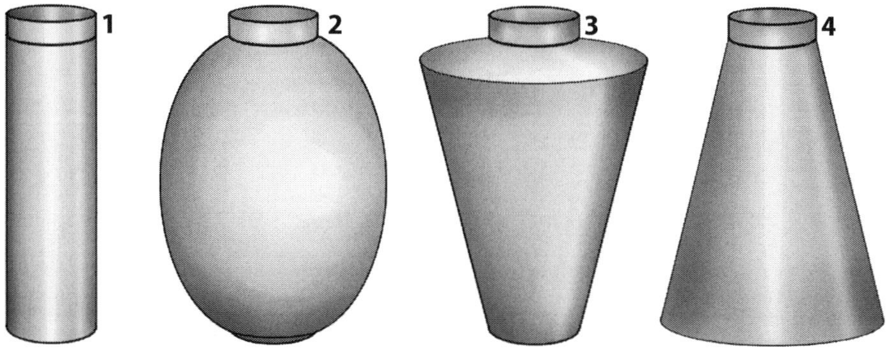

A. Vase 1
B. Vase 2
C. Vase 3
D. Vase 4
E. Keine Antwort ist richtig.

Antwort: **C**

Die Stabilität der Gefäße hängt ab von ihrem jeweiligen Schwerpunkt und ihrer Standfläche: Ideal ist eine große Fläche bei tief sitzendem Schwerpunkt. Vase 3 erfüllt eher das Gegenteil dieser Bedingungen – ihre Masse sitzt größtenteils weit oben, ihr Boden dagegen ist vergleichsweise schmal. Sie fällt daher am leichtesten um.

1007. **Welche der drei Richtungen nimmt die Kugel ein, wenn sie durch ein flach auf den Boden liegendes Rohr gestoßen wird?**

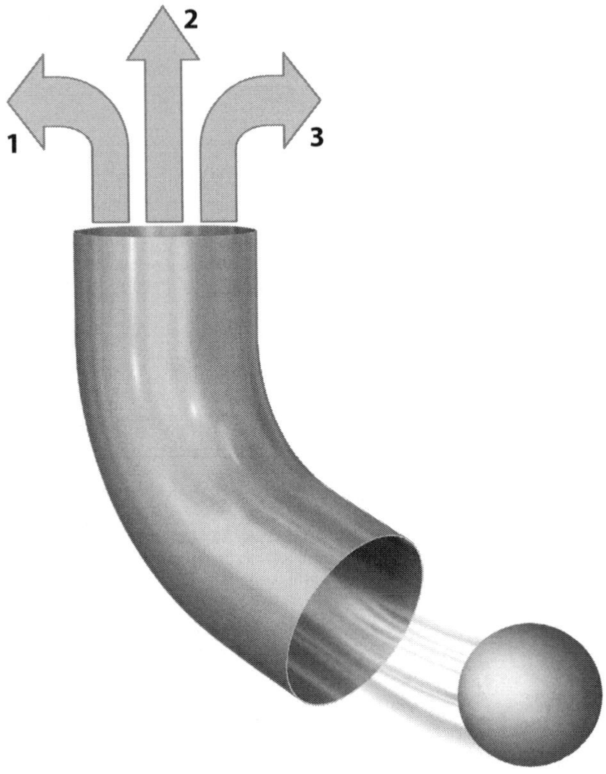

A. Richtung 1
B. Richtung 2
C. Richtung 3
D. Keine der drei Richtungen.
E. Keine Antwort ist richtig.

Antwort: **B**

Wenn der Ball aus dem gekrümmten Rohr austritt, behält er die Bewegungsrichtung zum Zeitpunkt seines Austritts bei – er wird also keine Kurve fliegen, sondern sich in gerader Linie vom Rohr entfernen. Antwort B ist korrekt.

1008. Aus einem Flugzeug wurde ein Paket geworfen. Bei welchem der Punkte 1 bis 4 kommt das Paket auf der Erde an?

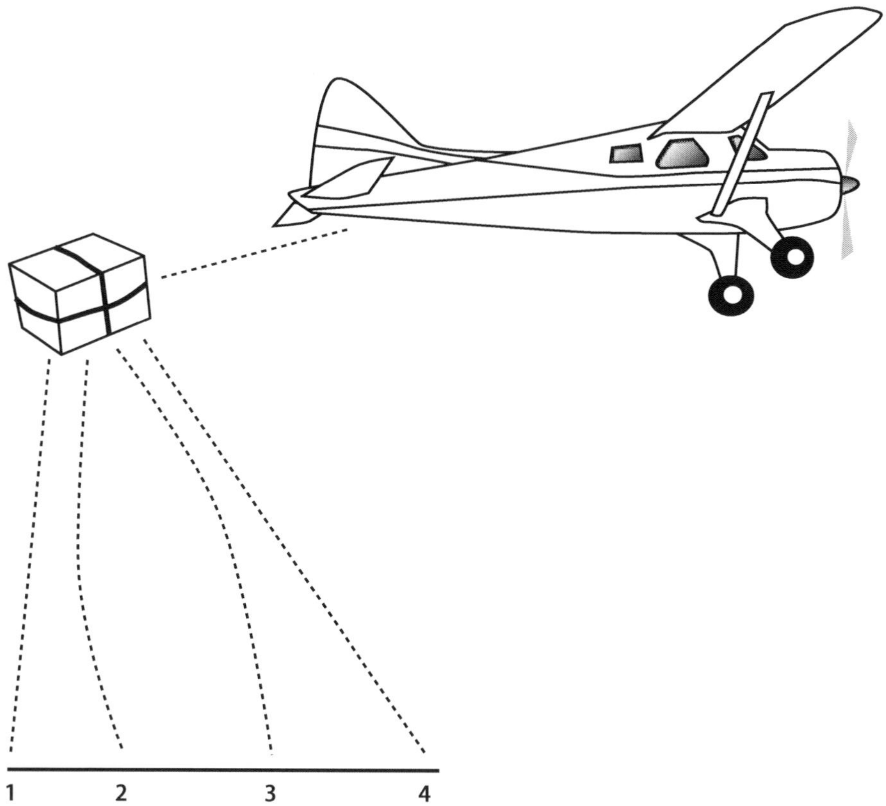

A. Punkt 1
B. Punkt 2
C. Punkt 3
D. Punkt 4
E. Keine Antwort ist richtig.

Antwort: **C**

Wenn das Paket aus dem Flugzeug geworfen wird, beschreibt seine Flugbahn eine Parabel: Direkt nach dem Abwurf ist es – wie das Flugzeug und der Werfer – noch stark in Flugrichtung beschleunigt, erst durch den Luftwiderstand wird die Bewegung in Längsrichtung abgebremst und das Paket fällt immer steiler nach unten. In der Skizze beschreibt diejenige Linie diese Flugkurve, die zu Punkt 3 führt.

1009. Mit welcher Sandformation lässt sich die Schubkarre am leichtesten fahren?

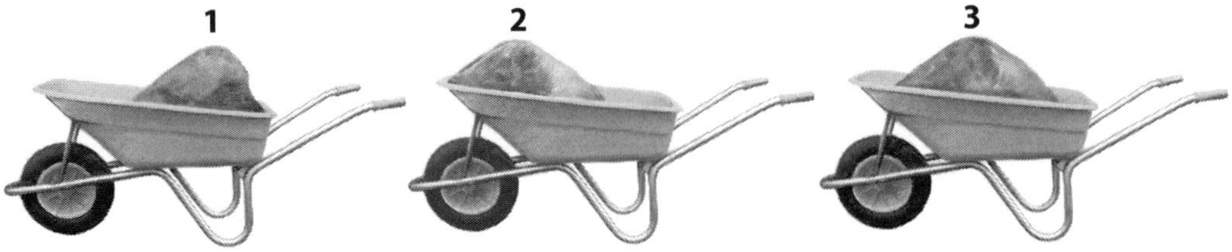

A. Auf Schubkarre 1
B. Auf Schubkarre 2
C. Auf Schubkarre 3
D. Es gibt keinen Unterschied.
E. Keine Antwort ist richtig.

Antwort: **B**

Um die gefüllte Schubkarre mit möglichst wenig Mühe zu bewegen, sollte die Hebelwirkung möglichst groß sein. Das bedeutet: Je weiter die zu bewegende Last nach vorne rückt, desto länger wird der Hebelarm, durch den das Gewicht bewegt werden muss, und desto größer ist die entsprechende Hebelwirkung. In Schubkarre 2 ist der Sand daher am günstigsten aufgeladen.

1010. Mit welchem Hebel lässt sich der Holzkasten am leichtesten anheben?

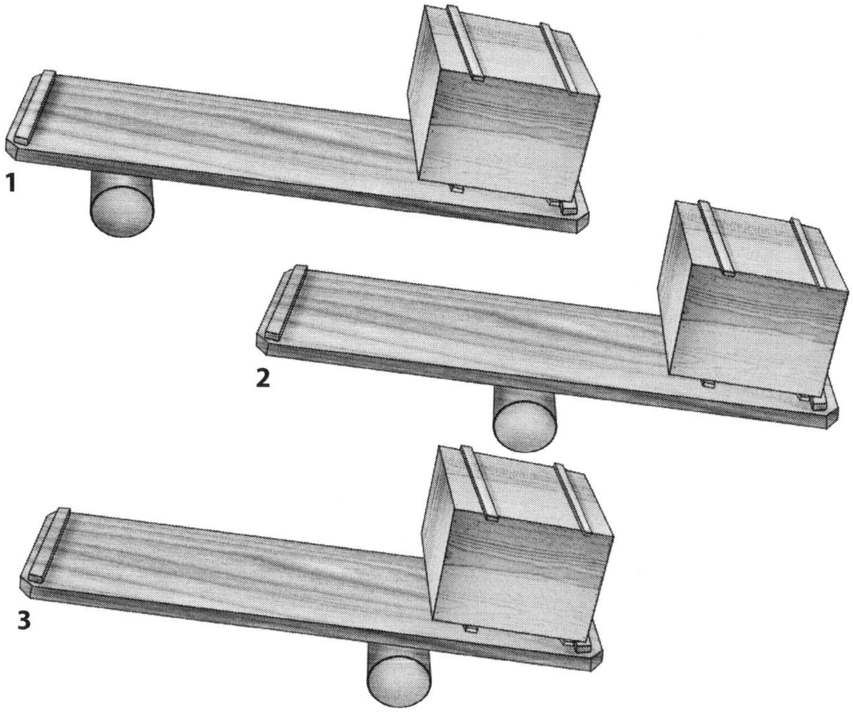

A. Mit dem Hebel 1
B. Mit dem Hebel 2
C. Mit dem Hebel 3
D. Es gibt keinen Unterschied.
E. Keine Antwort ist richtig.

Antwort: **C**

Je länger der Hebelarm eines Hebels ist, desto weniger Kraft wird benötigt, um ein Gewicht zu bewegen. Der Punkt, von dem aus die Last bewegt werden soll – in der Skizze links – muss also so weit entfernt wie möglich vom Angriffspunkt des Hebels liegen, der durch die Lage der Rolle bestimmt wird. Diese Rolle muss demnach möglichst weit rechts unter dem Brett platziert werden. Antwort C ist korrekt.

A

Anhang

Lösung

Teil 1 · Sprachbeherrschung

Frage	Antwort	Frage	Antwort	Frage	Antwort
1.	Sympathie	46.	B	91.	A
2.	–	47.	C	92.	D
3.	Rhythmus	48.	C	93.	C
4.	Operation	49.	A	94.	D
5.	Sekretariat	50.	D	95.	B
6.	defekt	51.	dass	96.	_ , ,
7.	–	52.	widerstanden	97.	_ _ ,
8.	Demokratie	53.	morgen Abend	98.	, , ,
9.	Tipp	54.	eislaufen	99.	, , _
10.	Schifffahrt	55.	zuzusehen	100.	_ _ ,
11.	exklusiv	56.	Folgende	101.	, , ,
12.	Emotion	57.	zu Ende	102.	, , , _
13.	Hörnerv	58.	dunkelrot	103.	, ,
14.	effektiv	59.	Bescheid	104.	, , ,
15.	seit Stunden	60.	Ein und Alles	105.	, , , _
16.	Lokomotive	61.	Quäntchen	106.	wollen
17.	Kulanz	62.	anhand	107.	fahren
18.	–	63.	Tipp	108.	trinken
19.	Seehafen	64.	Stängeln	109.	schwellen
20.	Maschine	65.	Litfaßsäule	110.	fliehen
21.	B	66.	außerstande / außer Stande	111.	schwimmen
22.	B	67.	platziert	112.	wissen
23.	A	68.	potenziellen / potentiellen	113.	lassen
24.	C	69.	paar	114.	mögen
25.	D	70.	nummeriert	115.	vorwerfen
26.	B	71.	sympathisch	116.	dürfen
27.	A	72.	schuld	117.	halten
28.	C	73.	Känguru / Tiger	118.	klingen
29.	D	74.	todkrank	119.	sehen
30.	A	75.	Gräuel	120.	fliegen
31.	C	76.	B	121.	graben
32.	C	77.	A	122.	fließen
33.	B	78.	B	123.	raten
34.	A	79.	A	124.	schlagen
35.	D	80.	A	125.	riechen
36.	C	81.	A	126.	einen kleinen Bach
37.	B	82.	B	127.	dem Vertrag
38.	C	83.	B	128.	dem Stuhl / den Schrank
39.	A	84.	A	129.	deiner schnellen Hilfe
40.	B	85.	A	130.	zu stören
41.	D	86.	E	131.	Geh / lass
42.	C	87.	A	132.	der Bürgermeisterin
43.	C	88.	A	133.	Dem alten Schulrat
44.	D	89.	B	134.	meinen neuen Nachbarn
45.	A	90.	B	135.	mir

Teil 1 · Sprachbeherrschung *(Fortsetzung 1)*

Frage	Antwort	Frage	Antwort	Frage	Antwort
136.	treffen werde	181.	A	226.	allgemein
137.	Den meisten Menschen	182.	D	227.	annehmen
138.	des Schocks	183.	B	228.	Bedeutung
139.	uns	184.	C	229.	bewusst
140.	gegangen wärst	185.	E	230.	Bewusstsein
141.	des schlechten Wetters	186.	C	231.	Charakter
142.	ein derartiger Fehler	187.	B	232.	denken
143.	diesen ganzen Vorfällen	188.	A	233.	Eifersucht
144.	ihm	189.	D	234.	Einstellung
145.	schlechter Planung	190.	C	235.	empfinden
146.	A	191.	A	236.	erkennen
147.	C	192.	B	237.	Erkenntnis
148.	D	193.	D	238.	feststellen
149.	C	194.	C	239.	Feststellung
150.	D	195.	A	240.	Folge
151.	A	196.	A	241.	formlos
152.	D	197.	C	242.	Geheimnis
153.	E	198.	D	243.	Geist
154.	A	199.	B	244.	geistig
155.	D	200.	A	245.	Hass
156.	veranlasste	201.	D	246.	vermuten
157.	vergeudet	202.	C	247.	Verständnis
158.	erbarmte	203.	B	248.	Sorge
159.	ergeben	204.	C	249.	selbst
160.	eingelaufen	205.	A	250.	Psyche
161.	reduzieren	206.	G	251.	Neigung
162.	reformiert	207.	H	252.	lieben
163.	auslaufen	208.	B	253.	Liebe
164.	normiert	209.	F	254.	interpretieren
165.	heuchelte	210.	I	255.	hassen
166.	E	211.	A	256.	verbergen
167.	B	212.	E	257.	unbewusst
168.	A	213.	J	258.	verstehen
169.	C	214.	D	259.	voraussetzen
170.	D	215.	C	260.	Wissen
171.	E	216.	B	261.	zeitlos
172.	B	217.	J	262.	seelisch
173.	C	218.	G	263.	Seele
174.	A	219.	H	264.	Schicksal
175.	D	220.	A	265.	psychologisch
176.	B	221.	I		
177.	A	222.	C		
178.	E	223.	D		
179.	C	224.	F		
180.	B	225.	E		

Teil 1 · Sprachbeherrschung (Fortsetzung 2) *und Fremdsprachenkenntnisse*

Frage	Antwort	Frage	Antwort	Frage	Antwort
266.		278.	E	300.	E
1	*Deutschen Demokratischen Republik*	279.	B	301.	B
2	*Kalten Kriegs*	280.	D	302.	A
3	*Maastricht-Verträge*	281.	A	303.	C
4	*der Europäische Binnenmarkt*	282.	D	304.	D
5	*Zollkontrollen*	283.	A	305.	B
6	*Schengener Abkommens*	284.	C	306.	C
7	*Polen und Ungarn*	285.	B	307.	D
8	*das Gemeinschaftsrecht*	286.	B	308.	D
9	*Binnengrenzen*	287.	A	309.	B
10	*der Schwarzarbeit*	288.	D	310.	A
267.	A3, B6, C7, D1, E4, F2, G5	289.	C	311.	D
268.	A5, B3, C1, D4, E6, F2, G7	290.	B	312.	A
269.	A2, B5, C4, D3, E1	291.	A	313.	A
270.	A2, B5, C4, D3, E1	292.	E	314.	C
271.		293.	D	315.	C
272.		294.	C	316.	E
273.	siehe Musterantworten ab Seite 83	295.	B	317.	C
274.		296.	A	318.	A
275.		297.	B	319.	B
276.	D	298.	C	320.	A
277.	C	299.	B		

Teil 2 · Fachwissen und Allgemeinwissen

Frage	Antwort	Frage	Antwort	Frage	Antwort	Frage	Antwort
321.	E	341.	C	361.	C	381.	1E, 2B, 3D, 4C, 5A
322.	A	342.	A	362.	C	382.	1D, 2E, 3A, 4B, 5C
323.	D	343.	C	363.	B	383.	1A, 2B, 3D, 4E, 5C
324.	B	344.	A	364.	A	384.	1D, 2B, 3E, 4C, 5A
325.	C	345.	A	365.	D	385.	1B, 2C, 3A, 4E, 5D
326.	A	346.	C	366.	C	386.	A
327.	C	347.	B	367.	C	387.	D
328.	C	348.	B	368.	C	388.	A
329.	D	349.	C	369.	D	389.	D
330.	D	350.	B	370.	A	390.	C
331.	D	351.	B	371.	D	391.	A
332.	B	352.	A	372.	C	392.	D
333.	C	353.	D	373.	D	393.	B
334.	A	354.	B	374.	C	394.	C
335.	D	355.	C	375.	D	395.	C
336.	B	356.	D	376.	C	396.	B
337.	C	357.	C	377.	B	397.	C
338.	D	358.	B	378.	C	398.	A
339.	D	359.	B	379.	A	399.	B
340.	B	360.	C	380.	D	400.	A

Teil 2 · Allgemeinwissen** (Fortsetzung) **und Erinnerungs- und Konzentrationsvermögen

Frage	Antwort	Frage	Antwort	Frage	Antwort	Frage	Antwort
401.	A	446.	C	491.	0404	536.	A
402.	D	447.	B	492.	0101	537.	B
403.	A	448.	A	493.	0202	538.	B
404.	D	449.	C	494.	0808	539.	A
405.	C	450.	C	495.	0707	540.	B
406.	B	451.	B	496.	0606	541.	A
407.	D	452.	D	497.	0505	542.	A
408.	E	453.	A	498.	0303	543.	B
409.	C	454.	D	499.	0909	544.	B
410.	A	455.	B	500.	1010	545.	A
411.	C	456.	B	501.	0104	546.	C
412.	B	457.	A	502.	0503	547.	B
413.	C	458.	D	503.	0809	548.	C
414.	D	459.	D	504.	0208	549.	A
415.	E	460.	D	505.	0307	550.	B
416.	D	461.	A	506.	0601	551.	C
417.	C	462.	C	507.	0705	552.	B
418.	D	463.	D	508.	0406	553.	A
419.	D	464.	A	509.	0910	554.	B
420.	A	465.	C	510.	1002	555.	B
421.	C	466.	D	511.	0210	556.	A
422.	B	467.	C	512.	0609	557.	C
423.	B	468.	C	513.	0805	558.	A
424.	B	469.	C	514.	0402	559.	A
425.	B	470.	D	515.	0501	560.	C
426.	B	471.	D	516.	0103	561.	B
427.	A	472.	D	517.	0306	562.	C
428.	B	473.	A	518.	0703	563.	B
429.	C	474.	C	519.	0907	564.	C
430.	B	475.	D	520.	1008	565.	B
431.	C	476.	C	521.	0509	566.	A
432.	B	477.	B	522.	0806	567.	C
433.	A	478.	C	523.	0410	568.	C
434.	C	479.	D	524.	0201	569.	B
435.	D	480.	E	525.	0109	570.	C
436.	A	481.	D	526.	0704	571.	8
437.	C	482.	D	527.	0302	572.	2
438.	B	483.	C	528.	0605	573.	25
439.	A	484.	D	529.	1003	574.	13
440.	C	485.	B	530.	0908	575.	13
441.	A	486.	C	531.	A	576.	25
442.	C	487.	D	532.	A	577.	8
443.	B	488.	D	533.	B	578.	33
444.	A	489.	E	534.	A	579.	25
445.	B	490.	D	535.	A	580.	13

***Teil 2 · Erinnerungs- und Konzentrationsvermögen** (Fortsetzung)*

Frage	Antwort	Frage	Antwort	Frage	Antwort	Frage	Antwort
581.	2	619.	2	657.	5 €	695.	8
582.	16	620.	3	658.	5 €	696.	7
583.	13	621.	1	659.	2 €	697.	8
584.	6	622.	1	660.	5 €	698.	5
585.	17	623.	2	661.	5 €	699.	6
586.	23	624.	1	662.	3 €	700.	6
587.	14	625.	3	663.	5 €	701.	6
588.	11	626.	5	664.	4 €	702.	5
589.	33	627.	3	665.	1 €	703.	3
590.	9	628.	4	666.	4 €	704.	6
591.	25	629.	3	667.	2 €	705.	4
592.	32	630.	1	668.	5 €	706.	7
593.	33	631.	1	669.	3 €	707.	9
594.	6	632.	2	670.	5 €	708.	5
595.	2	633.	1	671.	3 €	709.	3
596.	24	634.	1	672.	4 €	710.	6
597.	25	635.	2	673.	1 €	711.	6
598.	2	636.	3	674.	4 €	712.	8
599.	1	637.	2	675.	2 €	713.	6
600.	2	638.	2	676.	5 €	714.	6
601.	13	639.	2	677.	5 €	715.	3
602.	25	640.	3	678.	2 €	716.	7
603.	11	641.	3	679.	2 €	717.	5
604.	2	642.	3	680.	4 €	718.	7
605.	2	643.	8	681.	2 €	719.	5
606.	8	644.	5	682.	1 €	720.	9
607.	13	645.	2	683.	4 €	721.	5
608.	20	646.	3	684.	4 €	722.	6
609.	32	647.	2	685.	3 €	723.	1
610.	7	648.	4	686.	1 €	724.	8
611.	2	649.	2	687.	4 €	725.	7
612.	3	650.	2	688.	3 €	726.	6
613.	2	651.	5 €	689.	1 €	727.	10
614.	2	652.	2 €	690.	2 €	728.	7
615.	2	653.	2 €	691.	7	729.	5
616.	1	654.	4 €	692.	6	730.	2
617.	2	655.	2 €	693.	5		
618.	1	656.	2 €	694.	7		

Teil 3 · Mathematisches Verständnis

Frage	Antwort	Frage	Antwort	Frage	Antwort	Frage	Antwort
731.	1.000,50	761.	$7-2\times 3=1$	791.	B	821.	A
732.	0	762.	$15\div 3+4=9$	792.	B	822.	B
733.	20	763.	$2\times 8-7=9$	793.	A	823.	D
734.	0,8	764.	$9\div 3\times 4=12$	794.	C	824.	C
735.	1.002,27	765.	$6\times 4-5=19$	795.	C	825.	B
736.	-65,75	766.	$1+4\times 4=17$	796.	D	826.	A
737.	2,16	767.	$7+9\div 3=10$	797.	A	827.	D
738.	25,1	768.	$8-2+1=7$	798.	D	828.	B
739.	4,9	769.	$14\times 2\div 7=4$	799.	D	829.	D
740.	2	770.	$18\div 3-2=4$	800.	D	830.	B
741.	B	771.	$12\times 2-8=16$	801.	C	831.	B
742.	B	772.	$3\times 6\div 2=9$	802.	A	832.	A
743.	D	773.	$17-9+3=11$	803.	C	833.	C
744.	A	774.	$11-6\div 2=8$	804.	D	834.	B
745.	C	775.	$7\times 2-9=5$	805.	B	835.	D
746.	A	776.	$2\times 3\times 2=12$	806.	C	836.	B
747.	C	777.	$8\times 7\div 4=14$	807.	D	837.	A
748.	D	778.	$9\div 3+5=8$	808.	B	838.	D
749.	D	779.	$7-8\div 4=5$	809.	D	839.	B
750.	B	780.	$16\div 2+6=14$	810.	C	840.	C
751.	A	781.	2	811.	D	841.	D
752.	C	782.	24	812.	C	842.	C
753.	A	783.	5	813.	C	843.	C
754.	B	784.	5	814.	D	844.	D
755.	B	785.	11	815.	A	845.	D
756.	D	786.	10	816.	C	846.	C
757.	D	787.	7	817.	C	847.	A
758.	B	788.	64	818.	B	848.	B
759.	D	789.	24	819.	C	849.	A
760.	C	790.	85	820.	A	850.	C

Teil 4 · Logisches Denkvermögen

Frage	Antwort	Frage	Antwort	Frage	Antwort	Frage	Antwort
851.	D	878.	D	905.	C	932.	C
852.	D	879.	D	906.	B	933.	E
853.	A	880.	D	907.	B	934.	D
854.	B	881.	B4	908.	B	935.	E
855.	C	882.	C3	909.	A	936.	stimmt
856.	C	883.	D1	910.	C	937.	stimmt nicht
857.	C	884.	A3	911.	E	938.	stimmt nicht
858.	D	885.	D3	912.	D	939.	stimmt
859.	B	886.	A4	913.	C	940.	stimmt
860.	B	887.	D1	914.	C	941.	stimmt nicht
861.	D	888.	B1	915.	C	942.	stimmt nicht
862.	B	889.	A4	916.	B	943.	stimmt nicht
863.	C	890.	B2	917.	C	944.	stimmt
864.	B	891.	A1	918.	A	945.	stimmt
865.	C	892.	C4	919.	D	946.	B
866.	B	893.	D3	920.	B	947.	E
867.	C	894.	A2	921.	Meinung	948.	B
868.	D	895.	B2	922.	Tatsache	949.	A
869.	A	896.	A3	923.	Meinung	950.	D
870.	D	897.	A2	924.	Tatsache	951.	C
871.	B	898.	A4	925.	Meinung	952.	B
872.	C	899.	B3	926.	Tatsache	953.	C
873.	C	900.	C1	927.	Tatsache	954.	C
874.	B	901.	A	928.	Tatsache	955.	D
875.	E	902.	A	929.	Tatsache		
876.	E	903.	C	930.	Meinung		
877.	C	904.	B	931.	C		

Teil 5 · Visuelles Denkvermögen

Frage	Antwort	Frage	Antwort	Frage	Antwort	Frage	Antwort
956.	E	966.	C	981.	B	996.	A
957.	D	967.	C	982.	D	997.	B
958.	B	968.	E	983.	A	998.	C
959.	D	969.	E	984.	C	999.	B
960.	E	970.	D	985.	B	1000.	B
961.	Gruppe 1: A, B	971.	C	986.	E	1001.	D
	Gruppe 2: C, D, E	972.	C	987.	B	1002.	D
962.	Gruppe 1: A, E	973.	D	988.	A	1003.	A
	Gruppe 2: B, C, D	974.	D	989.	C	1004.	A
963.	Gruppe 1: A, B, C	975.	B	990.	D	1005.	A
	Gruppe 2: D, E	976.	B	991.	B	1006.	C
964.	Gruppe 1: A, B, E	977.	D	992.	D	1007.	B
	Gruppe 2: C, D	978.	B	993.	A	1008.	C
965.	Gruppe 1: B, D	979.	B	994.	D	1009.	B
	Gruppe 2: A, C, E	980.	D	995.	D	1010.	C

Abkürzungsverzeichnis

Einheit	Abkürzung	Umrechnung
	Länge	
Kilometer	km	1 km = 1.000 m
Meter	m	1 m = 10 dm = 100 cm
Dezimeter	dm	1 dm = 10 cm = 100 mm
Zentimeter	cm	1 cm = 10 mm
Millimeter	mm	1 mm = 1.000 µm
Mikrometer	µm	
	Volumen	
Kubikkilometer	km^3	1 km^3 = 1.000.000.000 m^3
Kubikmeter	m^3	1 m^3 = 1.000 dm^3
Kubikdezimeter	dm^3	1 dm^3 = 1.000 cm^3
Kubikzentimeter	cm^3	1 cm^3 = 1.000 mm^3
Kubikmillimeter	mm^3	
Hektoliter	hl	1 hl = 100 l
Liter	l	1 l = 10 dl
Deziliter	dl	1 dl = 10 cl
Zentiliter	cl	1 cl = 10 ml
Milliliter	ml	1 ml = 1.000 µm
Mikroliter	µl	
	Fläche	
Quadratkilometer	km^2	1 km^2 = 100 ha
Hektar	ha	1 ha = 10.000 m^2
Quadratmeter	m^2	1 m^2 = 100 dm^2
Quadratdezimeter	dm^2	1 dm^2 = 100 cm^2

Quadratzentimeter	cm^2	$1\ cm^2 = 100\ mm^2$
Quadratmillimeter	mm^2	
	Masse, Gewicht	
Tonne	t	1 t = 20 z = 1.000 kg
Zentner	z	1 z = 50 kg
Kilogramm	kg	1 kg = 1.000 g
Pfund	pf	1 pf = 500 g
Gramm	g	1 g = 1.000 mg
Milligramm	mg	1 mg = 1.000.000 µg
Mikrogramm	µg	
	Geschwindigkeit	
Kilometer pro Stunde	km/h	1 km/h = 0,2778 m/s
Meter pro Sekunde	m/s	
	Zeit	
Jahr	a	1 a = 365 d
Woche	w	1 w = 7 d
Tag	d	1 d = 24 h
Stunde	h	1 h = 60 min
Minute	min	1 min = 60 s
Sekunde	s	1 s = 1.000 ms
Millisekunden	ms	
	Druck	
Bar	bar	
	Temperatur	
Grad Celsius	°C	

Ausbildungspark Verlag

Lübecker Straße 4 • 63073 Offenbach
Tel. 069-40 56 49 73 • Fax 069-43 05 86 02
Netzseite: www.ausbildungspark.com
E-Post: kontakt@ausbildungspark.com